59372089874633   FRSN

Quien ama educa

Içami Tiba

Quien ama educa

La formación de ciudadanos éticos

La versión actualizada del libro sobre
educación más vendido en Brasil

Título original: *Quem ama, educa!*
© 2008, Içami Tiba

De esta edición:
D. R. © Santillana Ediciones Generales, S.A. de C.V., 2009.
Av. Universidad 767, Col. del Valle.
México, 03100, D.F.

Primera edición: abril de 2009
Segunda reimpresión: marzo de 2010
ISBN: 978-607-11-0129-7
Diseño de colección: Jesús Acevedo
Adaptación de interiores: Patricia Pérez
Traducción: Blanca Luz Pulido
Impreso en México

Todos los derechos reservados. Esta publicación no puede ser reproducida, ni en todo ni en parte, ni registrada en o transmitida por un sistema de recuperación de información, en ninguna forma ni por ningún medio, sea mecánico, fotoquímico, electrónico, magnético, electroóptico, por fotocopia o cualquier otro, sin el permiso previo, por escrito, de la editorial.

Esta obra se terminó de imprimir en marzo del 2010, en los talleres de Litográfica Ingramex, S.A. de C.V. Centeno 162-1, Col. Granjas Esmeralda, C.P. 09810, México, D.F.

Este libro está dedicado a
Haim Grünspun, *in memoriam*

Índice

Felicidad 17
Içami Tiba presenta a los lectores a Natércia Tiba 19
Esta obra apoya a los proyectos de la ENKYO 21
Prefacio de Haim Grünspun 23
Introducción 27

I. Educación
¿Cómo vive la familia actual?

CAPÍTULO 1. EVOLUCIÓN DE LA MUJER Y
DE SU MATERNIDAD 37
La mujer feminista 38
    La madre feminista 39
    El marido de la madre feminista 39
    Los hijos de la madre feminista 39
La mujer frívola 40
    La madre frívola y la madre trabajadora 40
    El marido de la madre frívola 41
    Los hijos de la madre frívola y de la madre trabajadora . 41
La mujer femenina 42
    La madre femenina 43
    El marido de la madre femenina 44
Los hijos de la madre femenina 45
La mujer madre *versus* la madre trabajadora 46
    La madre maternal 47
    El marido de la madre maternal 47
    Los hijos de la madre maternal 48
La mujer polivalente 49
    La madre polivalente 49
    El marido de la madre polivalente 50

Los hijos de la madre polivalente 51
Mantener siempre una educación racional 51

Capítulo 2. La madre y el padre:
dos caras de la misma moneda.. 55
¿Por qué "padres" en lugar de "madre y padre"? 55
La mujer y el hombre son muy diferentes 57
La evolución del papel de padre.. 60
El nacimiento de la pareja 61
Las trampas de la culpa... 64
La madre presente, el padre distante 67

Capítulo 3. La educación del "sí" 73
Tornillos de jalea.. 75
El amor construye la autoestima....................................... 77
La autoestima emprendedora.. 80

Capítulo 4. Tres maneras de actuar................................... 81
Comportamiento vegetal.. 81
Comportamiento animal 83
Comportamiento humano.. 85
¡Cuidado, mamá! (¡Y tú también, papá!)......................... 86
¡Cuidado, papá! (¡Y tú también, mamá!)......................... 87

Capítulo 5. Ser feliz.. 89
La felicidad egoísta 89
La felicidad familiar.. 91
La felicidad comunitaria 92
La felicidad social 93

Capítulo 6. A la gente
le gusta la gente 95
La infancia: aprender con los demás................................ 97
Aprender con los compañeros... 97
La pubertad: en busca de la identidad sexual................. 99
La adolescencia: en busca de la identidad social............ 100

La madurez: educar a los pequeños.................................... 101
La senescencia: adolescencia en la vejez 102
La vejez: el crepúsculo de la vida 103
¿Religiosidad o religión?.. 104
Más que gregario, social... 105

II. Los caminos para una nueva educación

Capítulo 1. Unidos desde el principio............................. 109
El hombre embarazado 111
El padre integrado 114

Capítulo 2. El primer año... 117
Los secretos de la lactancia.. 117
La rutina de la lactancia... 120
Paz para que el niño duerma 122
¿Dónde debe dormir el bebé? 123
La omnipotencia infantil para no dormirse 125
El ritual del sueño.. 126
   El sueño diurno 126
   El sueño nocturno 126
Papá ayuda a mamá.. 129
La hora de la papilla 130
Tirar todo al piso 131
El inicio de la construcción de la autoestima................... 132

Capítulo 3. Los hijos no nacen con manual de instrucciones 135
Nuevas bases relacionales.. 136
Los hijos hacen paradas estratégicas 138
El desafío de educar... 139
Llevarse todo a la boca 141
Reyes y reinas en miniatura... 142
Padres que dejan ganar a sus hijos.................................... 143
El placer de estar limpiecito... 144

    …¡Y con los dientes blancos!... 146
    Los padres como elefantes en cristalería 147

Capítulo 4. Situaciones críticas 149
    La llegada de un hermano 150
    Cada hijo es único... 152
    El hijo único 153
    Niños hiperactivos 154
    Niños mal educados.. 157
    Los porqués interminables 157
    Los berrinches afectivos 158
    Lágrimas de cocodrilo 160
    Evitar la mentira 162
    ¡Qué desorden! 163
    ¡Cuántas peleas! 164
    Pequeños delitos 166
    Consecuencias en lugar de castigos.............................. 168

Capítulo 5. Ayuda de terceros 171
    Niñeras: la importancia de orientar bien 171
    Televisión y videojuegos.. 175
    Guarderías 176
    Abuelos: ¿salvadores o villanos? 177
    El día de los abuelos 179
    Las mascotas, ¿también ayudan? 180
    El papel de la escuela 183
    La escuela en la educación infantil 185
    Los padres y la escuela: una buena sociedad 186
    ¿Cuál es la mejor escuela? 187
    Arreglando la mochila escolar 189
    Para no repetir el año escolar 189
    Estudiar es una obligación 190
    Las clases en casa y la autoestima 191

Capítulo 6. Los padres separados 195
    Padres separados que viven juntos 195

La separación de los padres 196
La fatídica comida del domingo 198
Alimentar la autoestima familiar 198
¿De quién es la culpa? 200
Conversando con los hijos 201
El universo de los "ex" 205
Separada y feliz 207
Familias de una sola persona 207
Los hijos en el fuego cruzado 208
El padre perezoso y la madre agobiada, o viceversa 209
Mi hijo es mi vida 210

CAPÍTULO 7. LA CIUDADANÍA EN LA NUEVA FAMILIA 213
Los diferentes modos de relacionarse en la familia 215
El segundo matrimonio 216
La madre que educa sola a sus hijos 219
El padre que educa solo a sus hijos 222
El universo de la adopción 223
Argumentos crueles 225
Hijos de ADN 227

CAPÍTULO 8. LA GENERACIÓN DIGITAL
Y EL DESAFÍO DE EDUCARLA 231
Las generaciones que dominarán el mundo..................... 232
La generación del *zapping* 233
La generación del internet 235
La generación de los juegos electrónicos 236
Los niños índigo 237
La generación *tween* 241
La educación sexual 242
La mesada 244
Los préstamos: el desequilibrio financiero 246
El teléfono celular 247
Los videojuegos 248
Los videojuegos y la violencia 249
Si sabemos usar los recursos, no nos faltarán 249

El desperdicio del "no" 250
La selva de concreto 252
Los hijos son como barcos 253
Prevención contra las drogas desde la infancia 254
    Libertad extrema 255
    Pensar que lo agradable siempre es bueno 255
    No sufrir las consecuencias de los propios actos 256
    No tener obligaciones que cumplir 256
    Ser egoísta 256
    Dejarse llevar por la moda 257
    Falta de ética 258

III. Formando ciudadanos éticos

CAPÍTULO 1. LOS HIJOS DE LA GENERACIÓN
DE LAS SOBRAS DEL POLLO 261

CAPÍTULO 2. LA CIUDADANÍA FAMILIAR 265
    Los niños deben guardar sus juguetes 266
    Los niños tienen que aprender a organizarse
    para vivir bien y ser felices 268
    La educación en red 268
    ¡El que no cuida sus cosas, las pierde! 269
    El instinto del vencedor 272
    ¿Qué sucedió dentro de él? 272
    Alimentando el berrinche del poder 275
    El instinto del perdedor 276
    ¿Qué sucedió dentro de él? 277
    ¿Hay esperanza? 278
    Saber ganar es saber perder 279
    Desarticulando el berrinche 281

CAPÍTULO 3. ÉTICA PROGRESIVA 283
    El amor generoso 284
    El amor que enseña 284

El amor que exige 285
El amor que intercambia 286
El amor que recibe 287

Capítulo 4. Los celos, el veneno del celoso
contra sí mismo 289

Capítulo 5. Profesión: estudiante 291

Capítulo 6. Los "herederos esperadores"...................... 295

Capítulo 7. Los emprendedores exitosos..................... 297

Bibliografía 301
Glosario 303
Sobre Natércia Tiba 307
Sobre Içami Tiba 309

 FELICIDAD[1]

Quien ama, educa

Los padres pueden dar alegría y satisfacción a un hijo,
    pero no hay nada como darle felicidad.
Los padres pueden aliviar sufrimientos llenándolo
        de regalos,
    pero no es posible comprarle felicidad.
Los padres pueden tener mucho éxito y ser felices,
    pero no pueden prestar a un hijo su felicidad.

Pero los padres pueden dar a los hijos
    mucho amor, cariño, respeto,
        enseñarles tolerancia, solidaridad y civilidad,
        exigirles reciprocidad, disciplina y religiosidad,
    reforzar su ética y su sentido de preservación de
        la tierra.

Pues la autoestima se compone de todo ello.
    el alma se sustenta en la autoestima,
    y en esa paz reside la felicidad.

Içami Tiba

---

[1] La traducción de este ideograma es "Larga vida" y "Felicidad".

Içami Tiba presenta a los lectores a Natércia Tiba

Presento a Natércia Tiba como coautora de este libro. Ella insiste en que es sólo colaboradora, pero es coautora, pues Natércia incluyó valiosos temas sobre los cuales yo no tenía las condiciones teórico-práctico vivenciales para escribir. Aunque piense que su colaboración fue pequeña, es pura modestia, su trabajo tiene tanta calidad que va más allá de cualquier consideración sobre la cantidad.

Esta es una saludable discusión que no terminaría nunca, entre dos personas que se conocen muy bien... Nuestra relación es de mucho respeto, admiración, cariño y reconocimiento del valor personal, familiar y profesional.

Ella insiste en que es colaboradora. Está bien, lo acepto. Pero, para mí, es coautora. Con una excelente base académica, se graduó como psicóloga con especialización en psicodrama, bajo la competente supervisión de maestros notables; después de realizar profundas investigaciones teóricas en varias fuentes, se lanzó al campo terapéutico para ayudar a sus pacientes (parejas embarazadas, niños o adolescentes y sus respectivos padres) a superar barreras, resolver conflictos, ampliar su vida en el mundo del que forman parte y a integrarse a él con sus seres queridos.

Haciendo una especialidad dentro de otra, Natércia concentró sus intereses en las parejas embarazadas (el marido y la mujer), formando grupos de investigación y preparación para la futura maternidad/paternidad, todo ello sin hacer a un lado su interés por seguir aprendiendo al lado de los mismos niños. En esas áreas, su contribución para este libro fue fundamental. Ella debería, en realidad, firmar los textos de varios capítulos y agregados importantes, pues sus aportaciones son tan valiosas que me resultaría prácticamente imposible detallarlas.

Como persona, participé muy de cerca en su crecimiento, con alegrías y satisfacciones, y prácticamente sin problemas. Me parece increíble que esa niñita que nació de mi amor por su madre —mi querida María Natércia— creciera, madurara, se casara con un yerno maravilloso y nos diera dos nietos tan inteligentes, encantadores y amorosos, tan seguros de sí mismos que desarman a cualquier abuelo, principalmente a uno tan ingenuo como yo. Estos nietos me han enseñado mucho, me permitieron volver a practicar mis mal aprendidas lecciones con mis propios hijos.

Natércia, hoy en día, se ha especializado en terapia familiar, participa en muchas entrevistas de las que ni me entero, aparece en programas de televisión, chats en internet, y mis amigos y conocidos me felicitan por mi brillante compañera de trabajo —que es ella. Lee mucho, me recomienda textos, enriquece mi trabajo con sus puntos de vista y me actualiza con las novedades que aprende. Aprecio mucho la sabia humildad de aprender siempre. Tanto la mía como la suya. Su participación en esta obra fue importante, pues la enriqueció significativamente.

Me gustaría mucho que mi sentimiento de gratitud tuviera palabras adecuadas para expresar todo lo que siento por Natércia Martins Tiba Machado. Aquí le entrego, al menos, desde el fondo de mi corazón, mis más sentidas gracias. Querida hija, te beso con cariño, y a mi querido yerno Mauricio, y a mis amados nietos: Eduardo y Ricardo.

Esta obra apoya los proyectos de la ENKYO

En vísperas del Centenario de la Inmigración Japonesa, se intensificaron los preparativos para las celebraciones del año 2008, uniendo los esfuerzos del gobierno brasileño y del pueblo, que se reunieron en diversas comisiones esparcidas por los rincones más remotos de este inmenso país.

Los medios de comunicación subrayaron hechos históricos que hicieron despertar no sólo la memoria nostálgica, sino también un sentimiento de respeto y gratitud a los que, con muchos sacrificios, tomaron en sus manos la misión de consolidar la economía de este país que, en esa época, era esencialmente agrícola.

A partir de la integración de los japoneses en Brasil, surgieron asociaciones culturales y sociales, provenientes de los pueblos inmigrantes, cuyo objetivo era preservar (y difundir) la tradición y la cultura de su país de origen. El acto de congregar trae como consecuencia un fuerte sentimiento de solidaridad que dio origen a asociaciones de beneficencia.

La asociación de Beneficência Nipo-Brasileira de São Paulo fue fundada en 1959 por un grupo de personas abnegadas, inspiradas por un espíritu de solidaridad, con el objetivo de ayudar a los que padecían desgracias o enfermedades. A lo largo de casi medio siglo, la entidad conocida como ENKYO (abreviatura de *engo kyoaki*, que significa "beneficencia") se ha dedicado a cuidar a pacientes de la tercera edad en cinco unidades, ubicadas en Campos de Jordão, Santos, Guarulhos, Suzano y en el barrio de Liberdade, en São Paulo. Más recientemente, se ha ocupado del cuidado de niños desamparados, en conjunción con la subprefectura de Vila Carrão, y a niños autistas. Ambas actividades constituyen un trabajo pionero de educación especializada basada en el amor.

El Centro de Acción Social Amami atiende a niños y adolescentes de seis a 15 años, la mayoría provenientes de familias desintegradas. El centro tiene capacidad para trabajar con 45 jóvenes por periodo; además de la alimentación, reciben atención de tipo moral y cívico, el objetivo es la formación de ciudadanos éticos.

El Proyecto de Integración Pro-Autista, iniciado en abril de 2006, propone un nuevo enfoque llamado Terapia de la vida cotidiana. Ese método sustituye los medicamentos empleados para neutralizar la agitación característica de los pacientes con autismo. La socialización, el desarrollo de la conversación y de la diversificación de los intereses se estimulan por medio de ejercicios que son seguidos paso a paso por los instructores. Ellos necesitan mostrar, además de competencia técnica, principalmente, amor.

El amor es fundamental en cualquier actividad de asistencia. Cuidar de las personas que necesitan educación, tanto alimentaria como conductual, es algo que exige mucha paciencia. Quien se dispone a educar, debe amar. El éxito en esta actividad depende mucho del amor.

Al publicar este libro, *Quien ama educa. La formación de ciudadanos éticos*, Içami Tiba da al lector inspiración para educar con amor. Y la donación de parte de las regalías de esta obra a la Beneficência Nipo-Brasileira muestra que tenemos buenos socios para cumplir con la misión de formar ciudadanos éticos.

Ignácio Tadayoshi Moriguchi
Presidente de la Asociación
Beneficência Nipo-Brasileira de São Paulo

Prefacio
de Haiim Grünspun

A principios de octubre de 2002, el mundo se horrorizó con una escena de la televisión proveniente de Estados Unidos, retransmitida por todos los noticieros: en el estacionamiento de un supermercado, una madre entró en su auto, empezó a golpear a su hijita, le siguió pegando en el asiento de atrás, después se agachó y continuó sacudiéndola y dándole manotazos, pegándole más fuerte. Lo que se veía de la niña eran sólo los zapatitos blancos en el asiento, sacudidos por el dolor y el llanto.

    A través de anécdotas como ésta, intento dar una idea de las historias que Içami y Natércia, con base en su experiencia, reproducen en este libro y después analizan e interpretan, haciéndonos pensar en lo que actualmente sucede o en lo que, en algunos casos, podría o debería suceder. A todos nos molesta ver en la televisión que una madre le pega a su hijo, o un video donde aparece una niñera golpeando a un niño.

    ¿Qué fue lo que cambió? Hasta hace pocos años se golpeaba a los niños. Eso era educación. En casa, las madres y los padres daban manotazos a sus hijos en el trasero, en la cara, en la cabeza, en la espalda, o donde fuera. Todo en nombre de la "educación".

Se valían cachetadas, cinturonazos, zapatazos, mordidas, jalones de orejas o de cabello. En la escuela, estaban permitidos los varazos, los golpes con palmatoria con los pantalones abajo, arrodillarse sobre granos de maíz y los pellizcos de profesores vigilantes y de directores responsables.

Cuando un niño se quejaba, la madre o el padre decían que se lo merecía. ¿Y acaso entonces los padres amaban a sus hijos menos que hoy?

Ya existía la televisión, y si en ella se mostraba un cinturón colgado en una pared de la cocina, para usarlo cuando fuese necesario, la escena no molestaba a nadie. Las películas mostraban con candor a alumnos mientras eran golpeados en la escuela, y eso no indignaba a nadie.

En cambio, las escenas y anécdotas de Içami y de Natércia causan alarma o, al menos, una reacción negativa o de protesta. ¿Por qué? ¿Acaso algo cambió?

Así es. Algo cambió.

Se produjo en la humanidad una gran transformación cultural a raíz de que la mujer empezó a tener más poder para controlar a sus hijos

A partir de la década de 1970, se propagó la cultura del hijo único, y el hijo empezó a ser considerado un nuevo tipo de riqueza. Ya no fue como en los siglos anteriores de la historia de la humanidad, donde los hijos eran una reserva de abundancia productiva para la familia, como sucedía con las descendencias numerosas que nacían y morían en cantidad, sino una riqueza instintiva, ideal para garantizar la conservación de la especie, y espiritual, como realización humana.

En los países escandinavos, en los Países Bajos, en el norte de Alemania (por elección), en China (por ley), llegamos a nuevas generaciones en las que no hay hermanos, primos, tíos, y mucho menos padrinos. En nuestra cultura, en Estados Unidos, por ejemplo, se planean solamente dos hijos.

En Dinamarca y en China, las actitudes educativas se volvieron culturales. ¿Pero, cómo castigar a un hijo único? Los niños empezaron a tener protección del Estado y a ser sobreprotegidos en la familia.

Içami y Natércia muestran cómo, a raíz de todo esto, el proceso educativo se distorsionó, y cómo los padres —al vivir el conflicto contemporáneo de estos cambios, con las experiencias tradicionales por las que pasaron— puesto que no cuentan con nuevas bases, tienden a creer que es suficiente con amar, desvirtuando así el planteamiento de que amar es educar. Inspirados en los maestros con los que todos aprendemos, los autores aplicaron sus conocimientos a la convivencia familiar, escolar y social de la actualidad.

Conversando con el investigador René Spitz, hablan sobre la depresión anaclítica por abandono del bebé, y amplían la obra del autor de *El no es sí* (1946), que considera al "no" como organizador de la personalidad, y advierte contra el exceso del "sí", pues para que haya un "sí" tiene que haber antes un "no". Siguiendo a Bruno Bettelheim, que en su obra *Una vida para su hijo* (1987) muestra que no basta con que los padres sean buenos, Içami y Natércia señalan que es un error que la madre o el padre no logren construirse suficientemente bien como padres o madres. Y siguiendo a Berry Brazelton y a Joshua Sparrow, que desde la publicación de *Bebés y mamás* (1969) han señalado la importancia de las dos figuras parentales para el buen desarrollo de los hijos, los autores se refieren con amplio criterio a los padres separados, en familias que no se desintegran sino se transforman. Y de acuerdo con Aaron Beck, creador de la terapia cognitiva, que en su obra de 1998, *El amor nunca es suficiente*, explica las bases de una buena relación, los autores muestran que el amor no es posesión, sino educación.

Esto significa que los hijos, con amor, pueden ser bien educados o, mejor dicho, ellos se educan solos si los padres no se equivocan. Un hijo se cría sólo en el amor, pero por más amado que sea, no puede educarse solo.

Para complementar la presente obra de Içami y Natércia, tan ilustrativa y práctica, recomiendo al lector que tenga en mente las sugerencias básicas y repetidas varias veces en el libro sobre la integración relacional. En el primer capítulo, los autores hablan de la saludable Teoría de la integración relacional, y en los demás, describen el desajuste y la enfermedad relacional, así como la intoxicación relacional del adolescente en el grupo.

Para terminar esta breve descripción de tan interesante obra, un último recordatorio: para los que aman y educan, siempre es necesario extender también a los hijos las recomendaciones hechas a los padres.

São Paulo, 12 de octubre de 2002

Haiim Grünspun
Psiquiatra, psicólogo de niños y adolescentes,
profesor de psicopatología infantil de la
Universidad de Petrópolis de São Paulo (1927-2006)

Introducción

Este libro es un diagnóstico de nuestra situación actual respecto a la educación en la primera década del siglo XXI, y de cómo podemos mejorar para que nuestros hijos se vuelvan personas civiles, éticas, felices, autónomas y competentes con una educación integral. Esa educación se basa en la Teoría de la integración relacional, creada por nosotros. Esa teoría, cuya característica central es considerar como elementos de la salud mental, la disciplina, la gratitud, la religiosidad, la civilidad y la ética, será presentada próximamente en una obra teórica inédita, después de haber sido tratada de manera práctica en varios libros.

Reescribir, resumir, ampliar y reconsiderar los criterios y ejemplos fue necesario para que *Quien ama educa* continuara llegando a las familias con nuevos estímulos para la educación de los hijos y de los alumnos. Eran necesarias nuevas reflexiones educativas, indispensables en nuestra sociedad contemporánea globalizada.

Así, padres y educadores disponen de nuevos instrumentos para lidiar con las mentes de niños que, hoy en día, pueden dominar a los adultos incluso antes de aprender a hablar. Además, en esta obra incluimos otra sección, "Formando ciudadanos éticos", que nos parece fundamental para los preceptos educativos que sustentamos.

Los padres conviven cada vez menos con sus hijos, y los hijos empiezan a convivir con personas ajenas a su familia desde los dos años de edad. Los niños no sólo traen a casa virus sino también comportamientos que son aprendidos, además de los profesores, de sus compañeros. Con los estímulos de los avances tecnológicos, juegos electrónicos, internet, videojuegos, teléfonos celulares con mensajes, fotos y correos electrónicos, los niños absorben una identidad global a veces más fuerte que la familiar. En cada casa, los menores son únicos, pero en el mundo los únicos son muy semejantes entre sí.

Si las generaciones pasadas conservaban por un buen tiempo los mismos valores, ahora el proceso de sustitución y "progreso" dura muy poco: una diferencia de edad de cinco años es suficiente para que el hermano más chico le pregunte al mayor: "¿En tu época existía el teléfono celular?" o: "¿Qué es ICQ?", y señalemos que este diálogo se produce incluso cuando el hermano de en medio ya tiene también un celular en la mano y está usando el MSN, o entrando en blogs y en el Orkut...

Estamos frente a la generación digital (cuyas características presentamos en la segunda parte de esta obra), que piensa de manera diferente, arriesga todo por capricho, como sucede en los juegos electrónicos, donde lo más que les puede pasar es que "se mueran". Una muerte de la cual resucitan fácilmente, al reiniciar el mismo juego. Una muerte que no acarrea ninguna consecuencia, más que la de perder el juego que se reinicia siempre, como si, de hecho, la muerte no existiera. Una generación que hace poco caso de los manuales, tan importantes para que sus padres comprendan la nueva tecnología a la que se enfrentan. La distancia que hay entre los estímulos que los padres recibieron y los que los hijos están recibiendo es muy grande, sobre todo si los padres no se ponen al corriente de los avances tecnológicos.

En la historia de la humanidad nunca antes hubo tantos cambios evolutivos para la mujer, por ejemplo, como en estos últimos 50 años. Desde la mujer feminista, pasando por la mujer frívola y la madre trabajadora, hasta llegar a la madre maternal y a la polivalente, las familias han sufrido cambios que han influido bastante en la educación de los hijos, asunto del que me ocupo en la primera parte de esta obra —que, por cierto, no puede excluir a nadie, incluso a quienes no tienen acceso a las computadoras. Sin importar cuál sea la estructura familiar, es muy importante que los padres se actualicen y se preparen para ser educadores, que consideran la educación de sus hijos como una prioridad.

Los avances tecnológicos se relacionan con funciones realizadas en el ser humano por el hemisferio izquierdo del cerebro, como secuencia, lógica, razonamiento matemático, comprensión literal y análisis, que conducen al éxito escolar, profesional y financiero. Sin embargo, hoy día, no es tan fácil triunfar en la vida usando solamente los poderes "masculinos" del hemisferio izquierdo.

Por eso las máquinas aún no pueden sustituir completamente al hombre, pues les falta el hemisferio derecho, responsable del contexto, la expresión emocional y la síntesis. Las máquinas no sienten calor humano, ni cariño, ni odio, ni pasión —aspectos que están más desarrollados en la mujer que en el hombre. Para fortalecer el hemisferio derecho, es necesario que una persona ame lo que hace. Una máquina simplemente ejecuta, pero el hombre ama u odia lo que hace. Por eso, las características femeninas relacionales, que antes eran tan menospreciadas, hoy se han revalorado mucho.

Así, existen funciones y valores que los avances tecnológicos aún no toman en cuenta. Sobre esos valores se concentra, a través de la ciudadanía familiar, la nueva parte tan necesaria de esta obra, "Formando ciudadanos éticos."

Un hijo que, cuando deja la casa, ya vivió y asimiló la ciudadanía familiar, tendrá bases éticas para gobernar este país en el futuro, y contribuir al mundo, para que todos tengamos una excelente calidad de vida y felicidad social.

Desde el punto de vista expositivo, este libro está dividido en tres partes. Cuando señalamos un problema, buscamos comprenderlo y sugerimos soluciones. Por eso, los nombres de las partes, los capítulos y los apartados son deliberadamente muy claros e incisivos, para facilitar la comprensión al lector.

En la primera parte hacemos una lectura de nuestra vida cotidiana, mostrando las diferencias entre ser madre y ser padre, para lo cual subrayamos las diferencias entre la mujer y el hombre. La madre de hoy trata de compensar la culpa que siente por estar ausente exagerando los cuidados con sus hijos, mientras que el padre acaba por hacerse a un lado. Las consecuencias de esa educación permisiva se encuentran en el capítulo 2, que trata sobre los "tornillos de jalea", los hijos que se deshacen ante cualquier dificultad. También las muchachas están teniendo muchos problemas en este sentido.

"La felicidad no depende de lo que nos falta, sino del buen uso que hacemos de lo que tenemos", afirmó Thomas Hardy, el gran escritor inglés. Todos los padres quieren que sus hijos sean felices. Sin embargo, la felicidad no se da, ni mucho menos se compra. Tenemos que aprender a ser felices. Por eso, dada la importancia de la autoestima como base fundamental de la felicidad, hablamos sobre ella en varios capítulos del libro. Y a la felicidad y sus diversos niveles, le dedicamos un capítulo especial, el 4.

Quien grita pierde la razón y quien pierde la razón se convierte en animal irracional. Para una mejor comprensión de los comportamientos humanos, puede leerse el capítulo 3, donde se encuentra nuestra clasificación de los comportamientos en tres tipos: vegetal, animal y humano.

La religiosidad (entendida como amor a los vínculos con los demás) es la fuerza del amor que, por su parte, debería ser mayor a la fuerza de la religión. Los fanáticos pueden matar y destruir en nombre de su dios; en cambio, en cualquier lugar del planeta, el amor siempre construye, sin importar si se es niño, adolescente, adulto, senescente o senil.

En la segunda parte, con base en nuestros estudios y experiencia clínica como psicoterapeutas, pretendemos ayudar a los padres en la preparación de sus hijos para el mundo que les heredamos, y les sugerimos algo que ya ha mostrado tener una gran eficacia: los caminos de una nueva educación.

La educación exige una mayor participación del "hombre embarazado" y del "padre integrado" para empezar bien el importantísimo primer año de vida del bebé. La queja más frecuente de los padres, que *los hijos nacen sin manual de instrucciones*, es tratada a lo largo del capítulo 3. También dedicamos un espacio a las situaciones críticas, como la llegada del hermano, la hiperactividad, los berrinches, el desorden y los pequeños actos delictivos.

Sabemos que no es posible prescindir de la ayuda de terceros en un mundo en que la madre y el padre trabajan fuera de casa: por eso tenemos apartados especiales sobre niñeras, abuelos y guarderías. La escuela es esencial para la educación infantil desde la más tierna edad. Por eso, es fundamental elegirla bien, así como preparar la mochila y ayudar con las tareas en casa, porque el estudio es obligatorio.

El amor eterno existe mientras dura, dijo el poeta. No es posible dejar de hablar sobre los padres separados y las consecuencias de la separación, en las más diversas circunstancias, así como de sus beneficios, cuando entramos en el universo de los excónyuges y sus nuevas relaciones, o incluso cuando están solos. También hablamos sobre cómo los padres deben tratar de no exagerar las atenciones que dan a los hijos adoptivos, ni dejarse sorprender por los hijos del ADN.

Es inevitable para los padres de hoy enfrentar a diario nuevos desafíos en la educación posmoderna. Esto incluye la generación del *zapping*, los comportamientos sexuales precoces, las mesadas y créditos, los videojuegos, los predadores de la selva de concreto, y la inevitable prevención contra las drogas. En una época de tantas pérdidas, la educación desperdicia los "no".

Por eso incluimos la tercera parte, "Formando ciudadanos éticos", puesto que formar ciudadanos va más allá de la educación centrada exclusivamente en la familia.

Las grandes preocupaciones planetarias necesitan de las acciones gubernamentales, pero serían muy poco eficaces si cada habitante del planeta no hiciera su parte. Para lograrlo, es necesario que la educación hoy sea un proyecto racional cuyo objetivo vaya más allá de la felicidad y la realización personales, porque necesitamos de toda una generación para recuperar la salud de la Tierra, dilapidada principalmente durante las generaciones de nuestros padres y nuestros abuelos.

Consumidores jóvenes y niños, sin hacer caso de los manuales, usan los instrumentos de los avances tecnológicos por la curiosidad y el placer de conocerlos: se relacionan con ellos de manera práctica, probándolos, y si cometen errores, empiezan todo otra vez o, lo que es más fácil, le preguntan a un amigo cómo se hace. Sus padres, en cambio, sólo se adaptan a nuevas tecnologías por necesidades profesionales. Muchos de ellos relacionan las instrucciones del manual con experiencias basadas en el ensayo y error. En la tercera parte empezamos por caracterizar a esa "generación de las sobras", y habla más sobre la *ciudadanía familiar*, exponiendo trece puntos básicos sobre la misma.

Y los hijos son como los barcos...

La mayor seguridad, para los barcos, puede estar en el puerto, pero fueron construidos para surcar los mares. Los hijos, aunque puedan tener una mayor seguridad y sentimiento de preservación junto a sus padres, nacieron para surcar los mares de la vida, donde encontrarán aventuras y riesgos, tierras, culturas y personas diferentes. Allá llevarán sus conocimientos y de allá traerán novedades y otras costumbres o, si les gustan esas tierras, se podrán quedar en ellas, porque llevan dentro de sí un poco de sus padres y de su país. Quién sabe si, en el futuro, sus padres también podrán pasearse por allá... pues, ciertamente, cuando tengan hijos, van a querer volver a ver a sus padres un día.

Pero antes de que los hijos surquen mares, en casa, todavía pequeños, se parecen a los automóviles de la Fórmula 1, que corren una y otra vuelta para alcanzar su objetivo, pero de repente hacen una parada cerca de sus padres. Es el momento sagrado para realizar un mantenimiento integral, para que desarrollen seguridad interna y autonomía, y logren, después, dar vueltas cada vez más largas, hasta llegar a los barcos...

Y, además de las provisiones materiales, es muy importante llevar a esos viajes algo que está en el interior de cada uno: la capacidad de ser feliz.

No existe la felicidad fácil y rápida, como un tesoro guardado por piratas en algún escondite. La felicidad está en los pasos que se dan para realizar una conquista, en la caminata en pos de una meta.

Los padres no pueden seguir los mismos pasos que sus hijos, y los hijos tampoco deben descansar en las conquistas de sus padres. Los hijos parten del sitio adonde sus padres llegaron, para llevar a cabo nuevos descubrimientos y aventuras. Los hijos superan a los padres. ¡Así camina la civilización!

De esa manera, la personalidad saludable es un buen aliciente para la capacitación profesional que desemboca en lo social, en excelencia de *calidad de vida*. La persona le da calidad a la profesión, y no al contrario. La educación es un gran catalizador para la absorción de la *cultura*, y no al revés.

De esta forma, hay que hacer a un lado el viejo dicho popular: "Quien ama, cuida", para dar paso a uno nuevo:

¡Quien ama, educa!

I. EDUCACIÓN
¿Cómo vive la familia actual?

Este libro trata de realizar una misión imposible, casi como querer detener el tiempo. Un mismo acontecimiento puede ser interpretado de distintas maneras, según las historias vitales de cada quien. Muchas veces la realidad llega a ser menos importante que la forma en que las personas la percibieron. Pero aun así, me propongo escribir algo que pueda aplicarse a los abuelos, padres, hijos y nietos, hombres y mujeres, para exponer la idea de que existe una evolución continua e inexorable en todo lo que vivimos. Como parte de esta misión imposible, señalo características que pueden encontrarse en otros grupos, incluso con mayor intensidad, no para definir lo que es verdadero y lo que es falso, sino lo que puede ser más adecuado para la educación de los hijos.

Puede ser que una persona no sea frívola, pero conozca a otra que sí lo es. O puede existir una mujer feminista y otra una mujer alfa y actualizada. Sus hijos tal vez asistan a la misma escuela. Un matrimonio de tipo machista con hijos puede divorciarse, y los nuevos compañeros, con hijos o no, pueden ser feministas, frívolos, maduros, metrosexuales y hasta *workaholics*... Y los hijos "índigo", *nerds*, cibernéticos, normales, hiperactivos y aficionados a la mariguana conviven entre sí. Pero tratarlos a todos de la misma forma es un error educativo.

Lo que propongo es *aprender del pasado para mejorar el futuro de nuestros hijos*. Así podremos construir una sociedad más ética y feliz, donde todos ejerzan plenamente su ciudadanía, conscientes de sus derechos y deberes.

Capítulo 1

Evolución de la mujer y de su maternidad

La evolución de la mujer que es madre en los últimos 50 años, y sus consecuencias para el marido y para la educación de los hijos.

El uso de las pastillas anticonceptivas, iniciado en los años sesenta, tiene ya casi 50 años. Con estas pastillas, la mujer adquirió el control de su sexualidad y de la tasa de nacimientos. Ese paso gigantesco en la historia del machismo es una de las pequeñas modificaciones que configuran una gran evolución de la humanidad, nunca antes imaginada, como afirma Luz Marins en su libro *Homo habilis* (Gente, 2005):

Han transcurrido tres millones de años desde el *Australopitecus*, primate de la familia de los homínidos. Pero si esos tres millones de años se condensaran en un año nada más, los cambios radicales que hemos experimentado en la ciencia y la tecnología se habrían presentado tan sólo en los últimos 15 segundos.

Además, a todo esto hay que añadir los cambios en los hábitos, arreglos y acomodos en las familias, una nueva conciencia y actitud acerca de la preservación de la Tierra, el surgimiento de generaciones diferentes cada pocos años, además de las computadoras y los celulares, que se han vuelto imprescindibles para la vida posmoderna. Con tantos cambios, y tan sustantivos, la educación se vuelve más compleja, lo que dificulta también nuestra visión del futuro de los hijos.

Los que tienen hijos que se llevan diez años entre sí, han visto cómo el más joven le pregunta al mayor si "en su época ya había esto o aquello"... Esta frase indica que el más joven siente que vive en un tiempo diferente, pues plantea la misma pregunta que, hace algunas décadas, un nieto le hacía a su abuelo.

Así, lo que era válido en la educación de los padres tiene que actualizarse para los hijos. Los programas de computación no se arreglan con martillo y clavos, así como ya no se encierra a los hijos en un cuarto para castigarlos. Y tampoco los padres pueden responder a algo diciendo: "Porque es así y ya", y ni siquiera: "Porque lo digo yo y punto", y mucho menos: "Porque el que manda aquí soy yo."

Las mujeres, más que los hombres, han pasado por mudanzas radicales en su comportamiento, que han influido mucho en la educación de sus hijos. Es importante, en relación con este tema, señalar las transformaciones que se han presentado en los últimos cincuenta años, que son esenciales para comprender a los niños en la actualidad.

La mujer feminista

La mujer feminista se alzó las mangas y se lanzó a la vida profesional, luchando en igualdad de condiciones con el hombre. Esas mujeres a veces eran duras, agresivas y a veces masculinas, y buscaban su independencia y un lugar bajo el sol. Algunas llegaron a ocupar cargos nunca antes desempeñados por mujeres. Una precursora de ese movimiento fue Simone de Beauvoir, quien dijo en 1949, en su libro *El segundo sexo*: "No se nace mujer. Una se convierte en mujer." Me atrevo a decir que el machismo hizo feminista a la mujer. La mujer feminista es la versión femenina del machismo.

La madre feminista

Esta madre alteró el curso de la historia de la educación. Si fueron escasas las mujeres que brillaron en sus carreras, comparadas con los hombres, la mayoría de ellas hizo valer, en casa, la valoración de la mujer. Sus hijas estudiaron y con sus diplomas invadieron el mercado de trabajo, antes ocupado principalmente por hombres. La educación de los niños no sufrió cambios significativos en relación con el trabajo, pero alteró profundamente la visión y valoración de la mujer (madre, hermana, novia, amiga, colega).

El marido de la madre feminista

Algunos optaron por intercambiar papeles con la mujer, quedándose como "amos de casa", o como "secretarios ejecutivos" de sus esposas feministas. Detrás de una gran mujer hay un gran hombre, se puede decir. Otros más hacían las veces de hijos ya crecidos. Una gran parte de los maridos de las mujeres feministas, sin embargo, no dejó su trabajo ni cuidó a los hijos, sino que entró en una estrecha competencia con su esposa. Ellos siguieron funcionando como machos alfa (según el concepto de Charles Darwin[2]) en el trabajo y también en la casa. Por otra parte, los machos alfa, en general, no son buenos educadores, a pesar de ser excelentes jefes.

Los hijos de la madre feminista

No son numerosos. Sus madres, generalmente, están ausentes a causa de sus carreras profesionales. Lo opuesto sucede con los hijos de padres machistas, que son más numerosos, y cuyo machismo la misma madre se encargaba de reforzar a través de un

---

[2] El macho alfa es el macho dominante en un grupo de animales: es el más fuerte, el que impone su voluntad, el que come la mejor parte de la presa antes que los demás, el que consigue a las mejores hembras. Mantiene su poder mientras sea el más fuerte, pero será inmediatamente destronado y expulsado del grupo si es vencido por otro macho, que ocupará entonces su lugar.

control infalible, mediante la conocida amenaza: "¡Ya verás cuando llegue tu papá!"

La mujer frívola

Puede ser hija de la mujer feminista. Entendemos por frívola a una mujer con una buena posición social, ociosa y fútil. Está en franca oposición a la mujer feminista. La frívola, aunque tenga una maestría, se interesa sobre todo por ser mantenida por un marido que tenga la capacidad de pagar sus compras, la niñera, la manicurista, la peinadora, el chofer, la sirvienta, la escuela, las cirugías plásticas. Pero no quiere ser tachada de superficial, ni que se piense que su apariencia y comportamiento son exagerados.

La madre frívola y la madre trabajadora

Algunas mujeres exageraron en su frivolidad, pero otras, que no dejaron de cuidarse bien a sí mismas, se dedicaron también a sus hijos. Esa etapa de división equitativa de funciones no duró mucho, pues la gran mayoría prefería trabajar en algo que no perjudicara la educación de los hijos. El padre pasó a ser más proveedor que educador, y le tocaba a la madre escoger la escuela, los viajes, etcétera. Se llevó a cabo una división de tareas en la que el proveedor era el hombre y la administradora del hogar la mujer. Los hombres entregaban su salario y la mujer lo administraba. (Esta mujer no era, en realidad, tan frívola.) Lo que para unas era motivo de orgullo, para otras podía ser despreciable.

Cuando las dificultades económicas empezaron a surgir en la vida familiar, las mujeres se volcaron más seriamente al trabajo, lo que hizo necesaria la presencia de las niñeras. Aunque el marido afirmara que lo que la esposa ganara "sería para 'sus' cosas y cuidados personales", ella sabía que ese complemento salarial era importante. De esta manera, las madres empezaron a vivir una situación bastante rara: por un lado, todos se compadecían de las madres que se mataban trabajando pero, por otro, una mujer que no trabajaba era mal vista: significaba que "no hacía nada".

Los hijos ya vivían en la era de la televisión y los juegos electrónicos, y empezaban a ir a la escuela a los dos o tres años. Los padres con posibilidades los criaban como príncipes. Aunque la frivolidad ya era muy conocida, en esa época la mayoría silenciosa de las madres empezó a trabajar por necesidad económica, pues el mercado de trabajo entró en una crisis. Esas madres trabajadoras formaban una parte importante del mercado laboral.

El marido de la madre frívola

Los hombres podían ofenderse si alguien los calificaba como frívolos, pero se notaba un cierto orgullo en los que tenían una esposa frívola. El valor del hombre se medía por las joyas, los autos, la ropa de moda, los lugares, clubes y restaurantes que su mujer frívola frecuentaba. Ese hombre vivía para el trabajo y no veía crecer a sus hijos. Tenía pocas cosas de qué hablar con ellos, pero les exigía un buen desempeño en la escuela y respeto a su mujer, es decir, a su madre.

Los hijos de la madre frívola y de la madre trabajadora

Tenían niñeras de varios tipos: maestras de clases particulares, choferes, empleadas domésticas; también realizaban actividades deportivas (natación, tenis, etcétera), pasaban temporadas con amigos, vivían en condominios, con televisión y juegos electrónicos. Preferían quedarse con amigos y compañeros que en casa. ¿Para qué estudiar? ¿Para trabajar como su papá? Lo que querían era ser felices (no como su papá, que no sabía divertirse, ni tomaba vacaciones). Su vida era tan pasiva como estar sentado frente a la televisión. Su mayor ambición era tener una casa en la playa.

Los padres estaban muy alejados de las actividades cotidianas de sus hijos y, cuando estaban cerca, les cumplían todos sus caprichos. Así, la realidad de los hijos llegó a estar muy alejada de la cotidianeidad de los padres. Mientras más distancia había, más problemas latentes podían surgir. Un claro ejemplo de esto es el uso de la mariguana.[3] Cuando los padres descubren que su hijo fuma mariguana, se preocupan mucho. Sin embargo, generalmente la mariguana es la cuarta droga que el hijo consume. Antes ya utilizó drogas inhaladas, bebió y fumó. Y mientras sucedía, los padres, distantes no se daban cuenta de nada; y, si lo hacían, lo pasaban por alto.

Poco o nada saben de lo que sus amados hijos viven en las calles.

La mujer femenina

Fruto de las conquistas del feminismo y del aprendizaje con las frívolas, este tipo de mujer goza hoy de independencia económica y autonomía de comportamiento, y no tiene ningún problema en admitir que le gustan los hombres, aunque no dependa de ellos. No se subordina al machismo. Le gusta ser admirada por su belleza, sin sentirse fútil por ello. Deja a sus parejas si no las ama, y no se siente perdida cuando no tiene pareja. En otras palabras, ama a los hombres pero sobrevive sin ellos.

Para ella, el machismo es historia. Es una mujer que dirige su propia vida. Hija y nieta de la mujer feminista y de la mujer frívola, tiene una seguridad y una confianza en sí misma sin precedentes, y enfrenta todo con un alto grado de competitividad, tanto en la vida académica como en la profesional, sin dejar a un lado la vanidad para arreglarse bien e invertir en su salud, sin temor de las críticas. Su liderazgo, ambición y visión, en todos los sentidos, son alimentados por las hormonas femeninas y por una dosis pequeña de hormonas masculinas que no la convierten en una persona agresiva, pero sí la ayudan a reaccionar con vehemencia contra las injusticias y contra ataques que recibe de otros. Esto quiere decir que está adquiriendo las características del macho alfa, pero sin su carácter

---

[3] Véase, sobre este tema, mi libro *Juventude & drogas: Anjos caídos*, São Paulo, Integrare, 2007.

despótico y su violencia, producto de la testosterona. La mujer de hoy, así, podría describirse como "alfa-evolucionada", porque llamarla simplemente alfa sería darle las características de ese tipo de macho.

Para esta mujer, una cuestión básica es la elección entre seguir una carrera profesional o dedicarse a la maternidad. Unas quieren realizarse en su profesión antes de ser madres —y la ciencia está haciendo posible la maternidad tardía—, otras quieren desarrollar su carrera después de que los hijos han crecido —y la ciencia ha ayudado a las madres para que no se conviertan en matronas.

La madre femenina

En la maternidad, la madre femenina se pierde. Parece ser que el instinto maternal es más fuerte que ella misma. Es capaz de hacer por un hijo lo que no haría por nadie, ni siquiera por sí misma. Ese cuidado es tal vez lo que un recién nacido necesita, precisamente. Sin embargo, ella se equivoca cuando, por amor, le evita los esfuerzos que necesita hacer para su propio crecimiento, y hace por él lo que él mismo tendría que hacer. Y de esta manera, el hijo no llega a tener una autoestima saludable. Mientras más se desarrolle el hijo, mejor será para él mismo, para sus padres, su familia, la sociedad e incluso el planeta.

La madre, aun siendo femenina, lo perdona. No hace sentir a su hijo pequeño las consecuencias de sus acciones, permitiéndole hacer su voluntad y no lo que tiene que hacer. Pero esto no es amarlo demasiado, es no conocer los modelos actuales elementales de una buena educación, de la formación de un ciudadano. El perdón se aplica a los castigos, pero hoy en día los castigos ya no educan. Lo que educa son las consecuencias; hay que transformar los errores en aprendizaje, a través de acciones directamente relacionadas con los errores.

El principal "veneno" de la educación de los hijos es la culpa. La mamá siente culpa por trabajar fuera, cuando piensa que debería estar con sus hijos; y siente culpa de estar con sus hijos, cuando cree que debería estar trabajando. Incluso se siente responsable de lo que hace su hijo cuando ella no está, y se hace la pregunta común: "¿En qué me equivoqué?"

Aunque la mujer ha evolucionado mucho en las últimas décadas, lo ha hecho muy poco como madre. En algunos aspectos, sigue siendo una madre jurásica que defiende a sus hijos contra los guepardos, feroces devoradores de apetitosos niños. Pero ese retraso se debe también al papel del padre, que cuando es un proveedor nada más, sigue siendo muy primitivo.

Como trabajan fuera de casa y se hicieron más independientes del hombre (financiera y afectivamente), algunas mujeres exageran en sus "producciones independientes". Crean a sus hijos sin la presencia del padre, que sirvió solamente para fecundarlas.

Hay otros hijos que se quedan sin padre, pues éste, al abandonarlos, pasó a ser "ex padre", y es la madre quien los cría, sin aceptar la ayuda de nadie. Uno de los mayores aciertos en la educación es que la madre no pretenda ser "padre", es decir, que no quiera cumplir las funciones del padre ausente. Un hijo crece de forma más saludable con su mamá haciendo de mamá, y sabiendo que a veces el padre se convierte en ex padre. Es una verdad que duele, pero algún día el hijo comprenderá que su papá no pudo asumir la responsabilidad de una familia.

El marido de la madre femenina

Los hombres se han esforzado y poco a poco se han adaptado a las mujeres (esposa, novia, amante, compañera). Pero se trata de cambios periféricos que todavía no alteran sus características fundamentales. Con un poco que se descuiden, vuelven a surgir las características machistas jurásicas. Basta con que se interesen por otra mujer, e inmediatamente tratan de adecuarse para volverse atrayentes a sus ojos. Además, ese intento de adaptación reprime al hombre que se quiere imponer "porque así es él y ya".

Algunos hombres evolucionaron mucho y ya fueron bautizados como metrosexuales (hombres metropolitanos), es decir, el hombre que cuida de su cuerpo, de su apariencia, de su ropa, usa cosméticos, se depila y se hace cirugía plástica para embellecerse, sin que todo eso disminuya su masculinidad. Respeta las opiniones de su mujer, ayudándola en todo lo que puede, desde cocinar, ir a las juntas escolares de los hijos, cambiar pañales y desvelarse para cuidar a los hijos, sin sentirse afeminado. En general, es un buen padre y ayuda bastante a su esposa en la crianza de los niños, aunque no sean sus propios hijos.

Hay otros hombres que no evolucionaron tanto ni se volvieron metrosexuales, pero que sí están dando pasos tímidos para alejarse del machismo clásico. La mujer femenina acepta al hombre tal como es, siempre y cuando no sea machista, agresivo, grosero, maleducado; ni demasiado trabajador, ni demasiado aventurero; prefiere que sea sincero, cariñoso, afectuoso, sensible, lo bastante fuerte como para mostrar sus debilidades, que decida junto a ella el futuro de los hijos, los proyectos de vida, dónde ir de vacaciones, qué auto comprar, dónde vivir.

La madre femenina quiere compartir con su marido la educación de los hijos, las cuentas de la casa, y "hablar de la relación". Ya no acepta estar sometida al hombre por el simple hecho de que él es el proveedor. Esta madre ya no le impone a su marido la pesada carga que la mujer frívola le imponía.

Los hijos de la madre femenina

Así como la mujer femenina quiere "hablar de la relación con su compañero", pero sin ser autoritaria ni frívola como sus antecesoras, la madre femenina quiere hacer lo mismo con sus hijos. Tal vez ésta es su mayor complicación, pues los hijos resultaron al revés de lo que pretendía.

Los niños pequeños no pueden tener la misma fuerza que sus educadores. Sin embargo, las madres femeninas no quieren imponer ni siquiera lo que es necesario: límites, respeto, obediencia, deber y, así, al ser permisivas, confieren autoridad a los deseos de sus hijos. De esta manera, los niños empezaron a exigir que las madres cumplieran sus deseos, fueran adecuados o no, y para lograrlo, utilizaban cualquier argumento, llegándose a valer incluso de las incongruencias de sus madres. Algunos padres también comenzaron a actuar como madres femeninas, y con ello perdieron la autoridad inherente al papel de educador. El ejemplo clásico de esta situación es cuando un niño se niega a cumplir su deber y su madre —en vez de establecer que sus caprichos tienen un límite y que los deberes se cumplen y no se discuten— empieza a "hablar de su relación con él". La mejor forma de perder la autoridad de educador es preguntar a un hijo si quiere o no quiere cumplir con su deber.

Creo que no está ya lejos el día en que la mujer podrá también ser madre de manera más natural, puesto que, en otros planos, está progresando a pasos gigantescos.

Hasta 1975 de cada 100 mujeres 25 trabajaban, y en 2002 esta proporción aumentó a 50, lo que representa un incremento de 100 por ciento. Y también empezaron a ganar más. En comparación con los salarios de los hombres, la mujer recibía sólo 55 por ciento de lo que los hombres ganaban en 1981. A partir de 2002, datos proporcionados por el IBGE muestran que la mujer recibe ya el 70 por ciento del salario que gana el hombre. La diferencia salarial, sigue disminuyendo, y el número de mujeres que trabajan sigue aumentando.[4]

La mujer madre *versus* la madre trabajadora

La mujer madre es la mujer evolucionada, que incluso estando capacitada para trabajar, decide ser madre de tiempo completo, en

---

[4] A lo largo de este libro abordaré diferentes tipos de educación aplicados por diferentes madres, de acuerdo con sus propias posibilidades y conocimientos. Si existen hijos holgazanes es porque los padres se dejaron oprimir por ellos. Si existen hijos berrinchudos es porque los padres, tal vez sin darse cuenta, refuerzan los berrinches. Todo tiene una causa. La familia es una red de relaciones donde lo que uno hace influye directamente en el otro e indirectamente afecta a un tercero y oprime a un cuarto integrante. De cierta manera, todos están ligados entre sí.

detrimento de su carrera profesional, en una época en que ella controla cada vez más el dinero para los gastos de la casa, pues 50 por ciento de ellas tienen tarjetas de crédito y representan 44 por ciento de la población económicamente activa, según la Organización Internacional del Trabajo. Además, según un estudio del Foro Económico Mundial realizado en 2006, mientras más amplia sea la participación de la mujer en la vida económica, incluso sin trabajar fuera de casa, mayor es el desarrollo económico de su país. Insisto en esto para mostrar lo difícil que es para la mujer decidir no ser una mujer trabajadora en estos días, cuando 51 por ciento de las trabajadoras son también madres.

La madre maternal

He observado que lo importante no es tanto el tiempo de permanencia de la madre con el hijo que educa, sino su preparación como educadora. Sin duda, la presencia de la madre es muy importante para la formación del hijo. No obstante, veo a muchos niños y adolescentes que, a pesar de tener a sus madres a su entera disposición, están muy mal educados. Hoy la educación no es un proyecto racional, aunque esté basado en mucho amor, porque es necesario mucho amor para seguir educando.

El marido de la madre maternal

Ya no puede ser un marido machista, a pesar de seguir siendo el único proveedor y aunque trabaje, no es el dueño absoluto de su salario. Sus ingresos son para la familia y no puede gastar el dinero como quisiera, porque su esposa opina sobre sus compras. Generalmente tiene licencia de conducir y maneja el segundo auto de la familia, con el que lleva a los hijos a la escuela y a otras actividades. Ese tipo de marido reconoce que él es importante en la educación de los hijos y asiste también a las reuniones escolares o lleva a los niños a las fiestas de cumpleaños de sus compañeros. Es un hombre más afectuoso, a quien no le da vergüenza llorar, le gusta ser padre, aunque tenga que cambiar pañales y desvelarse cuando su hijo tarda en llegar de una fiesta. Prefiere dialogar con la madre de sus hijos sobre la educación y el futuro de éstos que discutir sobre su relación conyugal.

Los hijos de la madre maternal

Por desgracia, la mayoría de estos hijos están siendo criados con base en modelos antiguos y, por tanto, aún no han interiorizado preocupaciones éticas ni actitudes ciudadanas.

Por otro lado, algunas madres que lograron cambiar esos modelos han criado hijos más felices, responsables y respetuosos. Esos niños han mostrado una visible diferencia en su educación, cuando los vemos en la escuela o en otras actividades: no son dominantes y respetan las reglas, pero sin perder la alegría de vivir, ni dejar de hacer las travesuras naturales de cualquier niño.

Sus madres, conscientes de ello o no, aplican el principio de "quien ama, educa", que hace al mundo mejor y más feliz, alimentándonos con la esperanza de un futuro mejor. Sucede que estos niños, que "nacen" con un celular en la mano y una computadora en la mochila, viven en un mundo totalmente distinto al de sus hermanos diez años mayores. Hablan una segunda lengua de manera natural (muchos están en escuelas bilingües), y también es natural para ellos haber ido a la escuela desde los dos años de edad.

Más que aprender estudiando, esos niños quieren aprender haciendo: por eso, simplemente ignoran los manuales de sus juguetes, pues ellos construyen sus conocimientos a través del método del ensayo y error.

Me parece importante subrayar, en estos casos, la importancia de que los padres establezcan con claridad lo que es correcto y lo que está equivocado, antes de que empiecen a complicar y a relativizar las situaciones con la famosa frase: "Depende…"

Los niños de hoy no tienen miedo de arriesgarse. Son capaces de elegir un DVD, ponerlo en el aparato, prenderlo y que aparezca en la pantalla su secuencia favorita. Y todo a los dos o tres años de edad, una tarea que sus abuelos o algunos padres ni remotamente pueden hacer.

La mujer polivalente

La mujer polivalente es la mujer contemporánea, dueña de sí misma, cultivada, competente, maneja su propio automóvil, cuida su aspecto y su salud, tiene su propio negocio, independiente o corporativo, vive sola o con alguien, según prefiera, se divierte sola o con compañía masculina, sola o con amigas, o sola en medio de ambientes masculinos, y también se lleva bien con su propia familia.

La madre polivalente

Todas las madres se sienten muy responsables en cuanto a su maternidad. Algunas, aunque les pese, tienen que poner el trabajo en primer lugar. La madre polivalente puede ser mujer-madre durante las horas en que está con sus hijos (y los educa) y mujer trabajadora cuando está en el trabajo, pero con una gran diferencia: se lleva trabajo a su casa, y lleva a sus hijos al trabajo. Su estrategia es la siguiente: para no estar tanto tiempo lejos de sus hijos, se lleva a su casa algunas tareas del trabajo y, durante el trabajo, se las arregla para llamar a sus hijos por teléfono, con los mayores se comunica a través de internet o con mensajes al celular. Estas madres parecen más bien hermanas mayores que matronas de antes, y todo lo hacen a su manera, tanto en su propia vida como con su marido. Son la típica madre llena de manos, la mujer pulpo.[5] Conozco a una madre que, mientras almuerza un sándwich, se hace el manicure, habla con sus hijos por teléfono con el altavoz, y hasta hojea una revista, cuidando el esmalte de sus uñas.

* * *

A pesar de que la madre polivalente sea una evolución de las demás, está muy lejos de sentirse bien consigo misma y de estar satisfecha con la vida que lleva.

---

[5] Para saber más sobre este tema, léase *Homem-cobra, mulher polvo*, de Içami Tiba, São Paulo, Gente, 2004. (N. del E.)

Está informada, se interesa por el mundo y es muy crítica. Pero muchas veces se siente culpable por no estar más presente en la vida de sus hijos, y también se siente culpable como profesional, pues difícilmente puede centrarse y concentrarse al 100 por ciento en su trabajo.

Por eso suele tener grandes expectativas en el apoyo y la colaboración de su marido, aunque él no siempre cumpla con ellas.

La madre polivalente vive un desafío todos los días, como una malabarista que tiene que mantener en el aire varios platos al mismo tiempo sin que ninguno caiga al suelo. Está cansada, pero todavía no está lista para delegar tareas a otras personas. Sí quiere que la ayuden, pero crea una estructura total para mantener la rutina y el buen funcionamiento familiar, y no abandona el control que necesita tener sobre todo: desde saber qué hay en cada anaquel de la alacena hasta la ropa que cada hijo está usando, si almorzó o cuántas horas pasa viendo la televisión. Sabe que ése es el precio que paga por ser una madre polivalente, pero acepta el desafío y trata de vivir cada día de la mejor manera posible.

El marido de la madre polivalente

Por lo general, también es un hombre polivalente (más que otros hombres, pero menos que las mujeres). Cuida a los niños, les cambia los pañales, los baña, sustituye a la madre cuando ella no puede ir a las juntas de la escuela y lleva a los niños al doctor, entre otros. Trata de mantener el romanticismo conyugal, comparte con su mujer los gastos y planea los asuntos económicos con ella. Pero no cede en lo que toca a su auto, practica el deporte que le gusta o toma clases con regularidad.

En general, se enorgullece de su compañerismo y muestra admiración por su mujer, pero no es extraño que presente algunas recaídas patriarcales, como si necesitara "vacaciones" del papel que desempeña, porque le exige un gran esfuerzo. Tal vez el esfuerzo no sea tan grande, pero por ser un comportamiento social nuevo, para el cual no tuvo modelos, de vez en cuando necesita, afectivamente, manifestarse como padre, marido y "el señor de la casa".

No es raro que este marido comente que "cuando más descansa es cuando está en el trabajo".

Los hijos de la madre polivalente

Son pocos, generalmente dos. Con frecuencia son hijos únicos; es raro que estas mujeres tengan tres hijos. Al igual que sus padres, suelen estar bastante ocupados, empiezan a ir a la escuela a los dos o tres años, y tienen muchas actividades diarias. Casi no andan por las calles, pero corren solos por los centros comerciales y las tiendas de juguetes, apretando botones y dando clic en todo lo que ven: preguntan, son listos, cuestionan las órdenes y argumentan sus puntos de vista. Generalmente van bien en la escuela y aceptan sin problemas las ausencias o las alternancias entre sus padres en el cuidado de sus actividades y juegos. En una palabra, son bastante autónomos, y el segundo hijo, cuando lo hay, quiere hacer todo lo que hace su hermano mayor y tiene en él un gran estímulo para desarrollarse más rápidamente.

* * *

Mantener siempre una educación racional

Sin importar el tipo de familia, el proyecto racional de educación consiste en formar ciudadanos éticos. Ya no es suficiente ser un ciudadano, es necesario ser ético. Y educar, como sustentamos a todo lo largo de este libro, no es simplemente hacer lo que ya se sabe, sino actualizarnos, desechando los *viejos modelos* equivocados, algunos de los cuales son:

- hacer por el hijo lo que éste puede hacer solo;
- dejar de realizar los deberes que tiene que cumplir;
- aguantar molestias, respuestas groseras, falta de respeto a los demás;
- permitir que el hijo imponga su voluntad inadecuada a los demás;

- estar de acuerdo con todo lo que el hijo hace y dice, sólo para no contrariarlo;
- creer que "mi hijo no miente", o que "él sabe lo que hace";
- dejarlo que gaste el dinero para el almuerzo en estampitas;
- asumir la responsabilidad de las acciones del hijo;
- repetir muchas veces la misma orden;
- darle "golpes pedagógicos";
- ser cómplice de sus faltas;
- aceptar calificaciones bajas, tareas mal hechas y otras indisciplinas;
- delegar a terceros la educación de los hijos;
- no hacer caso de la basura que el hijo deja en el suelo, entre otras.

Aprovecho la ocasión para contraponer a estos malos hábitos de la tradición, algunos de los *nuevos paradigmas* de la educación que explicaremos con más detalles a lo largo de este libro, pero que exponemos de una vez, para que los padres presten atención a estas acciones o conductas.

Los nuevos paradigmas exigen:

- practicar la atención integral: detenerse, escuchar, ver, pensar y actuar;
- respetar a los hijos como seres pensantes, sensibles, creativos, alegres, juguetones y esencialmente buenos;
- ser padres y madres conscientes, constantes y consecuentes en sus comportamientos y enseñanzas a los hijos;
- que la familia tenga un funcionamiento horizontal (de igualdad); es decir, todos tienen derechos y obligaciones según sus niveles de desarrollo físico y mental;
- entender que la familia es un equipo donde cada uno juega en la posición más adecuada para el mejor funcionamiento del conjunto;
- comprender que no hay nadie superior ni inferior, sino personas más o menos desarrolladas que otras en determinadas áreas;
- hacer valer el principio de la ciudadanía familiar:

— nadie puede hacer en casa lo que no podría hacer en la sociedad;
— todos tienen que practicar en casa lo que hacen en la sociedad;
— cuidar de la Tierra como si fuera la propia casa, entre otros.

Los padres tienen que ser coherentes entre sí y no permitir que los hijos hagan en casa lo que no harían en la sociedad; por el contrario, deben exigir que hagan en casa lo que hacen fuera de ella. Tienen que ser constantes, es decir, cuando dicen *no*, este *no* tiene que ser mantenido, y no transformarse en *sí*. Porque, por lo general, quienes rompen la disciplina de los hijos son los padres mismos, que no logran mantener un *no* ante la presión de sus hijos. Pero los castigos no educan.

Lo que educa son las consecuencias, la transformación del error en aprendizaje. Por ejemplo, un viejo castigo que se volvió obsoleto, es encerrar al hijo en su cuarto. ¿Cómo un hijo aprenderá que debe guardar su juguete después de jugar, a partir de quedarse encerrado? Es mejor que los padres le avisen al niño que van a regalar el juguete si no lo guarda, porque quien no cuida lo que tiene lo pierde. Es el principio de las consecuencias: para educar a sus hijos, los padres tienen que ser coherentes entre sí, constantes en lo que dicen y en sus acciones.

Capítulo 2

La madre y el padre: dos caras de la misma moneda

¿Por qué "padres" en lugar de "madre y padre"?

No es justo que hagamos referencia a la pareja como "padres", porque entonces la madre desaparece. Cuando la escuela convoca a los padres, casi siempre las que acuden son las madres, y cuando se llama a las madres casi ningún padre se presenta. La mayoría de las veces, los hijos son todavía responsabilidad de la mujer, aunque ella trabaje fuera de casa y su participación en el presupuesto familiar sea importante. La última palabra en la familia ya no la tiene nada más el padre, como hemos visto, sino también la madre.

La mujer entró al mercado de trabajo sin dejar de ser madre. Pero no por eso los hombres se volvieron "más" padres. Apenas hace poco, algunos empezaron a participar más en la educación de los hijos, como ya vimos en el capítulo anterior. Incluso, he notado que la presencia de los padres en mis cursos se triplicó en los últimos años.

Por otro lado, la mayoría de los libros sobre educación sigue haciendo demasiado énfasis en la importancia de la figura materna, perpetuando así la sobrecarga de trabajo de la madre y aligerando la del padre.

Por eso, en este libro, me dirijo tanto a las madres como a los padres. Ser padre no es mejor que ser madre, ni viceversa: tan sólo son papeles diferentes, y son esas diferencias las que amplían las posibilidades educativas, y aportan relaciones más enriquecedoras. Mientras mayores sean las diferencias, las conductas de los hijos hacia el padre y hacia la madre variarán ante una misma situación.

Estas diferencias se complementan, ya que, sin un hombre, la mujer no puede ser madre; y el hombre, sin una mujer, tampoco puede ser padre. De esta manera, el niño es el fruto de la relación entre un hombre y una mujer. ¿O de una mujer con un hombre? No se trata de discutir quién es el más importante, porque ambos son necesarios para tener un hijo.

La herencia genética está en los cromosomas. Desde el nacimiento, el niño absorbe la manera de vivir el "así somos" de la familia. Así, aprende naturalmente con las personas que lo rodean, y en el futuro transmitirá ese aprendizaje a sus propios hijos, perpetuando esas conductas a través de las generaciones venideras.

Algunos momentos tomados de la vida cotidiana de las familias nos muestran que el mundo cambió, pero no tanto:

* * *

Vuelo de las 6 de la mañana hacia São Paulo

Regresaba de dar una conferencia cuando empecé a observar a un niño de tres años del otro lado del pasillo. La madre estaba cerca de él y llevaba a otro bebé en brazos. El niño apretaba los botones del techo, empujaba el asiento con los pies, estaba muy inquieto. De repente me descubrió y se me quedó mirando. Empecé a hacerle caras con las cejas. Movía la derecha, luego la izquierda. Tratando de imitarme, empezó a hacer gestos. La madre, al darse cuenta de que su hijo me miraba, lo empujó y lo hizo sentarse. Era como si le dijera claramente: "No le hagas caso a extraños." Segundos después, el niño estaba otra vez de pie sobre el asiento, apretando todos los botones.

Un hombre de saco y corbata que estaba sentado en el asiento de atrás, estudiando informes, dijo en voz alta que más bien parecía un gruñido: "Quédate quieto, si no el monstruo va a venir a comerte." Hasta yo, del otro lado del pasillo, me asusté. Luego, la mamá del niño le dijo: "Quédate quieto, ya oíste lo que dijo tu papá." Yo también me quedé quieto e imaginé que, en realidad, el monstruo era el mismo papá.

Final de fiesta popular

Mientras me comía un bocadillo, me quedé observando a una mujer con tres hijos, uno de brazos, otro mayor, como de seis años, apoyado en ella, y otro que parecía tener unos trece años; junto a ellos, inquieto, golpeando el suelo. Ella cargaba un bolso grande. Los cuatro estaban parados, esperando a alguien. Cambié mi campo visual. ¿Y qué fue lo que vi? Un hombre, muy seguro de sí mismo, conversaba animadamente con otro. Ambos vestían elegantes trajes deportivos. Él estaba a unos cinco metros de la mujer y los niños. El otro hombre se despidió. Entonces, el primero se volvió hacia la mujer y dijo en voz alta: "¡Ya vámonos!" Y caminó en dirección a la salida.

Para mi sorpresa, la mujer lo siguió, cargando la bolsa y al bebé, con el otro niño agarrado de su falda y el púber malhumorado, caminando a su lado. Por un momento, me pareció estar ante el cuadro *Retirantes* (1944), de Portinari.

* * *

Me quedo pensando, deliberando, filosofando sobre estos acontecimientos que se producen a diario en las familias. Todos podemos observar cómo otras personas funcionan cuando están con sus hijos en fiestas, comedores colectivos en los centros comerciales, parques o iglesias. Así podemos aprender mucho, y hacer cambios en la propia familia para mejorar nuestra calidad de vida.

La mujer y el hombre son muy diferentes

Existen diferencias enormes y fundamentales entre ser mujer y ser hombre, mucho mayores que ser simplemente padre y madre. La mayoría de los comportamientos sociales que distinguen al hombre de la mujer no fueron inventados; tienen bases biopsicosocioantropológicas distintas dentro de una misma especie. No obstante, el ser humano se socializó, se educó y refinó sus instintos animales de sobrevivencia y perpetuación de la especie.

De la misma manera que los demás mamíferos, el macho humano es físicamente más fuerte pero menos elástico que las hembras. Las que se embarazan son las hembras, con el aporte masculino. Sin embargo, solamente las hembras amamantan a las crías.

Estas y otras diferencias son consecuencia de variaciones anatómicas, sobre todo de la mayor o menor presencia y actividad de las hormonas sexuales: estrógeno y progesterona en las mujeres, testosterona en los hombres. A continuación presento algunas de las diferencias entre la conducta masculina y la femenina, que trascienden al ser padre o madre:

- La mujer dice lo que piensa o va pensando mientras habla. Seguramente, puede pensar, escuchar y hablar al mismo tiempo. El hombre, en cambio, no habla mientras piensa o, por lo general, sólo habla después de haber pensado. Una acción a la vez. Por tanto, para el hombre, pensar, hablar y escuchar al mismo tiempo… ¡ni pensarlo!
- Al cenar en un restaurante, la mujer se fija en los cubiertos, el mantel, los adornos, las uñas del mesero, el ambiente, las personas, la ropa y los accesorios de las otras mujeres, la decoración, el aspecto y el sabor de la comida, pensando siempre en las calorías del postre. El hombre se fija en el ruido, el tiempo que tardan en servir, el tamaño de las porciones, los modales del mesero y, fatalmente, en la cuenta.
- En una comida en casa, si el hijo no quiere comer, el padre piensa: "Que no coma." Pero la madre, inmediatamente, se dispone a llenar a como dé lugar el estómago del niño: "¿Quieres que te prepare ese sándwich que tanto te gusta?"
- Cuando un compañero le pega al hijo, el padre se enoja y discute con su hijo, a veces incluso lo golpea para que aprenda a defenderse en las calles. La madre también está furiosa y quisiera golpear a alguien… a quien le pegó a su hijito.

- Un padre zanja una discusión con su hijo estableciendo reglas, mientras la madre quiere convencer al hijo de que está equivocado, y acaba "hablando de la relación" con él.
- La madre tiene una lista mental[6] para cuidar a su hijo, que es mucho más grande que la del padre. Para saber si el hijo usó drogas, ella lo mira a los ojos; lo huele; se fija si todo parece normal: su ropa, sus actitudes, su tono de voz y su forma de ser con ella; le pregunta dónde, cuándo, con quién, cómo y a qué hora estuvo donde dice, y lo que hizo todo el tiempo, presta atención para crear otra lista mental si algún campo no fuera cubierto como espera. La lista mental del padre es mucho más sintética y se basa en las respuestas verbales que da el hijo. Si un hijo dice que no usó drogas, el padre se queda tranquilo. El hijo no le va a mentir. Pero cuando la madre le pierde la confianza, no hay hijo que soporte el acoso, incluso surgen problemas en la pareja por esto. El padre opina que ella hace un drama por todo, y la madre suele pensar que a él no le importa nada.

El padre extravía a los hijos en centros comerciales, playas, fiestas populares. La madre no les quita los ojos de encima.

Un estudio realizado por T. Canli y su equipo de la Universidad de Stanford, en California, mostró que las mujeres memorizan de forma distinta sucesos con un fuerte contenido emocional. Existe una diferencia química innata en la utilización de los circuitos neuronales en hombres y mujeres: ellas usan más el hemisferio izquierdo del cerebro, que está mucho mejor preparado para memorizar las imágenes emocionales y tener acceso a ellas; en cambio, ellos utilizan ambos hemisferios, no tan especializados como los femeninos. Por eso, a ellos se les hace difícil recordar lo que para ellas es inolvidable.

---

[6] Por "lista mental" me refiero a una serie de observaciones con campos que deben ser llenados mentalmente para adoptar una actitud. Cada persona tiene su propia lista mental. Si un alumno quiere copiar en un examen, primero presta atención a varias cosas: ¿El profesor está atento? ¿Hacia dónde mira? ¿Está sentado ante su escritorio? ¿O caminando entre los alumnos? ¿Puedo disimular que estoy copiando? Si todas las respuestas fueran favorables, empieza a copiar.

Con el título "Los hombres tratan de superar su desventaja emocional", el periódico *Folha de São Paulo* publicó, el 17 de enero de 2002, un artículo del periodista Sérgio Vilas Boas, muy comentado en esa época, que afirmaba: "La pérdida de identidad ocasionada por la posición moderna de la mujer ha llevado al hombre a una crisis que puede llegar a ser provechosa para ambos." Es decir que la crisis de la masculinidad, que antes estaba confinada a la intimidad de cada hombre, se hizo pública en los últimos diez años. Hay decenas de estudios sobre el tema, elaborados por antropólogos, sociólogos y psiquiatras que llamaron la atención sobre la inferioridad del sexo masculino.

La evolución del papel de padre

El machismo, que se apoyaba en la servidumbre de la mujer, está siendo derrotado contundentemente, a medida que las mujeres se integran a la globalización y a la "feminización".

En Estados Unidos, de 1950 a la fecha, el porcentaje de hombres con empleo disminuyó de 70 por ciento a 52 por ciento, y el de la mujer aumentó de 30 por ciento a 48 por ciento. No es posible que el hombre no acepte la capacitación superior de las mujeres, porque ellas estudian más años, tienen más diplomas y más títulos de maestría y doctorado. El número de mujeres que son cabezas de familia aumentó ocho veces entre 1995 y 2005, y 28 por ciento de las familias brasileñas tienen como proveedor a una mujer.

Todo esto sacude al hombre, todavía preso en su papel de proveedor. Tiene que evolucionar para adaptarse al nuevo mundo o sucumbirá, pues las mujeres, cada vez más seguras de sí mismas y más autosuficientes, hacen a un lado a los hombres "que no combinan con ellas".

La mayoría de las mujeres no necesita casarse ni depender de nadie. Ellas están dispuestas a vivir con independencia de los hombres, como lo muestran 72 por ciento de los divorcios no consensuales, solicitados por las mujeres. Hoy en día, vemos a muchos hombres que fueron "despedidos" por sus ex mujeres.

El padre de hoy, cuando se separa, ya pelea por la custodia compartida, y no se transforma solamente en ex padre como sucedía hace 20 años. Hoy en día los muchachos, desde niños, conviven con su madre, hermanas y compañeras en casa, y por eso aceptarán más fácilmente encargarse de las tareas domésticas y de los hijos.

Como podemos ver, los cambios en la conducta del hombre fueron un resultado de la educación de la mujer, que lo despojó de su cómodo machismo.

El nacimiento de la pareja

Históricamente, la mujer es madre desde hace mucho más tiempo que el padre. En la prehistoria, ella cuidaba a los hijos de manera instintiva, como cualquier animal, hasta que el niño crecía y se volvía independiente.

Los que se encargaban de las tareas más pesadas, que exigían fuerza física, eran los hombres de la familia, los hermanos de la madre o los hijos varones. El esquema familiar era el matriarcado (célula maternal), sin tener en consideración al padre.

Durante el nomadismo, el hombre desconocía el sentido de la paternidad, que surgió hace sólo 12 mil años aproximadamente, cuando la mujer descubrió la agricultura, y los seres humanos se arraigaron más y más a la tierra.

Antes, el embarazo era considerado un regalo de los dioses. Y los hombres siguieron moviéndose, saliendo a cazar, a luchar en las guerras, a conquistar territorios. Construyeron castillos para defender a la amada y a los hijos que se quedaban con ella.

El hombre conquista y defiende un territorio, pero quien lo transforma es la mujer.

Así, se puede decir que es bastante natural que la mujer sea mucho más apta que el hombre para cuidar a los hijos. Si el hombre hubiera estado a cargo de cuidarlos, como lo ha hecho la mujer desde siempre, tal vez hoy en día muchos padres no perderían a sus hijos en el camino, en los centros comerciales, en las playas, en los parques de diversiones… Es decir, tendrían más experiencia.

El mundo cambió. Hay parejas que están ensayando nuevas estrategias familiares. Pero la vieja división de papeles sigue manteniéndose: el padre dedica más tiempo a trabajar que a educar a sus hijos, como ya comentamos, y la madre empezó a trabajar también, aunque continúa con la responsabilidad de educar.

Para el hombre, la casa es "el descanso del guerrero." Para la mujer que trabaja, la casa es su segundo empleo, que incluso es más desgastante que el primero, porque le sobra poco tiempo para hacer sus demás quehaceres: ver si sus hijos están lastimados o enfermos, si hicieron la tarea, si la casa está arreglada, si no falta nada en la despensa, y preparar la cena para recibir al cansado guerrero.

La madre se sobrecarga y el papá sigue descansado. Sin embargo, ella no necesitaría ser 100 por ciento madre. Podría reducir sus responsabilidades a la mitad si el otro 50 por ciento fuera realizado por el padre, que asumiría su papel en la educación, ya que ahora la madre trabaja fuera de casa y aporta una ayuda económica fundamental para el hogar.

El hombre todavía tiene mucho que aprender para desempeñar su papel de padre. En cambio, la mujer empieza a desarrollar su papel de madre ya desde el embarazo: está pendiente de los avances en el crecimiento del bebé, siente sus movimientos, observa sus cambios corporales, etcétera. Poco a poco la madre va conociendo al bebé y construye un vínculo con él. Mientras sucede, el padre mira todo desde afuera, confuso, sin saber cómo participar más activamente en esa construcción.

El desarrollo del papel de padre también debería empezar durante el embarazo. La participación de algunos hombres en el embarazo se limita a cuidar a la embarazada. Casi no se ve a ningún hombre "embarazado" comprando ropa o juguetes para su futuro hijo. ¿Participar en el arreglo del cuarto infantil? Pocos lo hacen, pues la mayoría piensa: "Son cosas de mujeres."

El padre embarazado se preocupa más por los gastos generados por el recién nacido, que por aprender a cambiar pañales, preparar un biberón o bañar al bebé. Pero, como todo ser humano, es capaz de cambiar, aunque le falte conciencia de la necesidad del cambio y del esfuerzo implícito en ello.

* * *

Conocí a una muchacha que estaba enojada con su novio. Mientras ella se dedicaba a montar la casa, el futuro "nido" de la pareja, él quería comprarse una moto. Ella le decía que no era una necesidad y, además, ¿cómo llevar a un bebé en moto? La novia pensaba en la pareja, en los hijos. El novio, todavía entregado al primitivo nomadismo masculino, pensaba sólo en sí mismo, en sus paseos y aventuras.

Hoy esta pareja esta separada, por iniciativa de ella. No tuvieron hijos.

* * *

El padre está más ligado a la compañera que a los hijos; y la madre está mucho más ligada a los hijos que al compañero.

Imagínese que la madre y el padre de un recién nacido estén haciendo el amor en la cama, y que la madre oye al bebé quejarse. De inmediato, hace a un lado al marido y corre a ver al bebé, que casi siempre ya volvió a dormirse. Esto significa que el papel de madre domina al de esposa. El hombre, que ni siquiera había oído al bebé, se siente disminuido en su papel conyugal, y le reclama a la mujer que no lo tome en cuenta y que sólo le preste atención al hijo.

Esas diferencias se manifiestan con más claridad cuando la pareja se separa. Él se queda con los bienes materiales; es decir, con el dinero. Ella se queda con los bienes afectivos; es decir, con los hijos.

Sabemos que la mujer mantiene con más eficacia la estructura familiar que el hombre. Por eso, una familia sin madre corre un riesgo mucho mayor de disgregarse que una familia sin padre. El hombre separado abandona prácticamente a su familia. Se convierte en un nómada que busca nuevas compañeras. Sin embargo, si le llega a gustar otra mujer que tenga hijos, podrá cuidar a los niños de su compañera incluso mejor de lo que cuidaba a sus propios hijos que viven con la ex mujer.

Hoy día, no es extraño que el padre obtenga la custodia de sus hijos.

Muchas veces, en ese caso, quien realmente lo ayuda en las labores cotidianas es su madre, la abuela, o bien, una mujer que contrata para esos fines. Por el contrario, es poco frecuente que la madre contrate a un hombre para que cuide a sus hijos.

Las trampas de la culpa

El vínculo de la madre con el hijo es tan fuerte que supera a la razón. Parece incluso un "instinto" maternal.

Ese instinto es tan poderoso que esclaviza a la madre, aunque gracias a él los bebés llegan a sobrevivir, afortunadamente. Pero la madre no abandona ese "instinto" aun cuando los hijos no la necesiten; así, incomoda a todo el mundo: a sí misma, pues sufre de un exagerado sentido de responsabilidad hacia el hijo que la consume, pero del que no se puede librar; al hijo, que quiere dar sus primeros pasos fisiológicos de independencia; y al padre, que ya no soporta a los dos.

Aunque la madre esté trabajando con ambas manos, puede observar, escuchar y responder a sus hijos mientras mira la televisión. Mujer pulpo,[7] con todos los tentáculos trabajando al mismo tiempo, de manera independiente y sin enredarse ni equivocarse. Pobre del hombre que no puede hacer más que una cosa a la vez. Si alguien lo llama, de inmediato pierde la concentración en lo que estaba haciendo: es un pulpo con un solo tentáculo, es decir: es un hombre cobra.

---

[7] Véase *Homem-cobra, mulher-polvo*, de Içami Tiba, São Paulo, Gente, 2004. (N. del E.)

Entre los diferentes tipos de madre que existen, podemos señalar dos *tipos extremos*:

- Superprotectoras: les parece que todo lo que el hijo hace es maravilloso; es el mejor hijo del mundo. Todos los demás están equivocados, la escuela, el mundo mismo. Los hijos que educan son inestables e inseguros.
- Supervisoras: sólo se fijan en lo que su hijo hace mal. "Si otros te molestan, es que algo les habrás hecho, como siempre", dice. No soporta que la critiquen por lo que hace su hijo. Sus hijos serán obsesivos y tímidos.

* * *

Los niños necesitan ser protegidos y reprendidos de acuerdo con sus necesidades y capacidades, protegidos en las situaciones de las que no pueden defenderse, y supervisados en lo que sí pueden hacer.

Cuando la madre no razona para entrar en defensa de sus hijos, puede ocasionar muchos desajustes en la relación. El niño se aprovecha. Se siente libre para cometer faltas graves, porque después basta con agradar un poco a su madre, y no pasa nada.

Todos los delincuentes domésticos salen impunes porque son seductores que tienen el terreno libre. Muchas veces, el miedo de traumatizar a su hijo es tan grande que los padres acaban deformando su mente por la falta de acciones correctiva que les haga tomar responsabilidad sobre sus acciones.

Hay niños que golpean a su madre porque antes ya la insultaron. Y sólo la insultaron después de desobedecerla. Mientras más educado sea el niño, desde sus primeros pasos, mayor será la eficacia de la educación. Por lo tanto, la madre no debería permitir la desobediencia.

La mejor manera de hacerlo es cuando la madre es congruente con sus propios "no". Esto significa que sólo debe prohibir las cosas cuya negación pueda sustentar *realmente*, sin convertirlas luego en concesiones bajo cualquier pretexto. La obediencia queda así garantizada por el respeto que la madre exige del hijo. Defenderse de los malos tratos, incluso provenientes del niño, es un gesto profundamente educativo, y además es ético y propio de un verdadero ciudadano.

Si el hijo tiene un bajo rendimiento escolar, la madre pasa la noche en blanco, pensando que ella tiene la culpa. Y peor aún si el marido le dice: "¿Pero dónde estabas que no te diste cuenta de que no estudió?"; si el hijo joven empieza a consumir drogas, es común que el marido la culpe, ella se siente culpable y piensa: "¿En qué me equivoqué? Quizá si no trabajara fuera de casa no habría sucedido…"

He atendido a padres en conflicto debido a un hijo mal educado. Con el pretexto de que era hiperactivo, la mamá lo dejaba hacer todo lo que se le antojaba, mientras que el papá quería ponerle límites necesarios.

La mujer necesita poner mucha atención para no convertir su amor de madre en un regalo que perjudique al hijo en lugar de educarlo.

El médico puede tratar de explicar a estas madres, aunque ellas no lo escuchen, que el problema es más amplio, y se relaciona con el hecho de que ellas tengan una triple jornada de trabajo: como profesionales, como "reinas del hogar" y como madres. En general, la madre trabajadora asume la culpa sola. Y en ese momento, el padre queda libre para empezar a criticar.

La gran trampa de la culpa se origina exactamente en no querer soltar esa triple jornada, asumiendo responsabilidades que van más allá de la capacidad de acción de la mujer. Es querer ser omnipotente. La mayor parte de las mujeres debería aprender a poner límites a sus acciones y capacitar a los distintos miembros de la familia para realizar tareas que no le corresponden sólo a ella.

Repito: no es el hecho de trabajar fuera de casa lo que perjudica a la mujer, a los hijos y a la familia, sino la culpa que la madre siente cuando regresa a casa. No es saludable que la madre, apenas llegue a la casa, corra a atender a todo mundo sin darse derecho a descansar.

Una mujer trabajadora debe ejercer otro tipo de papel como madre, y administrar la casa de manera distinta. No debería comportarse en casa como si fuera esa otra madre de tiempo completo. Se ha convertido en una mujer globalizada, pero todavía no es una madre polivalente.

En cambio, la mujer polivalente e integrada[8] hace de su ambiente doméstico algo diferente, con hijos más independientes y cooperativos, que ayudan en el funcionamiento de la casa y en la rutina familiar. En esas familias aparece la ciudadanía familiar en acción, con derechos y obligaciones para cada quien.

* * *

Mientras la madre está fuera, la responsabilidad de mantener la casa en orden es de los hijos que ahí se quedan. En vez de subirse las mangas y arreglar el desorden, la mujer integrada les exige que arreglen todo y que la próxima vez la casa esté en orden cuando ella llegue.

Ciudadanía familiar: los hijos deben practicar en casa lo que tendrán que hacer en la sociedad.

La madre presente, el padre distante

Mentalmente, la madre visualiza a su niño durante un paseo del pequeño fuera de casa, siguiendo la ruta planeada. En general, a los niños pequeños les gusta contar sus experiencias a sus padres. Y la madre se aprovecha de eso. Mientras más habla el hijo, ella define las preguntas que debe hacer. La madre quiere tener una visión global, pues es una manera de sentirse presente, de cuidar a su hijo incluso sin haber participado en sus actividades.

* * *

---

[8] Desde el punto de vista de la Teoría de la integración relacional, explicada en esta misma obra. (N. del E.)

En caso de sentir desconfianza, si le parece que su hijo está mintiendo, conduce el interrogatorio de tal manera que pueda aclarar sus dudas. No le hace preguntas directamente relacionadas con la supuesta mentira, sino que va reuniendo las respuestas hasta concluir si está mintiendo o no. Ella utiliza una lista mental,[9] y sólo "da vuelta a la página" cuando todos los campos están debidamente llenos.

¿Por qué al hijo le parece que la madre está siendo una molestia en estos casos? En realidad, quien siente que la madre es molesta es el hijo varón, porque los muchachos tienen más ganas de actuar que de hablar. No les gusta hablar mucho sobre sus amigos, al contrario de las niñas, a quienes les encanta. Con el padre, el hijo se suele llevar mejor, porque no tiene que hablar mucho, porque al padre le parece que ese tipo de plática con el hijo es muy superficial, poco práctica y nada objetiva. Y eso permite que el padre sea manipulado: es más fácil engañar con dos o tres respuestas que con un cuestionario completo.

Lo que favorece este comportamiento (sin justificarlo) son algunas características o mitos machistas: al padre no le gusta hacer muchas preguntas porque tampoco le gusta responder preguntas que no considera esenciales; el padre tiene que ser fuerte, saber de todo, no expresar sentimientos ni intentar conocer los sentimientos de su hijo; no demostrar flaquezas ni debilidades; no llorar; no compartir preocupaciones; y debe procurar resolver todo solo, enseñar más que aprender, dictar e imponer reglas más que ajustarlas. Por eso, el padre se vuelve agresivo cuando lo contrarían, y habla regularmente en un tono serio… porque el sentido del humor puede ser confundido con superficialidad.

Difícilmente un hombre "macho" logra educar bien a su hijo que necesita mucho del cariño de la mamá.

El trabajo ocupa un gran espacio en la vida del padre. Cuando es interrumpido, por la jubilación o por un retiro anticipado y obli-

---

[9] Véase la nota 5.

gatorio, el padre se siente muy mal, baja mucho su autoestima y se deprime. Siente que si no trabaja perderá su identidad. No se valora a sí mismo, aunque su mujer lo valore. A su vez, hay mujeres que también se sienten mal y amenazadas por la presencia masculina en casa. Así, en lugar de ayudar al hombre en lo que necesita, minan la autoestima masculina al decirle: "Un hombre en la casa estorba; mejor sal a la calle, a ver si encuentras algo que hacer." Las mujeres desempleadas generalmente encuentran mucho que hacer.

Hay hombres que ayudan en casa cuando están desempleados. Sin embargo, cuando consiguen otro trabajo, vuelven a ver la casa como un lugar de descanso. Por esa razón, no es extraño que dejen siempre la educación en manos de la mujer.

Educar da trabajo, pues es necesario oír a los hijos antes de formarse un juicio; prestar atención a sus peticiones de ayuda (no siempre claras) para ayudarlos a tiempo; identificar con ellos dónde fallaron, para que puedan aprender de sus errores; enseñarlos a asumir las consecuencias en lugar de simplemente castigarlos, por más difícil que eso sea; no resolver por ellos un problema que ellos mismos sean capaces de resolver. No se deben resarcir los daños ocasionados por el hijo, ni pedir a sus profesores que rectifiquen las calificaciones que le dan.

Muchos padres machos fueron hijos de padres también machos. Si los padres machos supieran educar, sus hijos también sabrían educar, y no tendríamos hoy esta generación de jóvenes bien nutridos, tan mal educados.

Una gran ventaja de los seres humanos sobre los animales es la posibilidad de modificar su comportamiento, creando soluciones para lo que les perjudica o no les satisface.

Un padre integrado tiene que superar el machismo y ser una persona verdaderamente interesada en educar a su hijo.

El interés y el empeño en educar a los hijos deben trascender la información. Es necesario que la información sobre educación, desarrollo, drogas, sexualidad y relaciones integrales salgan de los libros e ingresan en la rutina familiar. Aunque, en general, no es fácil llevar la teoría a la práctica: la mayor dificultad surge cuando los conflictos internos de los padres interfieren con las acciones educativas, y eso no depende de la edad de los hijos.

* * *

Teresa me buscó porque no aguantaba las agresiones que recibía de su hijo de siete años siempre que lo contrariaba. Desde muy pequeño, Zezinho obtenía todo lo que quería usando y abusando de los berrinches. Teresa sabía que hacía mal cada vez que cedía a un berrinche, pero no podía imponer a su hijo los límites necesarios. No soportaba verlo sufrir. En su terapia, Teresa descubrió que su madre había sido represiva, y ella se había prometido a sí misma que nunca reprimiría a nadie, mucho menos a sus hijos. Teresa ya no se acuerda de esa promesa, pero quedó bien marcada en su espíritu. Cuando tenía que imponer los límites adecuados, la promesa entraba en acción, sin pasar por su conciencia, e interfería en su respuesta. Éste es un caso en donde un conflicto interno de la madre perjudica la educación del hijo.

* * *

La omisión de los padres que permiten al niño hacer todo lo que quiera, o su explosión ante cualquier desliz del hijo, además de que no educa, distorsiona la personalidad infantil, volviendo al niño perezoso (sin límites) o reprimido (limitado, cohibido, tímido). En el futuro, el niño protestará si alguien lo contradice, o si tiene fuerza para rebelarse contra su agresor. Por lo tanto, es importante que los padres busquen ayuda cuando no pueden hacer lo que tiene que hacerse.

La buena educación no debe ser influida por los conflictos o problemas que los padres tuvieron en su infancia, sino por las necesidades de cada hijo. Aunque la pareja tenga tres hijos, cada uno debe ser tratado como un ser *único*, pues aunque todos tengan la misma carga genética, lo que prevalece es la individualidad.

* * *

El embarazo es una oportunidad magnífica para trabajar sobre los asuntos educativos, pues es un momento de transformación. La mujer y el hombre se reestructuran para ser madre y padre, la misma pareja se reestructura para incluir a un hijo. La relación madura para admitir la triangulación.

Los resultados inmediatos de la buena educación pueden llegar como flores: bonitos, exuberantes y agradables para todos. Pero los resultados verdaderos y duraderos son los que conciernen a la formación de la personalidad. Los frutos de una buena educación son comportamientos duraderos que se aplican en cualquier situación, dentro o fuera de casa.

Lo que hace que las flores se conviertan en frutos son los principios de coherencia, constancia y consecuencia. Educar es una obra de arte, una obra artesanal, cuyo resultado es la futura felicidad de los hijos y de quienes los rodean.

Actualmente los padres no pueden quejarse de falta de información, pues ésta se encuentra en todas partes: periódicos, programas de televisión, internet, revistas, etcétera. Basta con que los padres consideren a la educación como una prioridad y que presten atención a todo.

Los hijos son como barcos...

Los barcos se construyen en los astilleros. Quizá el lugar más seguro para los barcos sea el puerto, pero los barcos no fueron hechos para quedarse ahí varados, sino para navegar los mares...

Esto significa que los padres sienten que el lugar más seguro para los hijos es a su lado, pero los hijos no nacieron para eso, sino para navegar los mares de la vida...

Los barcos van más allá de las rutas que siguieron sus padres, y llegan a lugares nuevos. Así evoluciona la humanidad.

Capítulo 3

La educación del "sí"

Ahora vamos a dar una ojeada a los hijos. No a los pequeños, que todavía no salen a las calles, sino a los mayores, que ya quieren ser independientes en un mundo que de pronto les queda chico.

* * *

Marcelo, 15 años

Un día decidió que se iría de intercambio a un pueblito de 5 mil habitantes en el centro de Estados Unidos. Había encontrado ese sitio a través de un amigo virtual que conoció en un chat de internet. La ciudad no tenía nada especial. Los padres sospechaban que algo no estaba bien. El muchacho tenía muy pocos amigos y no salía de su casa a visitar a nadie. Luego, encontraron en su cuarto una carta con una foto del amigo. Una carta de amor, visiblemente homosexual.

Los padres decidieron impedir el viaje. Al tomar esa decisión, la homosexualidad del amigo era lo que menos les preocupaba en relación con su hijo. La mayor preocupación de la familia era la de dejar que se fuera un muchacho, hijo único, sin ninguna experiencia de vida, mucho menos sexual, solo, a una ciudad pequeña de un país lejano y a la casa de una persona desconocida, de la que sólo sabían que era homosexual. El muchacho culpó a sus papás de no dejarlo llevar a cabo sus planes y dijo que se mataría, o sea, usó contra sus padres el argumento más fuerte que encontró: su muerte. Años antes, el joven había estado cerca de morir en un accidente automovilístico. Su sobrevivencia fue vista como un regalo de Dios, y nunca más los papás le habían dicho "no" desde entonces. En esa época, la mamá dejó de trabajar para cuidarlo. El muchacho era su vida. Y el papá, muy dedicado a su trabajo, nunca puso límites. Por suerte, una terapia familiar los ayudó a resolver el conflicto. Los padres pudieron mantener la prohibición, y el joven no viajó… ni se murió.

* * *

Bernardo, 19 años

En unas vacaciones en la playa conoció a una muchacha europea y tuvieron un romance. Enamorado y sintiéndose correspondido por primera vez, decidió abandonar la universidad y dejar todo para irse con ella a Europa. La familia pensó que era una locura y le sugirió que postergara el viaje hasta las vacaciones. Él les reclamó: "Ustedes no me dejan vivir. No puedo hacer nada de lo que quiero." Pero en realidad él era muy consentido y siempre había hecho lo que se le daba la gana. Estuvo muy protegido por la madre y por los abuelos maternos que lo criaron. El padre era incongruente e inconstante y, por tanto, no estaba capacitado para educarlo.

Bernardo obtenía de su familia todo lo que le pedía. Excepto novias y amigos verdaderos, que debía conseguir por sí mismo.

Bernardo tenía un auto importado y le gustaba correr por la avenida Marginal Pinheiros a 200 kilómetros por hora. Amenazó con matarse. La amenaza aterrorizó a la familia. Por otro lado, ¿cómo dejar que un hijo fuera a Europa tras una muchacha más grande y experimentada que él, a quien conocía poco, acostumbrada a viajar sola por el mundo? En Brasil ya, el interés por él disminuiría, y todo acabaría como un coqueteo pasajero en vacaciones, en un país distante.

Mediante sesiones de terapia familiar y de una subsecuente terapia individual intensiva, en un clima de crisis, todos estuvieron de acuerdo en lo siguiente: él se iría a Europa en las vacaciones, si la relación para entonces aún justificaba el viaje. Después de dos llamadas telefónicas, la relación terminó tal como empezó, siendo algo pasajero.

* * *

Marcelo y Bernardo son dos ejemplos de adolescentes bien nutridos, pero no bien educados. A pesar de que tuvieron todo en la infancia, no desarrollaron la autoestima suficiente para establecer relaciones que dependieran exclusivamente de ellos.

Esos niños recibieron todo gratis. El simple hecho de existir era motivo suficiente para que los padres atendieran sus mínimos deseos. Así, sin conocer el significado de la palabra "no", salieron al mundo. Y el mundo es la realidad donde conviven, simultáneamente, el "sí" y el "no". Ellos creían que el mundo sería como la vida con sus padres, que nunca les dijeron "no".

Tornillos de jalea

Las figuras paternales frágiles y las madres demasiado solícitas convierten a los hijos en tornillos de jalea.

Si les dan un susto, se echan a correr. No soportan que nadie los contradiga. No fueron educados para soportar un "no". El tornillo de jalea es comúnmente el resultado de esta secuencia: abuelos autoritarios, padres permisivos (=antiautoritarismo), nietos sin límites (tornillos de jalea).

Cuando eran padres, los abuelos fueron muy autoritarios, y eran más "entrenadores" que educadores de niños. Con la sola mirada el hijo tenía que obedecer; si no, los padres mostraban poca paciencia, voz regañona y mano pesada. No tenían idea de lo que era la adolescencia. Un adolescente con voluntad propia era sinónimo de desobediencia. Tampoco reconocían la posibilidad de que el hijo pensara diferente a ellos: "Yo sé lo que es bueno para mi hijo y él tiene que aceptarlo." "Los hijos no saben lo que quieren." Eran omnipotentes y abusaban de la ley del más fuerte. Eran los machos alfa.[10]

Los hijos de esos padres se rebelaron contra el autoritarismo. Sufrieron tanto con ese método educativo que quisieron evitarlo cuando se convirtieron en padres. Entonces lo negaron, comportándose de manera radicalmente opuesta. Así, se convirtieron en padres demasiado permisivos.

La permisividad es otra cara del autoritarismo, salpicada con ocasionales crisis autoritarias. No es un camino educativo nuevo. El padre permisivo deja hacer, hasta el momento en que ya no aguanta y grita: "¡Ya basta!" De repente, manifiesta un comportamiento que es incongruente con la permisividad; ahí radica la pérdida de referencia educativa.

Los hijos de esos padres —es decir, los nietos de los abuelos autoritarios— se vuelven omnipotentes, pero tienen los pies de barro: todo lo pueden, pero no soportan ninguna frustración. Se sienten fuertes, pero son como tornillos de jalea.

El "sí" sólo tiene valor para quien conoce el "no".

La generación de los tornillos de jalea no conoce el "no". Todo está permitido para ellos. Y la permisividad no genera una sensación de poder ni de seguridad. Los tornillos de jalea tienen la autoestima muy baja, porque están dominados por la educación del placer. Muchos padres creen que educar a su hijo es dejarlo hacer lo que quiera; es decir, darle alegría y placer. Y así no se construye la autoestima.

---

[10] Sobre los "machos alfa", véase la nota 1.

El amor construye la autoestima

La autoestima empieza a desarrollarse en una persona desde que es un bebé. Los cuidados y cariños que se dan a un niño le hacen sentir que es amado y que cuidan de él. En ese principio de la vida, el bebé aprende cómo es el mundo a su alrededor, y conforme se desarrolla, va descubriendo su valor a partir del valor que otros le dan. Es entonces cuando se forma la autoestima esencial. La autoestima sigue desarrollándose a medida que la persona se siente segura y capaz de realizar sus deseos y, más adelante, sus obligaciones. Es la autoestima fundamental.

Para los padres, el amor incondicional que sienten por sus hijos es claro, pero los hijos no siempre lo sienten tan claramente. Cualquier niño se preocupa por agradar a su madre y a su padre, y cree que así se ganará su amor. Para él, la sonrisa de aprobación de sus padres es amor, y la reprobación que ven en una mirada seria o en un regaño es el no amor.

Es importante que los niños tengan muy claro que, aunque la madre o el padre reprueben determinadas actitudes de ellos, el amor que sienten no está en tela de juicio.

Para que el niño se sienta amado incondicionalmente, es necesario, sobre todas las cosas, que sea respetado.

Respetar a los hijos significa:

- Darles espacio para que tengan sus propios sentimientos sin ser juzgados por eso, ayudándolos a expresarse de manera socialmente aceptable. No está mal ni es feo sentir enojo. Lo que puede estar mal es la expresión inadecuada del enojo, como, por ejemplo, pegarle a alguien.
- Aceptarlos como son, aunque no correspondan a las expectativas de los padres. Necesitan tener sus propios sueños, pues no nacieron para realizar los sueños de los padres.
- No juzgarlos por sus actitudes. Los niños se equivocan mucho porque así aprenden. La madre y el padre pueden y deben

juzgar las actitudes, pero no a los hijos. Si la actitud fuera egoísta, debe señalarse el egoísmo, pero no diciendo: "Eres muy egoísta." Frases como: "Eres muy torpe", y "qué mal haces las cosas", hacen que el niño sienta que es egoísta, torpe y sin gracia. Por tanto, esas "calificaciones" se convierten en parte de su identidad.

El respeto al niño le muestra que es amado no por lo que hace o tiene, sino por el simple hecho de existir. Al sentirse amado, se sentirá seguro para realizar sus deseos; podrá arriesgarse, equivocarse sin ser juzgado, tener su propio ritmo y descubrir cosas nuevas que lo lleven a realizar algunas conquistas. Hablar no produce una catástrofe afectiva. De esa forma, el niño desarrolla su autoestima, gran responsable de su crecimiento interior, y se fortalece para ser feliz, aunque tenga que enfrentar contrariedades.

* * *

Fernanda, un año

Lucía me buscó con la queja de que su hija Fernanda, de un año, era perezosa. Todavía no caminaba ni hablaba y era muy nerviosa. En la primera consulta, sugerí que jugaran juntas, tal como lo hacían en casa. Las dos estaban sentadas en el piso, rodeadas de juguetes. Fernanda miraba un juguete y Lucía se anticipaba: "¡Aquí está hija! ¿Éste es el que quieres?" Cuando Fernanda empezaba a gatear en dirección a un juguete o a otro, Lucía lo tomaba y se lo daba, por miedo de que la niña se cayera o se lastimara. Lucía descubrió que no soportaba ver a su hija tratar de hacer algo y no conseguirlo o frustrarse, por eso se adelantaba a la niña. Pero para que Fernanda empezara a caminar, era necesario que se arriesgara, que se cayera a veces, que se frustrara hasta poder tomar el juguete sola. Lo que Lucía hasta entonces le había transmitido a su hija era la idea de que los juguetes iban hacia ella. Pero entonces, ¿para que necesitaba Fernanda caminar o hablar? Si la mamá no le daba el juguete deseado,

Fernanda se enojaba y gritaba, porque la frustración no formaba parte de su educación.

* * *

La alegría o el placer se digieren rápido y los niños se quedan esperando recibir más alegrías o placeres. Y cuando no los reciben, hacen berrinches y son infelices. De esa manera, este método, además de no desarrollar la autoestima, crea mucho más dependencia (hacia personas, hacia drogas), ya que de lo que se alimentan las personas es de la dependencia, para sentirse bien.

Lo que alimenta la autoestima es sentirse amado incondicionalmente, y también el placer que el niño siente de ser capaz de hacer una cosa que depende sólo de él y no el placer gratuito. El hijo desarrolla su autoestima cuando juega con algo que recibió, interactúa y crea nuevos juegos; guarda el juguete dentro de sí, lo extraña y, principalmente, lo cuida. El juguete recibido adquiere, así, un sentido para él. Los niños que reciben muchos juguetes que no pueden guardar no pueden desarrollar la autoestima suficiente para generar felicidad.

El regalo que alimenta la autoestima del hijo es el que siente que merece. Sin duda, es muy placentero para los padres dar regalos que agraden a sus hijos. Todos quedan contentos: los padres por dar y los hijos por recibir. Pero el principio educativo es que los hijos sean personas felices, no solamente alegres. La alegría es pasajera, pero la capacidad de ser feliz debe ser algo intrínseco del hijo. El placer del "sí" es mucho más verdadero y constructivo cuando existe el "no".

Si un niño aprueba el año escolar porque sus padres le contrataron un maestro particular, el mérito de la aprobación es de los padres. El hijo puede alegrarse por el hecho, pero en el fondo sabe que no le corresponde todo el mérito. Eso disminuye su autoestima. Cuando aprueba porque estudió y se esforzó, su autoestima crece, y él se hace responsable.

La autoestima emprendedora

La simple prohibición de un acto puede no ser educativa. Cuando se ordena a un niño que se quede quieto en un lugar, impedimos sus acciones y hasta sus intentos por realizarlas. Castramos la acción.

Si la acción fuera inadecuada, peligrosa, abusiva, es necesario impedirla de inmediato. Pero lo mejor sería alentarlo para que encontrara soluciones que no molestaran a los demás. "No puedes correr aquí, pero ve si encuentras un lugar donde puedas correr sin perturbar a nadie." Así podemos redirigir la energía, que se estaba desperdiciando en algo inadecuado, hacia algo más útil y constructivo. O sea, en lugar de tener un hijo reprimido, estamos fortaleciendo su iniciativa, lo que le será muy útil como valor en su trabajo.

La autoestima es un aliciente esencial para la victoria, el éxito y la felicidad.

Una persona que tiene buena autoestima encuentra fuerza en su interior para realizar una tarea y alcanzar un objetivo, invirtiendo lo mejor de sí misma para obtener la victoria. Esta misma autoestima acepta muy bien el reconocimiento de los demás a su trabajo y el éxito. La felicidad es saber disfrutar lo que se tiene, sin sufrir por lo que no se tiene. Y la buena autoestima permite vivir con ese equilibrio sabio y feliz.

Capítulo 4

Tres maneras de actuar

Por increíble que parezca, no siempre las personas tienen un comportamiento humano en sus acciones. Para facilitar la comprensión de este capítulo, he simplificado los comportamientos en tres estilos: vegetal, animal y humano.

Comportamiento vegetal

Es utilizado por personas que actúan como si fueran plantas: esperan que el mundo a su alrededor se mueva para atenderlas. Fijada a la tierra, la planta espera que el suelo sea fértil, que haya lluvia y luz suficiente para la fotosíntesis. Hasta la reproducción depende de otros: son los polinizadores (insectos, aves y viento) los que esparcen las semillas. La planta se limita a atraerlos, cumpliendo con su determinismo genético.

La planta posee fuerza cuando el ambiente le es propicio, y los hombres también pueden dirigir esa fuerza.

Los seres humanos viven esa etapa de manera fisiológica cuando son recién nacidos, cuando están en coma o cuando pierden la memoria, en la fase senil. Si no reciben cuidados pueden morir, aunque tengan en su interior el instinto de supervivencia.

Algunas veces, sin embargo, hay personas saludables y adultas que funcionan como si fueran vegetales. Eso sucede, sobre todo, cuando dejan al azar sus decisiones, o cuando esperan que otros actúen por ellos.

La madre que permanece indiferente mientras sus hijos pelean es un ejemplo claro de esta conducta. Es evidente que se da cuenta de lo que pasa, pero tal vez piensa: "Ya se cansarán de enojarse y seguirán jugando." El padre sufre del mismo mal cuando le pasa lo mismo, y no hace nada. Observa todo en silencio, pensando: "Ya se les pasará cuando crezcan." Esos comportamientos de los padres equivalen a pensar que es el tiempo el que resuelve los problemas y no ellos.

Esperar solamente, en vez de actuar, es un comportamiento vegetal. Y el ser humano se caracteriza por actuar para cambiar lo que no está bien. Quedarse nada más "filosofando" no resuelve el problema ni soluciona los conflictos. Es como el hijo que espera ser aprobado sin estudiar.

* * *

Imaginemos a una mujer en vísperas de una fecha especial, como su cumpleaños o aniversario de bodas. Ella mantiene un silencio estratégico. No dice nada, esperando que su marido, además de recordar la fecha, le dé "ese" regalo que siempre deseó —aunque nunca le haya dicho cuál es ese regalo soñado.[11] Creer que el compañero debe saber todo lo que se relaciona con ella es típico de la mujer machista: ella es la planta; él, la naturaleza, que trabaja.

---

[11] Conozca más sobre este tema leyendo la sección "Desencuentro", del libro *Educação & Amor*, de Içami Tiba, São Paulo, Integrare, 2006. (N. del E.)

Un padre, por otro lado, adopta el comportamiento vegetal cuando, por creerse un hombre bueno y trabajador, una figura social protectora, piensa que ya no tiene que hacer nada más por la educación de sus hijos. Su condición le parece suficiente como para que sus hijos lo respeten, sigan su ejemplo, sean obedientes, responsables y bien educados. Pero el hijo, muchas veces, no aprende lo que el padre desearía que aprendiera.

Ser un hombre bueno y trabajador son simplemente características de un área de la vida. Una persona puede compararse a una mano extendida que contiene en la palma la personalidad y, en cada dedo, sus diferentes roles. Quien solamente desempeña un papel, es como si tuviera sólo un dedo inmenso y los demás atrofiados. Se puede sobrevivir con un dedo, claro, pero la vida será mucho más rica cuando todos los dedos funcionen en relaciones saludables.

Comportamiento animal

Es un comportamiento un poco más complejo que el vegetal. Los animales tienen movimiento propio y usan estrategias para saciar sus instintos. Sus acciones son repetitivas porque están inscritas en un determinismo genético. Todos los animales de la misma especie tienen conductas y recursos parecidos; por tanto, sobreviven guiados por los mismos instintos.

La naturaleza fue muy sabia al gratificar con el placer los instintos saciados. Así, cada vez que el animal se ve impulsado por la necesidad de sobrevivir o de perpetuar la especie, se mueve para buscar comida o una pareja. La necesidad ocasiona un malestar que motiva al animal a satisfacerla. Así, no sólo se libra del malestar sino que también siente placer, el placer de la saciedad.

Es agradable comer cuando tenemos hambre. El placer proviene del sabor de la comida en la boca y de la garantía de sobrevivencia. Si no se moviera, el animal moriría de hambre.

El animal vive dentro del ciclo necesidad-saciedad y placer-desplacer. Sus deseos están dictados por sus instintos.

Los seres humanos adoptan el comportamiento tipo animal cuando:

- no usan su razonamiento;
- repiten los mismos errores;
- hacen sólo lo que aprendieron a hacer, sin crear algo nuevo:
- sus deseos superan a su voluntad de adaptarse;
- actúan de manera impulsiva, aunque después se arrepientan;
- no respetan la ética de las relaciones y las normas sociales;
- se aprovechan del medio ambiente y lo dañan;
- aplican la ley del más fuerte.

Los padres que explotan, descuidan o maltratan a sus hijos están manifestando un comportamiento de tipo animal. Si la madre o el padre ayuda a su hijo ante un regaño merecido, dado por su contra parte, tal vez esté protegiendo irracionalmente a su retoño.

El padre o la madre asume un comportamiento de tipo animal cuando, esperando que el hijo cambie, lo reprende siempre de la misma forma. Ante el muchacho que no estudia, él o ella repite la advertencia o el consejo, que siempre empieza con las palabras fatales: "Cuando tenía tu edad…", nunca se añade algo nuevo al discurso capaz de motivar al adolescente. Se repite lo mismo y, por eso, se obtiene el mismo resultado.

* * *

Por su parte, la madre tiene un comportamiento de tipo animal cuando se dispone a arreglar el cuarto de su hijo por la "milésima y última vez". Espera que el muchacho, al verlo arreglado, aprenda a arreglar. Lo siento mucho, mamá, ¡pero es un comportamiento de tipo animal! Lo que el niño aprende, la imagen que le queda, es la de su mamá arreglándole el cuarto… En otras palabras, ¡el niño sólo aprende a arreglar su cuarto, arreglándolo!

La pataleta o berrinche es el recurso que el niño usa para someter a la madre a su voluntad. Si la madre cede alimenta ese recurso de tipo animal. En las rabietas, tanto la madre que cede como el niño que insiste tienen conductas inadecuadas.

Comportamiento humano

Este tipo de comportamiento busca la felicidad y para conseguirlo las personas que lo adoptan integran disciplina, gratitud, religiosidad, ética y ciudadanía para alcanzar la sobrevivencia, la perpetuación de la especie, la preservación del medio ambiente, la formación de grupos solidarios y la construcción de la civilización.

Dueño del cerebro más desarrollado en la escala animal, el ser humano tiene inteligencia y creatividad para superar conflictos, encontrar soluciones nuevas para sus problemas, refinar la saciedad de sus instintos y transformar el ambiente en busca de una mejor calidad de vida.

Su cerebro superior le da al ser humano cualidades que no posee ningún otro animal: capacidad de abstracción, raciocinio hipotético, manejo del tiempo, almacenamiento de víveres (no es necesario que corra tras ellos cada día), sobrevivencia a distintas temperaturas (se destapa en tiempos de calor y se cubre durante el frío). Gracias a estas características organiza su instinto de supervivencia para cuidar su lado animal.

El cuidado de los padres a sus hijos forma parte del instinto animal de perpetuación de la especie, pero es la educación lo que los convierte en seres humanos.

Si su infancia fue difícil, los padres no desean que sus hijos pasen por las mismas privaciones. Tratan de darles lo que ellos no tuvieron. El mérito de tales beneficios no corresponde, por lo tanto, a los hijos, que nada más son receptores pasivos de esas compensaciones. En la infancia, los padres sufridos comían el ala y el pescuezo del pollo, mientras su padre, gordo y autoritario, se hartaba de pechuga y muslo. Y ahora, esos padres le dejan la pechuga y los muslos a sus hijos. Y a los hijos les parece natural tener derecho a ellos y no valoran el gesto de los padres.

En un comportamiento de tipo humano, el hijo arregla todo lo que puede y la madre nada más observa. Lo que él no alcanza a arreglar, lo arregla la madre, pero junto a él, enseñándole. Lo que importa es enseñar al hijo a cuidar sus pertenencias y el ambiente en que vive, en nombre de una educación integrada. A los niños les gusta recibir un elogio merecido: ése es el verdadero alimento de la autoestima. Los elogios gratuitos minimizan el valor de las personas.

¡Cuidado, mamá! (¡Y tú también, papá!)

La madre de un hijo que no arregla su cuarto puede ensayar otra técnica: "Ya no le voy a hacer caso a tu cuarto. Voy a hacer de cuenta que no me importa tu desorden." Y el cuarto sigue como un chiquero, pues el hijo tampoco lo arregla. Si nada cambia, esa técnica se convertirá también en un comportamiento de tipo animal.

Es muy común que la madre no pueda mantener esa nueva posición por mucho tiempo. Su "no hacer caso" dura hasta que ya no aguanta más. Llega el día en que habrá una fiesta en casa, es el fin de año, es víspera de un viaje, regreso de vacaciones... No importa cuál sea la justificación, ella se pone a arreglar el cuarto furiosa, como animal rabioso.

¿Qué es lo que el hijo aprende de eso? Muchas cosas. Aprende que, si tolera el desorden más que su madre, un día ella acabará arreglándole el cuarto. ¿Quién está siendo más inteligente?

En el comportamiento de tipo humano, la madre va cambiando de actitud hasta que el mismo niño siente la necesidad de arreglar su cuarto.

Y esa necesidad empieza a surgir cuando el niño ya no encuentra nada de lo que quiere en su cuarto, cuando no tiene una sola camiseta limpia, o no encuentra sus tenis, por ejemplo. Y la madre no debe, ni porque él tenga que salir bien vestido a una fiesta importante, ir a ayudarlo para que resuelva su problema. Ésa es una actitud que deseduca. En ese momento, aunque vea a su hijo desarreglado, la madre debe mantenerse indiferente, incluso comentar qué feo se ve. Tiene que resistirse al impulso de arreglarlo todo. El hijo debe sentir por sí mismo, de esta manera, las consecuencias y la ventajas de tener todo en orden.

¡Cuidado, papá! (¡Y tú también, mamá!)

En cuanto a los estudios, el padre necesita buscar soluciones más eficientes que simplemente pensar que, por el hecho de ir a una buena escuela, el hijo está aprendiendo. Para el niño tal vez esto sea así, pero no necesariamente para el adolescente. El aprendizaje depende de lo que él quiera aprender, si le da placer adquirir conocimientos. Aprender es como comer.[12] Estudiar y comer no son caprichos, sino obligaciones. La comida alimenta la salud física, y el estudio alimenta la salud social.

El ignorante sufre cuando descubre que le hacen falta conocimientos, pero no puede aprender lo que necesita aprender. No es el caso de los adolescentes. Ellos no sienten la necesidad de saber lo que no les interesa. Los adolescentes son convenencieros. Por eso, los padres deben aprovechar su tendencia a "negociar" sus estudios.

Una de las maneras de no apartarse del comportamiento de tipo humano es tener siempre en mente la diferencia entre lo que es superfluo y lo que es vital. Aprender es vital. Comer es vital. Regresar tarde no es vital. Tener amigos es vital. Usar drogas no lo es, aunque "todos mis amigos las usen".

El padre y la madre se confunden justamente en ese punto. "Si todos tienen coche, ¿por qué mi hijo no?", se preguntan. Y yo pregunto: ¿de verdad, será realmente vital tener coche?

---

[12] Para saber más sobre ese punto, véase "Aprender é como comer", en la obra *Ensinar Aprendendo: Novos paradigmas na educação*, de Içami Tiba, São Paulo, Integrare, 2007, p. 29. (N. del E.)

Hasta los animales hacen una selección natural entre lo que es superfluo y lo que es vital. Cuando comer es vital, la protección se puede volver superflua. La mejor presa es la que está hambrienta: cae en cualquier trampa.

El vegetal sobrevive, el animal sacia sus instintos y el ser humano desea ser feliz.

Capítulo 5

Ser feliz

La búsqueda de la felicidad, que incluye la libertad, la ética y la responsabilidad, es una característica exclusiva del ser humano. La felicidad es un bienestar biopsicosocial, una satisfacción del alma.

La felicidad no se da ni se vende. Para conseguirla, cada ser humano necesita madurar. Los padres pueden proporcionar a los hijos la base para construir la felicidad, ya sea materialmente: ofreciéndoles condiciones básicas de sobrevivencia; psicológicamente: a través de la educación. Dado que los niveles de felicidad son diferentes, a continuación señalo los principales.

La felicidad egoísta

La persona que disfruta ese tipo de felicidad se preocupa solamente por atender a sus necesidades y deseos sin tomar en cuenta el sufrimiento ajeno o lo que sucede a su alrededor. Procura un bienestar primitivo, casi vegetal, puesto que sólo le interesa su sobrevivencia. Extrae todos los nutrientes del suelo, mientras se estira para alcanzar el máximo de luz, aunque con eso obstruya a las otras plantas.

Un ejemplo de esto puede ser el jefe de familia que exige para sí el mejor sitio de la casa, la mejor comida. Fuma su cigarro mientras toma su bebida favorita. Todo debe hacerse a su gusto y a su modo, aunque sus hijos se ahoguen o su mujer o cualquier otra persona.

Un niño muy pequeño busca esa felicidad naturalmente, porque en esa fase del desarrollo el egocentrismo es natural. Poco a poco, a medida que descubre a los demás, supera la necesidad de ser el centro del mundo y se interesa más por los otros.

A los ocho meses el bebé desconoce a las personas que no pertenecen a su mundo cotidiano y puede llorar cuando las ve. Muchas veces esas personas insisten en cargarlo sin considerar la angustia del niño.

Cuando alguien le sonríe, el bebé siente bienestar porque sabe que despertó algún afecto: la sonrisa es para él un reforzamiento. Así, si los padres desaprueban alguna actitud suya, no deben sonreír mientras le están diciendo "no". Entre la prohibición del "no" y la sonrisa, lo que pesa más es la aprobación de la sonrisa. Incluso sin la sonrisa, la aprobación se puede transmitir en un tono cariñoso de voz, en una mirada dulce... Por lo tanto, el niño está siendo estimulado para no hacerle caso al "no".

Un niño que hace berrinche porque la madre se niega a comprarle el vigésimo juguete en una mañana de paseo por el centro comercial, sería otro ejemplo de felicidad egoísta. Su voluntad se transforma en la necesidad de poseer el juguete aunque, para ello, necesite perjudicar a su madre.

Es conveniente recordar que la felicidad se desvanece después de la posesión de un juguete —pues el niño vuelve a hacer berrinche para obtener el juguete siguiente— no es felicidad, sino saciedad de un deseo. Saciar un deseo no es la felicidad, que siempre es mucho más que eso.

Cuando un hijo se droga, también está buscando la felicidad egoísta.

Sólo él siente el efecto placentero de la droga, sin preocuparse de los perjuicios que ocasiona ni de los sentimientos u opiniones de los padres y de las personas que lo aman. Hay que recordar que, rápidamente, esa felicidad egoísta se transforma en saciedad y el joven entra en un ciclo instintivo (animal) de sufrimiento/ saciedad.

Cuando los padres "padecen" de felicidad egoísta, educan a sus hijos para ser egoístas también. Y en el futuro sufrirán los efectos de lo que enseñaron. Imaginemos a esos padres seniles, empezando a necesitar de cuidados. Los hijos, ¿renunciarán a su felicidad egoísta para cuidar de ellos? Lo más probable es que los padres acaben sus días en un asilo.

La felicidad familiar

En ese contexto, toda la atención de una persona se dirige al bienestar exclusivo de su familia. Poco importa lo que sucede con las otras familias; su familia está rodeada de todos los recursos para asegurar su sobrevivencia. El patriarca protege a su prole. Esta familia se considera a sí misma perfecta. El padre y la madre creen ingenuamente en todo lo que les dicen sus hijos, como si nunca mintieran, y atacan con ferocidad a quienes se atreven a meterse con ellos.

Fuera de casa, los integrantes de esta familia no tienen escrúpulos para aprovecharse de las posiciones ventajosas y explotar a empleados, a la comunidad y hasta a la sociedad con el fin de beneficiar solamente a su familia. Por ejemplo, es fácil que esos padres se opongan a la escuela por las recomendaciones que ésta les hace a sus hijos. No es natural que los padres discutan porque el profesor reprende a su hijo sin saber los motivos; pero, ¿será que el hijo siempre está en lo correcto y todos los demás equivocados? Esas familias, al actuar así, educan a sus hijos para la transgresión social y refuerzan sus faltas.[13]

---

[13] En una investigación realizada entre 684 profesores estatales por el Sindicato Oficial de Profesores de Enseñanza Oficial del Estado de São Paulo, la Apeoesp, en diciembre de 2006, las agresiones más comunes en las escuelas públicas eran: 96 por ciento de agresiones verbales, 82 por ciento agresiones físicas contra profesores y 88.5 por ciento vandalismo contra la escuela. Las agresiones eran: 93.3 por ciento realizadas por los alumnos, y 25 por ciento por padres o tutores. O sea, que los padres tampoco respetan a las escuelas ni a los profesores.

Los niños necesitan sentir que pertenecen a una familia.

Los niños llevan ese amor dentro de sí a donde van, incluso en sus primeros pasos en la escuela. La sensación de pertenecer a una familia los protege de ser reclutados por traficantes, bandas de delincuentes o fanáticos de cualquier especie.

Aprobar todo lo que el niño hace le enseña que quien lo ama cumplirá todos sus deseos. Pero la vida misma se encargará de desmentirlo, y la escuela le ofrece la primera muestra: los padres no están con los alumnos en el salón de clases. Hay algunos alumnos que no quieren aceptar esta regla educativa y consideran que la escuela no los ama pues los contradice. Los padres deben demostrar que están de acuerdo con las reglas de la escuela que eligieron, y no reforzar lo que piensan los niños, queriendo estar de su lado. Esos padres, en realidad, lo que dan es un ejemplo de transgresión, en vez de mostrar las diferencias entre la vida de casa y la vida escolar.

La felicidad comunitaria

Las personas que sienten este tipo de felicidad se interesan por ayudar a otros integrantes de su comunidad para hacerlos más felices. Van más allá de los límites de su familia, de los intereses materiales y del individualismo.

Esas personas experimentan una sensación de bienestar y de placer al pertenecer a una comunidad y participar en ella como si fuera una gran familia. No importa si es la comunidad, el barrio, la ciudad, la agrupación, la asociación, la institución, la escuela o hasta el grupo religioso.

Pueden ser personas que ya han pasado por la felicidad egoísta y la familiar y migraron hacia la felicidad comunitaria. O personas que, incluso sin tener familia propia, sienten una gran satisfacción en ayudar al prójimo.

Pertenecer a una comunidad, prestarle servicios, enorgullecerse de ella, participar en los movimientos que propone para ayudar a los más necesitados, colaborar en la organización de fiestas comunales para que todos se diviertan, todo esto crea un efecto multiplicador en los hijos.

La felicidad social

La felicidad social considera iguales a todos los seres humanos, sin importar su color, etnia, raza, credo, religión, nivel social, preparación cultural, poder económico, cargo político, fama, origen, aspecto físico, capacitación o habilidades.

La persona de este tipo se siente feliz al ayudar a otro ser humano a ser feliz. Se empeña en mejorar este mundo con pequeños gestos, desde dejar el baño limpio para el siguiente usuario, hasta grandes acciones, como emprender movilizaciones cuando un semejante o un pueblo entero sufre un revés en cualquier rincón del planeta.

Como ejemplo podemos mencionar a la famosa actriz estadunidense Angelina Jolie, ex modelo y ex usuaria de drogas, que ha recibido un Óscar y tres Globos de Oro, y ocupa el segundo lugar en la lista de filántropos de la revista *Time*, donde se encuentran las personas "que transforman el mundo con su poder, su talento y su ejemplo moral". Madre adoptiva del camboyano Maddox, del vietnamita Pax y de la etíope Sahara, y madre biológica de Shiloh, su hija con el actor Brad Pitt, Angelina fue nombrada por la ONU embajadora de la buena voluntad.[14]

La felicidad social es la expresión máxima de la salud relacional, pues se eleva por encima de los otros tipos de felicidad.

La persona que expresa una felicidad social se regocija con la felicidad ajena, pero también siente en el alma los sufrimientos de los hombres. Es un ser agradable, solidario y su vínculo con el prójimo trasciende el tiempo y el espacio, superando diferencias

---

[14] Fuente: revista *Veja*, Especial Mulher, núm. 2010, 2007.

geográficas, ideológicas, políticas, sociales y religiosas.

Tolerancia, solidaridad, compasión, sabiduría, no violencia, forman parte de la felicidad social. Grandes líderes espirituales e ideológicos han sido sus máximos representantes.

Si los padres empezaran a leer a sus hijos desde la más tierna infancia, pasajes interesantes y pintorescos sobre los grandes hombres, y después estimularan un pequeño debate sobre su vida, probablemente los hijos serían personas mejores para sí mismas, su familia, la escuela y, más adelante, el mundo.

¿No sería interesante para el niño saber lo que puede hacer para beneficiar a una persona? Motivarla a decir la verdad, sin exagerar, y reforzar las cosas buenas que hizo, son medidas que no toman demasiado tiempo y producen grandes resultados, pues contribuyen a la formación de una buena autoestima.

A los hijos les gusta saber que los padres aprueban lo que hacen. Si viven con naturalidad la felicidad social (hacer el bien sin mirar a quién y no hacer algo que pueda perjudicar a otros), sus hijos también la vivirán.

Capítulo 6

A la gente le gusta la gente

De manera distinta a los demás seres vivos, nacemos predispuestos a tener compañeros. Nuestra condición al nacer es de total dependencia de la madre. Necesitamos que ella (o un sustituto) nos dé los cuidados básicos, sin ellos no sobreviviríamos. No somos como los animales, muchos de los cuales nacen prácticamente con la capacidad de moverse y alimentarse por sí mismos. Desde el nacimiento empezamos a establecer vínculos con nuestros progenitores y cuidadores. Ningún ser humano es indiferente a otro ser humano. Puede acercarse a él, agredirlo, fingir indiferencia o alejarse al percibir la presencia de otro.

Los animales tienen compañeros a su manera. Los grupos que forman están unidos por la ética de la sobrevivencia: todo lo que hacen tiene la finalidad de defender la vida y garantizar la perpetuación de la especie. Un animal ataca a otro cuando se siente amenazado física o territorialmente. Domina la ley del más fuerte.

El macaco, después del ser humano, es el animal que tiene el cerebro más desarrollado. Forma grupos migratorios que atacan territorios ajenos para robar, pensando en la sobrevivencia de su especie. Desde esta perspectiva, se parece a su famoso pariente, el hombre: los pueblos más fuertes dominan a los más débiles y luchan entre sí buscando más poder del que necesitan para vivir.

La fuerza relacional es prácticamente instintiva en la especie humana.

El hombre dotado de inteligencia no necesitaría destruir a su semejante para sobrevivir. Entonces, ¿por qué lo hace? Entre innumerables causas, subrayo ésta: el problema básico es la falta de civilidad, de ambición ética de los seres humanos.

No le sirve al ser humano ser tan sólo inteligente. La inteligencia con la que nace, así como la fuerza física, puede ser estimulada. Lo que gobierna a la inteligencia y a la fuerza física es la mente, y ésta puede ser usada para el bien o para el mal, según la ética del individuo.

Un traficante de drogas usa su inteligencia para el mal. Los grandes políticos necesitan de la inteligencia relacional para lograr ser elegidos por el pueblo. Pero es la ética, con su ausencia o su presencia, la que vuelve a unos corruptos y a otros no. Ni los neurólogos ni los psiconeurofisiólogos han logrado hacer un mapa exacto de la localización anatómica de la ética, pero se sabe que reside en el cerebro superior. Ahí está la instancia que ejerce el poder de evaluar las situaciones y orientar los caminos de la salud social.

Pero la ética, por sí misma, no explica el compañerismo del ser humano. Lo que hace que a una persona le gusten los demás es la *religiosidad*. Ese sentimiento es la fuerza maestra de la convivencia social. La religión, que es la espiritualización de la religiosidad, reúne a personas con la misma afinidad espiritual, que establecen rituales, reglas, jerarquías, sitios propios y *modus operandi* para su funcionamiento.

La expresión máxima de la religión, el Dios de cada quien, es el de la religiosidad y el amor. No todos creen en Dios, pero nadie vive sin amor.

El arte de ser madre y padre es el de educar a los hijos para que lleguen a ser afectivamente autónomos, financieramente independientes y ciudadanos éticos del mundo.

Mientras mejor sepan educar los padres, serán menos necesarios para los hijos con el tiempo, y el vínculo se mantendrá siempre en nombre de una saludable integración relacional.

La infancia: aprender con los demás

Es una ventaja que los bebés nazcan completamente dependientes de los padres y listos para aprender. ¿Qué pasaría si un niño naciera ya hablando o con valores sociales definidos? Tal vez no aceptaría el nombre que escogieron para él con tanto cuidado, o se expresaría en un idioma distinto al de los padres. Pero no es así: a medida que aprenden la lengua de los padres, reciben también sus costumbres, patrones y valores.

Aunque el bebé no sepa lo que es fumar o pelear, tales comportamientos no deben suceder frente a él. El niño es muy sensible a los efectos de la nicotina que absorbe pasivamente. Las peleas, por su parte, transmiten emociones negativas que se quedan registradas en su memoria vivencial, aunque el bebé aún no haya madurado neurológicamente para tener una memoria consciente. El niño aprende mediante las relaciones afectivas que otro ser humano establece con él, y también mediante la relación que sus padres mantienen entre sí; por eso ningún cuidado es exagerado.

Si un recién nacido no puede establecer vínculos con un adulto quizá no sobreviva. René Spitz, conocido psicoanalista e investigador de la psicología infantil, estudió y observó a bebés hospitalizados y manipulados por varias enfermeras. Detectó que se deprimían, no se alimentaban, perdían peso y no se desarrollaban. Spitz llamó "depresión anaclítica" a ese cuadro, que puede desembocar en un marasmo y provocar la muerte.

Aprender con los compañeros

Actualmente, los niños ingresan a la escuela a los dos años o menos. Esto significa que tienen compañeros de edad similar a la suya, unos aprenden de otros; hay quienes lo hacen viendo la conducta de sus compañeritos y llevan los descubrimientos a casa. Por lo general, se trata de comportamientos negativos que ni los padres ni los maestros enseñaron. Esos comportamientos se manifiestan en la familia, con los hermanitos, los primitos, etcétera.

Los padres tienen que estar pendientes e imponer límites, explicando las razones de los mismos. En caso de que el comportamiento continúe, es importante que se informe a los responsables de la clase, la escuela o los clubes; el silencio (o la no reacción de los padres) significa autorizar a los niños a adoptar esas conductas inapropiadas.

Los niños necesitan jugar con otros niños.

Es necesario considerar que en la actualidad, el número de hijos disminuyó en relación con las generaciones anteriores. Hay miles de hijos únicos en el mundo: a pesar de que se divierten mucho con los adultos, la convivencia únicamente con los padres, por más preparados que estén, no es lo ideal, pues no les ofrece referencias sobre sus iguales; y los niños, precisamente a través de la convivencia con sus pares, se miran, intercambian miradas y se identifican, formando una autoimagen de sí mismos.

A los niños les encantan los comerciales de la televisión, incluso más que los dibujos animados infantiles, sobre todo cuando hay niños en escena. Les llaman la atención movimientos, voces, lugares, música, colores alegres y bonitos, hechos para agradar al telespectador y venderle todo.

Los dibujos y los animalitos de peluche con forma, mirada, expresiones faciales y movimientos humanos tienen éxito entre los niños, porque desde pequeños les gustan las personas.

A los mayores les gusta jugar cuerpo a cuerpo, incluso a pelearse. Así se prueban, establecen patrones comparativos con otros de su mismo tamaño. Es muy común que uno de los niños exagere en su fuerza y el otro, al sentirse afectado, reaccione: "Ah, ¿es en serio? ¡Ahora sí vas a ver!", y reaccione en consecuencia. El límite entre el juego y la pelea se ha roto.

La pubertad: en busca de la identidad sexual

Así como las frutas maduran, el cerebro de los niños también lo hace y alcanza la pubertad. La inundación de las hormonas sexuales, que ocasionan la madurez sexual, provoca un terremoto corporal que desemboca en cambios físicos y emocionales en los hijos, lo que perturba a la familia. Es una época de convulsión familiar.

Lo femenino y lo masculino se diferencian mucho en esta etapa, y cada sexo tiene una conducta característica, determinada en gran medida por la conjunción hormonas/ cultura/ familia. La muchacha empieza a dar mucha importancia a las compañeras y a las amigas, formando grupos y subgrupos que a veces se unen como amigas eternas, y otras se apartan como enemigas mortales. La familia pasa a un segundo plano.

La religiosidad se ejerce vigorosamente, con su máxima intensidad. Los cumpleaños se festejan muchísimo con todas las amigas (amigas, amigas de las amigas, compañeras, conocidas), menos con esa tonta que hasta ayer era la mejor amiga.

Como pajarillos alborotados que cantan al final de una tarde de verano, las chicas vuelan de pronto para otro árbol y todo sigue. Sin embargo, es común que como un pajarito que está solo en el piso, enfermo o picoteando algo, una muchacha solitaria cambie de grupo.

El muchacho recorre un camino opuesto. Es el periodo más antisocial de su vida. Se aparta y se vuelve irritable, respondón, malhumorado. No cuenta a nadie sus preocupaciones, ni pide ni ofrece ayuda. Las grandes transformaciones corporales y psicológicas por las que atraviesa lo invaden de tal forma que se queda sin energía para invertir en relaciones sociales.

Todo esto sorprende a la familia, si los padres se descuidan hasta sus cumpleaños pasan en blanco. Es muy difícil establecer una relación abierta, alegre y comunicativa con el muchacho, al revés de lo que sucede con la muchacha. Hasta se diría que está peleado con el mundo.[15] La dependencia lo desespera: le gustaría hacer lo que quiere, aunque no está capacitado para ello.

---

[15] Si desea saber más sobre el tema, consulte "Eu já tenho 13 anos", en el libro *Educação & Amor*, de Içami Tiba, São Paulo, Integrare, 2006, p. 33. (N. del E.)

A los púberes les gusta demostrar una autosuficiencia que todavía no tienen.

La fuerza de las hormonas hace que al muchacho le gusten las chicas pero no se abre y, por el miedo al rechazo, no las busca. Y para complicarlo todo, su testosterona no le permite desahogarse en casa. Se pelea por cualquier motivo y nunca ofrece disculpas. Incluso se pelea si alguien en la calle habla mal de su mamá: la misma mujer que no aguanta en casa.

La adolescencia: en busca de la identidad social[16]

La adolescencia se puede comparar a la etapa en que los árboles frutales dan flores. Éstas, por lo general, se quedan en la parte más alta de la planta, bien expuestas al sol. Muy coloridas y perfumadas, llaman la atención de todos los polinizadores (agentes sexuales como abejas y otros insectos, y animales). Los adolescentes son, al mismo tiempo, flores y polinizadores.

* * *

A los jóvenes les gusta mostrarse, ver y ser vistos por sus pares. Les encanta ir a lugares donde no pueden entrar... Compiten todo el tiempo unos con otros, se comparan a cada instante, y sus conductas, sus ropas y adornos son festivos. Forman grupos para todo: deportes, salidas nocturnas, estudios o viajes. La relación con sus semejantes —en este caso, otros adolescentes— es mucho más importante (y temporal) que la mantenida con los padres (más duradera). Sufren de embriaguez relacional, un estado de alteración psíquica capaz de influir tanto en su esquema de valores que hacen

---

[16] Podemos encontrar estudios más detallados sobre el tema en un libro específico: *Adolescentes: Quem Ama, Educa!*, de Içami Tiba, São Paulo, Integrare, 2007 (N. del E.)

cosas que solos, o en presencia de sus padres, no harían. Esa embriaguez no es causada por agentes químicos como el alcohol, sino por la fuerza de la relación establecida entre los jóvenes.

La religiosidad entra en ebullición durante la adolescencia, pues adquiere la fuerza de las pasiones, la fidelidad absoluta a los amigos, el fanatismo de los equipos deportivos, la adrenalina de los desafíos, el placer de la aventura, la intensidad de la pasión que hace perder la cabeza... Y la energía gregaria en su máxima vibración.

Si, por un lado, el adolescente muestra la educación recibida en la infancia, por otro le da tanta importancia al grupo que se viste, habla y se comporta como todos sus integrantes. Mientras más influido esté por el grupo, menos mostrará lo aprendido en casa. Es la llamada "educación de los iguales" por la que hace cosas que no aprendió con sus padres.

La madurez: educar a los pequeños

Después de las flores vienen las frutas. Y esa evolución equivale, en los hombres, al ser humano maduro, productivo, que trabaja, que asume compromisos responsables con otras personas, que puede procrear, tener una conducta autónoma y ser responsable financieramente.

Es el ciclo de la vida: nacer, crecer y madurar (desarrollarse), volverse adulto, establecer compromisos responsables (sociedades, grupos operativos, matrimonios), tener hijos, envejecer y morir; (por tanto, es natural que no envejezca antes de que los hijos maduren —para educarlos— ni muera antes que ellos.

La religiosidad se prolonga en la pareja con el nacimiento de los hijos.

Marido y mujer pueden separarse incluso, pero si tienen hijos, ambos serán siempre madre o padre, nunca ex madre o ex padre. Sin embargo, existen algunos cónyuges que se comportan como ex padres de sus hijos; aunque estas personas alcancen la madurez profesional con gran éxito, no significa que hayan alcanzado la madurez familiar: pueden estar "globalizados" pero están lejos de ser integrados.

Hay padres que pueden ser buenos padres de niños, pero malos padres de adolescentes, porque no han madurado sus aptitudes. Hay malos padres de niños que después se revelan como muy buenos padres de adolescentes. Los excelentes padres de niños tienen más posibilidades de ser muy buenos padres de adolescentes, pero los pésimos padres de niños difícilmente llegarán a ser excelentes padres de adolescentes.

También existen personas que prefieren no casarse y consagran la fuerza de su religiosidad a la comunidad, a la sociedad. Sus hijos son sus obras, su legado a la humanidad.

La senescencia: adolescencia en la vejez

Con el aumento de la longevidad en los últimos 50 años, se ha hecho más notable la senescencia, que es la etapa anterior a la vejez, así como la adolescencia precede a la juventud. Desarrollarse significa crecer, y "senescer" (verbo que todavía no está registrado en los diccionarios), quiere decir entrar en un proceso de envejecimiento.

Muchos de los *senescentes* se encuentran en plena madurez, con una alta capacidad productiva, jubilados o no. Tienen todavía energía vital, suficiente dinero y una buena preparación, con hijos ya grandes. Tienen tiempo suficiente para dedicarse a lo que siempre quisieron hacer y no pudieron: viajar, aprender idiomas y otros oficios, escribir, gozar la vida con los nietos sin tener la responsabilidad de los papás, y otros pasatiempos. La sociedad les ha puesto el nombre de "miembros de la tercera edad", pero a la mayoría de esas personas les gusta ser conocidas como de "la mejor edad".

Los senescentes *quieren aprovechar el tiempo y las intermitencias de la salud, pues están al borde de la vejez. Pero hoy día muchos de ellos mantienen a hijos y nietos.*

En cuanto al proceso educativo, los abuelos *senescentes* viven grandes conflictos porque aún tienen salud, no se sienten viejos y quieren participar de la educación de los nietos. Su intención es vivir el placer relacional para llenar el atardecer de su vida con la alegría matinal y la ingenuidad infantil de los nietos.

Esa generación de *senescentes* empezó a trabajar pronto, en los años del milagro económico brasileño o inmediatamente antes de él (en las décadas de 1960 y 1970), y sigue trabajando en una época en la que el desempleo y el subempleo afectan a sus hijos. El viejo refrán: "Una vez padres, para siempre padres", parece encajar a la perfección en los *senescentes*, pues muchos de sus hijos treintañeros están viviendo a sus expensas. Es la "generación polizonte". También por esa causa muchos *senescentes* siguen económicamente activos, aunque ya estén en edad de jubilarse.

La vejez: el crepúsculo de la vida

Es triste ser viejo en nuestra cultura. Estamos más expuestos a la soledad, que no es natural en el ser humano. Y hay un debilitamiento generalizado del cuerpo y de la energía vital. Lo que alivia el sufrimiento es la sensación de ser útil todavía y, sobre todo, ser amado y acogido por nuestros descendientes. Por lo tanto, es de nuevo la fuerza relacional la que suaviza los dolores de las etapas de la vida. Los hijos ya han madurado y los nietos ya están grandes, todos en condiciones de ayudar.

Los viejos ya no interfieren tanto en la educación de los niños y de los jóvenes.

Los viejos reciben cuidados de los hijos maduros, y los nietos adolescentes o adultos los visitan para llevarles el entusiasmo y las novedades juveniles. Cuando están lúcidos, los viejos cuentan las historias, los recuerdos de cómo era todo en su juventud, y así transmiten a los nietos sus experiencias de la vida, la tradición familiar y social, una actividad que los padres no tienen tiempo de compartir con sus hijos.

¿Religiosidad o religión?

Tal vez se esté preguntando: ¿la religiosidad no es lo mismo que la religión? No exactamente. La religión es la espiritualización de la religiosidad. Sus dogmas, credos y prácticas fueron sistematizados por seres humanos de nivel elevado, que captaron la importancia de los ritos para hacer tangible la espiritualidad.

Respecto a la salud social, todas las religiones son iguales, y sus valores particulares y guías espirituales deben ser respetados. Pero la salud social no acepta prejuicios y conflictos, ni bélicos ni religiosos. No admite que los hombres se maten entre sí en nombre de sus dioses. Para la salud social, todos los humanos son hermanos de la misma especie y tienen que respetarse y ser respetados, y preservar y mejorar su ecosistema y al planeta Tierra.

La expresión máxima de la religión es el dios respectivo de cada una. La expresión máxima de la religiosidad es el amor, que trasciende la religión. La máxima expresión del amor es el de la madre porque no se acaba nunca.

* * *

En una ocasión, fue a mi consultorio una pareja con tres hijos pequeños. Él era judío y ella católica convertida al judaísmo para poder casarse. Cuando decidieron separarse, la madre abjuró de su conversión y volvió al catolicismo. Empezó a renegar de la estrella de David (que representaba a su ex marido). El padre mantuvo su posición de no aceptar el crucifijo (que representaba a su ex mujer). Los hijos se transformaron en el premio del vencedor, en esa "guerra santa" entre la madre y el padre. Y las diferencias entre judíos y católicos empezaron a ser usadas como argumentos para alimentar el conflicto.

Al principio, la religiosidad de esa pareja, es decir, el amor existente entre ellos, hizo a un lado el problema religioso. Por religiosidad, la mujer aceptó la religión del marido. Después, cuando terminó el amor conyugal, cada uno se fortaleció en su religión original y ésta empezó a ser utilizada como un arma para atacar al ex cónyuge.

Más que gregario, social

Los animales que andan en manadas son, por lo general, gregarios. A pesar de estar juntos, cada uno se protege solo o como puede contra los predadores, basándose en su instinto de sobrevivencia. La manada tiene su líder, que es el macho alfa, el más fuerte. Él defiende a su (s) hembra(s) y a sus respectivas crías. Su reinado es mantenido por la fuerza, hasta que surge otro macho que lo desafía y lo derrota. Es la ley del más fuerte.

En los grandes centros urbanos, los ciudadanos ocasionalmente actúan como si estuvieran en una manada: cada uno se cuida a sí mismo en situaciones de riesgo. En un asalto a mano armada, por ejemplo, quien observa por lo general no interviene, para no ser la próxima víctima. La víctima y el observador se someten a la ley del más fuerte, y la pistola confiere a quien la apunta la condición de predador invencible.

La civilización es solidaria

Si un hermano de la misma especie se convierte en predador (un criminal), es necesario que los demás se organicen para atenderlo en sus necesidades básicas. Nos tenemos que defender de los predadores sociales atacando los focos que favorecen y alientan su formación. No es suficiente dar comida a quien tiene hambre; es necesario enseñar al hambriento a conseguir comida por sí mismo.

Pero como no puede dejar de comer mientras aprende y se capacita, debemos emprender un trabajo social de recuperación de esos predadores, no sólo ofreciéndoles condiciones de sobrevivencia, sino también educación. Educar significa alimentar el cuerpo mientras el alma se prepara.

El trágico momento de un asalto puede usarse para educar a los hijos. Es natural estar molesto con el asaltante; con el cerebro lleno de testosterona, nos dan ganas de darle unos buenos puñetazos. Y, si estuviéramos armados, quién sabe si no le dispararíamos. Es educativo que la madre o el padre expresen sus sentimientos sobre la violencia sufrida, y que cada uno diga lo que piensa y siente al respecto, si los hijos se muestran interesados en el tema.

Es terrible ser asaltado. Pero por más malo que sea, una persona civilizada no puede hacer justicia por su propia mano y por eso tenemos que dar un ejemplo a nuestros hijos. El ciudadano, un ser social y civilizado, debe usar los recursos sociales para luchar contra los asaltos. En vez de reaccionar impulsivamente para defenderse y aplicar así la ley del más fuerte, tiene que utilizar los instrumentos que la sociedad le ofrece. No puede hacer justicia por su propia mano; le toca al poder judicial a través de las leyes. Podemos transmitir a los niños el sentimiento de solidaridad y la práctica de la ciudadanía. Y debemos tomar los debidos cuidados para no exponernos al peligro. No podemos paralizar la vida por miedo a un asalto, y tampoco debemos exponernos innecesariamente. Y, finalmente, es necesario participar en movimientos que ayuden a los marginados a recuperar su dignidad como seres humanos.

II. LOS CAMINOS
para una nueva educación

Capítulo 1

Unidos desde el principio

El ser humano inteligente, gregario, con religiosidad, ética y creatividad, construyó la civilización y, en ella, madre y padre desempeñan papeles importantes. Esos mismos valores son los que deben orientar hoy el rumbo de nuestras familias.

La historia de la humanidad ha mostrado que la mente humana tiene una increíble capacidad de crecimiento y superación, y que esa capacidad aumenta a medida que evolucionamos como especie. Mientras más evolucionado esté el hombre, más recursos tiene para enfrentar las adversidades.

El hombre no es como lo pinta la tradición machista. Es un ser humano integral, superior. Por ello, si hiciera solamente lo mínimo que se espera de él, sin tener una visión más incluyente del mundo, podría empobrecerse. Es como un obrero de una fábrica de montaje que no puede limitarse nada más a apretar tornillos, aunque pase toda su vida haciendo eso. Tiene que saber que contribuye a armar un automóvil y que, por tanto, es un constructor de autos.

Los padres tienen que poner todo de su parte para formar una familia. Si el bebé está llorando, al papá no le sirve de nada gritar desde su sillón para que la mujer vaya a atenderlo, ese rasgo machista tan antieducativo sólo aumenta la confusión.

Sería mucho más inteligente y respetuoso aplicar la energía para atender al bebé que gastarla en un grito y seguir con el malestar de oír el llanto del hijo. La naturaleza es generosa, porque recompensa un cambio de este tipo. Además de que el papá gana proximidad con su hijo, tendrá la admiración de su esposa, porque no hay mujer que no retribuya generosamente a quien trata bien a su hijo. La mujer, al oír el llanto de un hijo, si no lo atiende es porque le es materialmente imposible.

Una madre no puede resistirse a atender el llanto de un niño; generalmente deja todo para proteger a su hijo. ¿Y el padre?

¿Quién determinó que la mujer sea la que debe atender siempre el llanto de un hijo? Además, ese llanto puede ser una señal de sufrimiento, de peligro, un intento de manipulación, entre otras cosas. Desde la antigüedad, si la madre no socorría a su hijo, éste era comido por los animales. ¿Dónde estaba el padre para defenderlo? Estaba ocupado, cazando ferozmente a esos mismos animales para alimentar a la familia.

La caza, como se sabe, era tarea de los hombres porque eran más fuertes que las mujeres. Mientras eso sucedía, las mujeres se quedaban con los niños. En los tiempos actuales, el hombre ya no necesita fuerza física para traer comida a la casa. Algunos ni siquiera necesitan salir de casa, pero no por eso cuidan a los niños. La mujer también empezó a participar en las "cacerías"; sin embargo, no por eso dejó de cuidar a los niños.

¿Será que el hombre tiene dificultades para atender al llanto de la criatura? No, porque en ausencia de la mujer, lo puede hacer. Si lo puede hacer en situaciones extremas, significa que lo puede hacer siempre. Si no tuviera la capacidad no lo haría nunca, por grande que fuera la necesidad.

Un padre puede ayudar mucho en la educación de los hijos. Sus funciones no deberían restringirse a arreglar el lavabo, cambiar el foco y matar cucarachas. Es vital que se interese por las actividades del hijo, preguntándole cosas y oyendo sus respuestas con atención. No es que deba comportarse como un detective para vigilar al hijo, sino que quiere acompañarlo en sus actividades; y sería mejor, incluso, que el padre participara en ellas.

Cuando llega a casa el marido no debería protestar porque la cena no está lista, sino subirse las mangas y ayudar a prepararla. Tener ganas de ayudar es una manifestación de amor, y es el primer paso para un cambio aún mayor: no solamente ayudar a la mujer, sino aceptar una división de labores tanto domésticas como de cuidado de los hijos. En realidad, el marido no sólo está ayudando a la mujer, sino admitiendo que esas actividades son también su responsabilidad.

Incluso entre las parejas más modernas, que postulan la divisa de la "división equitativa de tareas", el hombre va al supermercado, pero la lista la hace la mujer, es ella quien debe determinar la cantidad y la marca de los productos que se consumen en casa. El padre lleva a los hijos al pediatra, pero el horario es arreglado por la madre, que manda una lista con los síntomas de los hijos, o habla por teléfono al médico en el horario de la consulta para explicarlos.

El hombre ha venido conquistando espacio como padre, pero aún sin autonomía. Y la mujer empieza a delegarle algunas tareas, pero sin perder su lugar de poder y control de la casa. Es el principio de una gran transformación que podrá evolucionar y acarrear ganancias y una mejor convivencia no sólo entre la pareja sino también con los hijos.[17]

El hombre embarazado

La participación del padre en la educación del hijo puede empezar desde la gravidez. Muchos hombres actualmente se involucran en el embarazo de su mujer, algunos por voluntad propia, y otros a

---

[17] Si le interesa saber más sobre el tema, lea *A máscara da maternidade: Por que fingimos que ser mãe nao muda nada?*, de Susan Maushart (trad. de Dinah de Abreu Acevedo), São Paulo, Melhoramento, 2006 (N. del A.)

petición del obstetra. Pero eso no es suficiente para que el hombre se sienta "embarazado".

La etapa del hombre embarazado sirve de entrenamiento para el papel adecuado del padre que participa de la formación del bebé.

Ser madre y padre no significa nada más cumplir tareas prácticas, sino también comprometerse afectivamente de manera intensa, pues ello desemboca en la calidad de la relación. Por eso es importante que el padre participe de manera activa en los cursos de preparación para el parto, lea libros sobre lo que está sucediendo en el feto y conozca su desarrollo, sienta sus movimientos, platique con su hijo cuando está en el vientre de su madre para que se acostumbre a su voz.

El verdadero hombre embarazado va a las reuniones que se realizan para preparar el parto, a los exámenes de ultrasonido, a los cursos donde se dan consejos para el cuidado del bebé, para recibirlo bien y establecer los vínculos afectivos fundamentales para su educación.

Una investigación realizada en Estados Unidos recientemente, mostró que cuando los padres participaban por lo menos en dos de las reuniones de 45 minutos, en las que se daban orientaciones sobre la lactancia —donde se indicaba de qué manera los padres pueden ayudar a colocar al bebé y facilitar que tome correctamente el pecho—, el índice de madres que dieron el pecho a su bebé hasta los seis meses aumentó de 21 por ciento a 69 por ciento; de esta forma, se da un beneficio resultante de la mayor participación del papá, pues la alimentación tranquila y correcta favorece al bebé y a la madre y, por tanto, a la relación familiar, además de reforzar al hombre en su nuevo papel de padre.

Hoy en día, aún dentro del útero, el bebé es importante para los padres.

Hay obstetras que recomiendan un parto más participativo. El padre deja de ser un mero observador para convertirse en un participante del nacimiento de su hijo. Esto es una evolución para la paternidad. Antes, el parto era visto como un momento muy especial entre la madre y el bebé. Ahora, se convierte en un momento único para la madre, el bebé y el padre.

Apenas nace la criatura, el padre, aún dentro de la sala de parto, participa en sus cuidados dándole su primer baño y observando su primera toma de leche. Antes considerado función materna, el baño es realizado por el padre, que en la mayoría de los casos se deleita con la intensidad de la relación que se establece con el bebé, y con la percepción de su capacidad de ejercer funciones ni siquiera imaginadas. La mayoría de los obstetras orientan a la pareja grávida, y no solamente a la mujer.

En general, la gravidez afecta al hombre en un momento importante de lucha por su consolidación profesional, y su mujer embarazada puede necesitar de más cuidados que, cuando era una compañera dispuesta a todo. Ahora ella está llena de antojos y presta atención, en primer lugar, al bebé que lleva en el vientre y después a su compañero.

La mujer integrada quiere informarse, se hace exámenes, hace gimnasia, cuida su alimentación. Sus grandes problemas son las limitaciones naturales del embarazo. El cuerpo cambia. Ella lo sabe, pero enfrenta la verdad: el embarazo no es una enfermedad, ni paraliza a nadie.

La máxima expresión de la religiosidad es el amor y éste transforma el criterio estético de apreciación del compañero. De tanto que se dice que las embarazadas son hermosas, se vuelven hermosas, aunque desde un punto de vista puramente estético tal vez no sea así.

El amor hace de la mujer embarazada una mujer bella y el mundo le rinde homenaje, la enaltece y la llena de cuidados.

Hay algunos hombres que no han evolucionado hacia la paternidad y no logran ver en la esposa/futura madre un objeto de deseo. El hecho es que el cuerpo de ellos no cambia. Otros maridos, inmaduros, se sienten rechazados por la esposa embarazada. Después del parto, cuando esperan que la situación mejore, se resienten cuando la madre tiene que dedicarse mucho más al bebé.

Los hombres que no tienen salud emocional para soportar periodos difíciles, suelen abandonar a la mujer y al niño, como si fueran la causa de su problema.

El padre integrado

Un padre integrado, además de comprender que en ese periodo la esposa embarazada no le puede dar tanta atención como antes, empieza a darle a ella más atención. Y se preocupa también por el bebé, lo que le permite no experimentar ningún sentimiento de rechazo. Por más independiente que sea la mujer, el embarazo la hace más sensible y más necesitada de cuidados. Hasta las mujeres que están bien y con mucha energía, cuando se aproxima la fecha del parto sienten la necesidad de un apoyo cuidadoso y comprensivo. Muchas terminan recurriendo a su madre o a su suegra, en vez de pedir ayuda su marido.

Para muchas mujeres, la ayuda de las figuras femeninas de la madre y de la suegra les da seguridad y confianza. Puede ser un momento muy importante de la relación entre ellas. Para las futuras abuelas, puede ser una oportunidad de revivir su propia maternidad y, para las futuras madres, una oportunidad de aproximarse a sus propias madres. En esta fase, muchas mujeres sienten curiosidad sobre cómo eran de bebés, qué hacía su mamá y cosas de ese tipo. Se preparan para ejercer el papel de madre.

El hombre integrado, en vez de sentirse rechazado, puede aprovechar la oportunidad para acercarse a sus padres. Muchos hombres embarazados pueden también sentirse preocupados por las transformaciones que ocurren en su compañera, por los cambios en su relación y por la expectativa de lo que sucederá.

Con el nacimiento del bebé, el sentido del tiempo de las mujeres (abuelas, madres, cuñadas) tiene un tipo de preocupación diferente al que tiene el tiempo de los hombres (abuelos, padres, hermanos). Ellas quieren participar en los cuidados diarios del bebé, mientras que los hombres prefieren verlo sólo de vez en cuando: suelen ser más observadores que cuidadores. A medida que el bebé crece y empieza a responder de maneras más agradables (sonreír, hablar, caminar, hacer monerías), en su tiempo disponible, el padre, se acerca más a él.

Así, en general, el hombre participa mucho menos en los cuidados iniciales del bebé, que absorben a la madre prácticamente 24 horas diarias. Y todavía algunas tienen que soportar a un marido que se siente rechazado.

El nacimiento debe ser compartido también con la familia ampliada. La madre o la suegra, cuando no estorban, son muy útiles. El marido necesita entender eso y no agredir a su suegra ni a su madre.

Capítulo 2

El primer año

El parto es un acontecimiento biológico. Pero el ser humano ha rodeado a ese momento de tantos cuidados que hemos llegado incluso a fijar una fecha para el parto por cesárea.

En cambio, no siempre privilegiamos de la misma forma un periodo muy importante para la vida del niño, que es el de la lactancia. La madre necesita estar disponible para dar el pecho a su hijo. Los bebés deben ser nutridos y alimentados. Nutridos en el cuerpo y alimentados en el alma.

La leche alimenta el cuerpo; el cariño alimenta el alma.

Los secretos de la lactancia

Para los mamíferos, amamantar forma parte del instinto de la madre (comportamiento biológico, de tipo animal). Por tanto, es natural que las madres tengan leche para ofrecer a sus hijos. A lo largo de la gestación, el pezón de la mujer se oscurece por una razón simple y maravillosa: cuando el bebé nace, como se le dificulta focalizar las imágenes, logra distinguir el pezón por el contraste con el resto de la piel del seno y si lo llevan al pecho, como está viviendo un momento de tensión y estado de alerta, lo chupa inmediatamente por reflejo. Y chupar es un reflejo que se produce ya desde el interior del útero. Si el bebé chupa correctamente, la madre tendrá suficiente cantidad de leche para alimentarlo durante sus seis primeros meses de vida. La succión correcta es la principal responsable de la producción de leche. Lo que la madre tiene que hacer es beber mucho líquido y evitar el estrés.

Muchas veces, la lactancia no se lleva a cabo adecuadamente por falta de orientación. Es fundamental que la mujer se informe y se prepare para amamantar con éxito. Si la mujer prepara su pezón adecuadamente, la lactancia podrá producirse con más facilidad.

En lo que se refiere al aspecto psicológico de la lactancia, la participación del compañero es muy importante, ya que él puede contribuir a mantener un clima favorable para que la mujer pueda amamantar. Puede llevarle agua mientras lo hace, ayudar a que el bebé eructe, cambiar pañales, bañarlo, cargarlo para que se duerma, y, desde antes, haber participado en las clases sobre lactancia, porque si está bien informado puede ayudar a la madre a acomodar al bebé, y observar si éste no está tomando bien el pecho, lo que evita que la mujer acabe con el seno lastimado.

La lactancia es fundamental para la salud del bebé y también para establecer el vínculo madre/ bebé. Por desgracia, la mala información es muchas veces el principal obstáculo para el éxito de este periodo. Las parejas que se preparan durante la gestación acostumbran amamantar bastante bien. Aprenden que:

- Dar el pecho no duele; si duele es porque el bebé no está tomando el pecho correctamente.
- No hay mujeres que "no tienen leche"; si el bebé chupa y la mujer bebe una buena cantidad de líquidos, se producirá leche.
- No hay una leche mala; todas las mujeres producen la leche ideal para su bebé, aunque no estén en las mejores condiciones de nutrición.

- Es fundamental que haya un ambiente tranquilo para que la mujer dé el pecho.

Si no es posible amamantar, la lactancia puede realizarse por medio de biberón. Usar el biberón antes de los cuatro meses puede ser difícil para la madre, formarse como un signo de fracaso, y como si acarreara daños irreparables en el vínculo con el bebé. Ésta es otra idea inexacta que puede pesar mucho en la maternidad. El biberón puede ser una buena solución en varios casos. Es importante que la madre reconozca sus límites afectivos y prácticos —principalmente en el caso de las madres que trabajan o que tienen una familia muy numerosa—, sin que eso se transforme en culpa o reproche.

Ofrecer el biberón puede dejar de ser amamantamiento, si la madre delega esa función a terceros, ya que en ese caso su presencia ya no es imprescindible, como cuando da el pecho. La madre podría dar el biberón en las mismas condiciones afectivas en las cuales daría el pecho, o sea, en un clima de tranquilidad y con mucho cariño. En casos como éste, el padre también puede "dar de mamar" (hasta podríamos hablar de una "lactancia paterna") y ofrecer al bebé todo lo que necesita: los nutrientes para el cuerpo y el alimento (afecto) para el alma.

En la práctica, el cuidado del hijo materializa el amor paterno.

El amor platónico o por envío de ondas mentales sólo satisface al padre. Lo que el niño realmente siente, lo que de hecho marca una diferencia para él, es el contacto físico, el abrazo, el cariño que toca su piel.

El bebé necesita muchos cuidados; presenta un comportamiento de tipo vegetal. No puede hacer nada solo. Tiene fuerza para sobrevivir, pero depende totalmente de alguien que vele por él: los animales cuidan instintivamente a sus crías, pero los seres humanos tienen que educar a sus hijos. A veces, a la madre le es difícil lidiar con el niño; se siente incapaz de hacerlo, llora, se muere de preocupación. Cuando esos sufrimientos empiezan a perjudicar su vida, puede estar presentando un cuadro de depresión post parto, que se trata por medio de medicinas y psicoterapia, y no deja secuelas. Si la tristeza continúa más allá de lo esperado, es mejor buscar ayuda profesional.

La rutina de la lactancia

El bebé nace con capacidad de succión. Dentro del vientre de la madre, es capaz de chupase el pulgar. Después de nacer, ése es el reflejo responsable de la alimentación. Para mamar, debe ser activo. La madre le ofrece el pecho, pero el que tiene que succionar es él.

El bebé aprende pronto que el momento en que toma el pecho es muy placentero. Sacia su hambre y al mismo tiempo recibe el cariño y la atención de la persona que, para él, es todo su mundo. Además, el acto de chupar le da también un gran placer, una gran tranquilidad.

Cuando el bebé llora se está comunicando. Puede tener hambre, tener sucio el pañal, sentir frío o calor, o simplemente querer el calorcito de un mimo. Es la madre la que le enseña a diferenciar entre esas sensaciones. Si la madre le ofrece el pecho cada vez que llora, le estaría mostrando que todas sus molestias deben ser resueltas de esa forma, pero como no siempre el bebé tiene hambre, empezará a usar el pecho de su madre para tranquilizarse ante cualquier molestia.

Dado que la succión es un reflejo ya conocido desde el útero, y por estar asociada a un momento de cariño, es natural que el bebé se calme al usar el pecho de su mamá como chupón, aunque la causa de su molestia no sea el hambre. En ese momento es cuando la madre empieza a imponer límites, educando el instinto biológico del hambre. La madre debe establecer intervalos de tres horas más o menos entre una toma y otra, y a medida que el bebé vaya creciendo, aumentar el intervalo para llegar, si es posible, a intervalos de cuatro horas durante el día y de seis por la noche.

Nadie debe sufrir la tiranía del reloj ni de las tomas de leche, ni tampoco dejar que el proceso transcurra sin ningún límite, sin ningún criterio.

Al establecer los intervalos entre las tomas de leche la madre respeta el ritmo biológico del bebé. Así, poco a poco, él empezará a descubrir sus propias necesidades y aprenderá a lidiar con el ciclo hambre/saciedad.

La madre debe establecer límites también en el momento de la lactancia. No debe esperar que el bebé suelte por sí mismo el pecho porque, incluso cuando esté ya saciado, puede querer permanecer agarrado a él, sólo por el placer de chupar. Muchas veces la made tiene que enseñar al bebé a mamar (no a succionar, porque él ya sabe eso); es decir, le debe enseñar que ese momento es para alimentarse. El cariño, la atención, el placer forman también parte de ese momento, pero su objetivo principal es la alimentación.

Cuando la madre se da cuenta de que el bebé no está succionando con eficiencia, y todavía no mamó lo suficiente, debe estimularlo: moverle los pies, hablarle y hasta quitarle algo de ropa para evitar que entre demasiado en calor, pues ello favorece que se duerma en el proceso de mamar.

Además, puede fijar un tiempo máximo para que el bebé se amamante. Ese límite será establecido con la ayuda del mismo bebé. Hay algunos que chupan con mucha eficiencia, y entre 10 y 15 minutos en cada seno pueden ser suficientes para ellos; pero hay otros que succionan más despacio y pueden necesitar de 25 a 30 minutos en cada seno.

Cuando el bebé chupa con eficiencia es difícil que la madre no presente lastimaduras en el seno. En la mayoría de los casos, la madre acaba con los pezones agrietados, incluso hasta lastimados porque el bebé se queda en el pecho más del tiempo necesario para alimentarse y lo usa como chupón.

La mayor manifestación de saciedad de un bebé es su sueño tranquilo.

A veces, es más fácil ofrecer el pecho o el chupón que investigar la causa del llanto. Con el tiempo, el bebé aprende a emitir el llanto que significa hambre. Si recibe satisfacción por la boca, puede ser que no resuelva el problema y quiera "comer" todo el tiempo. Atención: el uso de la comida para resolver la ansiedad puede ser una conducta gestada ya desde las primeras veces que se mama.

Un bebé satisfecho es como un instinto saciado: se queda dormido.

Paz para que el niño duerma

Es necesario respetar el sueño del bebé. No porque el padre o la madre acabe de llegar de la calle debe o tiene que cargarlo. Debe esperar a que despierte y después ayudar a cuidarlo mientras esté despierto.

Los niños no son un juguete que los papás "conectan" cuando quieren (o para verlos despiertos, ya que han estado fuera de casa todo el día), y "desconectan" cuando se cansan de ellos. Si se adoptan esas conductas con un niño que está dormido, su ritmo de sueño puede perjudicarse gravemente. De la misma manera, no hay que despertarlo, cargarlo y pasarlo de brazos en brazos sólo porque hay visitas, como si los padres quisieran exhibir al "nuevo juguete".

Es bueno que los padres sepan que el bebé se mueve durante el sueño, a veces gime y se despierta, y no está sufriendo. Sin embargo, si nadie corre a cargarlo, en pocos segundos se vuelve a dormir. Así, aunque alguien insista en cargarlo, no vale la pena perjudicar al bebé tomándolo en brazos cada vez que se despierta en la madrugada.

Un niño que duerme bien es más feliz porque no sufre la molestia de la falta de sueño. Y también es más independiente. Cuando el sueño llega, cae dormido en cualquier parte en donde esté, en un restaurante, en una reunión o con visitas en casa. Por eso el niño tiene que aprender a dormir solo. No debe adormecerse porque "alguien" le canta, lo arrulla, le da palmaditas, le rasca suavemente la cabeza o simplemente se queda ahí esperando que se duerma. Todo eso muestra que el niño depende de otra persona para dormirse. Por eso, no es correcto llamar insomnio infantil a esa resistencia, puesto que 98 por ciento de estos niños adquirieron esa mala costumbre de los adultos que los rodean, que no respetaron la naturalidad de su sueño.[18]

¿Dónde debe dormir el bebé?

Ésta es una pregunta que oigo en mis conferencias. ¿En la cama de los papás? ¿En una cama separada? ¿En otro cuarto? ¿Solo? ¿Acompañado de un adulto?

En primer lugar, hay que revisar cuáles son las circunstancias de la familia. Si existe un cuarto disponible sólo para el bebé es necesario vigilar lo que sucede en él cuando esté ahí el recién nacido. Si las puertas se quedan abiertas es más fácil hacerlo. Si se instala un monitor —que transmite sonido e imágenes a través de aparatos electrodomésticos—, las puertas pueden quedar cerradas.

Aunque haya enfermera, niñera o cualquier otra persona que pueda dormir en el cuarto del bebé para atenderlo, el bebé debe adormilarse solo, sin nadie en el cuarto, pues el niño que necesita la presencia de alguien para dormir, llamará a ese alguien cuando se despierte por la noche.

Si no se cuenta con un cuarto para el bebé, nada impide que el bebé duerma inicialmente en el cuarto de los padres, pero lo ideal, para su buena formación, es que no sea en la misma cama. Eso es importante también para la pareja.

Sin embargo, no porque el hijo nació y se separó del cuerpo de su madre tiene que separarse totalmente de ella.

En los primeros meses, para facilitar las tomas de leche nocturnas, es mucho más práctico para la madre que el bebé se duerma en el mismo cuarto en una cuna o un moisés.

Lo ideal es que el bebé aprenda desde el principio a dormir en su sitio, aunque le guste más dormir con sus papás.

---

[18] Véase *Nana, nenê*, de Eduard Estival y Sylvia de Béjar, São Paulo, Martins Fontes, 2004, p. 20. (N. del E.)

Los niños más grandes, que ya caminan, tienen que tener un lugar propio, un cuarto, para dormir. Aunque ocasionalmente duerman con sus padres, es importante que después los lleven a su cama para que despierten en ella. No deben adquirir el hábito de dormir en la cama de sus papás. Lo mejor, incluso, es que, a punto de dormir, los lleven todavía despiertos a su propia cama, donde deben despertarse. Mientras el padre o la madre lleva al niño, debe tener paciencia y hablar claramente, de buena manera, mirándolo a los ojos: "Cada cosa en su lugar, cada persona en su cama." Cuando el niño se da cuenta de que el límite va en serio, trata de adaptarse.

El hecho de que cada quien se vaya a su cama indica que cada quien tiene su territorio. Eso ayuda a construir el ritual del sueño. Y es necesario que haya reglas claras. La organización interna de los hijos se perjudica mucho con la posibilidad de dormir (o no hacerlo) en la cama de los padres. Si el niño tiene la seguridad de que va dormir en su cama, de que no tiene elección, el problema acaba. La cuna tiene que ser un lugar donde disfruta estar, y no "donde siempre me dejan solo".

Los padres pueden dejar al hijo en la cuna y jugar con él ahí mismo, mostrándole que es un lugar donde es agradable estar. Cuando el niño despierta, no deben levantarlo inmediatamente. Muchas veces se despierta bien, sin llorar, pero los padres, por pura costumbre, lo retiran inmediatamente de la cuna. Esa actitud acaba enseñando al hijo que la cuna es un lugar para dormir; así, en cuanto abre los ojos empieza a llorar para salir inmediatamente de ahí.

Cuando el bebé se despierta es importante que la madre o el padre se acerquen, hablen y jueguen con él, lo dejen moverse dentro de la cuna y sólo entonces lo levanten en brazos. Así, el niño aprende a ser paciente cuando despierta, y a esperar cuando no hay nadie por ahí para levantarlo en ese preciso momento.

El bebé con autonomía de sueño, que sabe esperar, es más independiente y feliz que uno irritado y terco que se niega a dormir.

La omnipotencia infantil para no dormirse

Va en aumento el número de padres que se quejan de que sus hijos se niegan a dormir. Estudiando las quejas descubrí que el problema mayor estaba en los padres, pues si ellos establecen un "ritual del sueño", sus hijos duermen mucho mejor. Lo repetimos: lo normal para un niño es dormir solo, lo que no es normal es resistirse a dormir.

Antes no había tantos problemas para que los niños se fueran a dormir, como se presentan actualmente; no había internet, ni televisión en la recámara. Había pocas madres que trabajaran, los padres eran más autoritarios y distantes con los hijos, había más hermanos, los niños no tenían tantas actividades ni estaban tan hiperestimulados y, sobre todo, existía la certeza de que "la noche se hizo para dormir".

Hay muchas cosas que hoy día favorecen que un niño no quiera irse a dormir. Aunque tenga sueño le parece que tiene "el derecho" de hacer lo que desea, aunque eso vaya en contra de su fisiología. Los padres generalmente apoyan esos "derechos" cuando no lo contrarían en sus deseos inadecuados ni lo educan sobre sus propias necesidades fisiológicas. Así, si no quiere irse a dormir cuando tiene sueño, el niño muestra una falta de educación por la ausencia de límites a la omnipotencia infantil, que es la sensación del niño de que puede controlar a sus padres, sin importar los medios empleados.

El recurso infantil más común es hacer que los padres se sientan mal cuando no cumplen sus deseos. Es muy difícil para los padres no cumplir las peticiones del niño, sobre todo por el miedo de no satisfacer sus necesidades reales. Tal vez esté fingiendo, pero… ¿y su fuera cierto? Así, surgen las necesidades más absurdas y contradictorias: sed, hambre, no dormir, chupón, música, que lo carguen, que le cuenten cuentos, tener calor, tener frío, querer hacer pipí, tener miedo, estar asustado, hacer berrinche, gritar, llorar, lloriquear, tener dolor de panza, y la lista continúa según la creatividad del niño.

Los que refuerzan esa manipulación son los padres que sacan de la cuna al niño para ocuparse de él. Es decir, alimentan la omnipotencia infantil. En esa fase, el niño aprende rápido las palabras que esclavizan a sus padres.

Todas estas necesidades o voluntades pasan cuando se toma en brazos al niño, lo que era su mayor deseo. Los padres autorizan al niño a no dormir cuando lo sacan de la cuna. Así, el niño se *fortalece* cada vez más y los padres se debilitan, y el niño acaba mandando en la familia.

En realidad, los padres finalmente perjudican al niño cuando le otorgan un poder que no tiene capacidad de administrar. El niño sufre cada vez más cuando tiene que dormir, y va arruinando la vida de los papás, no sólo afectiva sino también profesionalmente. Porque nadie puede mantener su productividad durmiendo cada vez menos y peor.

El ritual del sueño

El sueño diurno

La ausencia de los padres generalmente facilita al niño a dormir de día. Se deben tomar algunos cuidados:

- Procurar un ambiente lo más tranquilo posible, sin eliminar del todo la luz ni los ruidos, para que el niño sienta que es de día.
- Los adultos deben mostrar tranquilidad, pues los niños perciben más las emociones de los adultos que el significado de sus palabras.
- En cualquiera de los tipos de sueño (diurno, vespertino o nocturno), la ansiedad, prisa, preocupación o impaciencia de los padres son altamente perjudiciales. Es mucho mejor que el padre se despida apresuradamente del niño, diciéndole que va a salir y se va para que él duerma, que quedarse con él, presionándolo para que se duerma rápido.
- Es importante mantener la secuencia de las actividades que anteceden al sueño: comer, jugar con calma, revisar el pañal, establecer la hora de dormir o mantener el ritmo de la casa sin mucho ruido. Al percibir esas actividades, reforzadas con

palabras cariñosas dichas con calma, el niño sabe que inicia el ritual para dormir.

El sueño nocturno

Se requiere establecer dos medidas: el ritual para dormir y el ritual para los despertares nocturnos.

A. *El ritual para dormir:*
- Es importante subrayar que el niño siente seguridad en la repetición y que su tranquilidad es un reflejo de la tranquilidad de sus padres.
- Cada familia debe adecuar el ritual a sus características y posibilidades. Sacrificarse para que el niño duerma es dirigirse al fracaso. Los padres tienen que creer que lo que están haciendo es el mejor camino para todos, ya que educar es menos difícil que tener un hijo mal educado.
- El baño es una actividad muy importante, es agradable y muy especial en el día, y también es relajante. Para los niños que se agitan por el baño, un baño rápido. No hay que hacer mucho escándalo ni gritar, pelear ni jugar agitadamente. Hay que aprovechar para dar un suave masaje al bebé con la toalla y hacerle delicadas monerías.
- Comida: si es posible, lo mejor es que las tomas de leche se realicen siempre en un lugar tranquilo, pero apenas el niño pueda sentarse, debe estar con los adultos para que todos coman al mismo tiempo. Pueden incluso platicar con él, pero no se debe desviar la atención de la comida ni transformar el evento en un juego. El niño aprende muy rápido lo que los padres *no* quieren, pero se tarda una eternidad en aprender lo que *sí* quieren.
- Comer en la cuna no vale la pena, pero la toma de leche puede ser parte del ritual para dormir. La educación recomienda que el niño aprenda que la hora de comer es para comer, la hora de dormir para dormir y la hora de jugar para jugar... La regularidad es una fuente de seguridad para el niño.

- Dar cariño: es la hora en que el adulto dedica un tiempo a los niños de cualquier edad, para las cosas buenas de la vida, como canturrear, leer historias, ver la televisión o jugar, todo para facilitar la llegada del esperado sueño.
- Revisar que esté listo lo necesario: pijama cómodo, ingestión leve de alimentos líquidos y sólidos, pañales limpios y secos, dientes cepillados, baño tomado; hay que verificar que no haya nada que impida el sueño, como luz, sonidos o movimientos. Todo lo que el niño necesita para dormir solo ya está en la cuna: biberón con agua, juguetes preferidos, varios chupones para que los encuentre fácilmente.
- Relajar el cuerpo: dar al niño una caricia suave, de los hombros hacia los brazos, de la barriga hacia las piernas, mencionando, con voz de "hipnotizador" (lenta, suave y monótona), una parte del cuerpo cada vez: "Vamos a dejar relajado el hombro, el brazo, las manos y, ahora, el otro brazo." "Ahora vamos a relajar las piernas, empezando por ésta, así, y ahora la otra pierna. Ahora relaja las orejas —cuidado para no hacer cosquillas e interrumpir el proceso—; la cabeza y, al final, los ojos —tocando suavemente los párpados para cerrarlos." Con los párpados cerrados, dar un beso suave con los dedos, que el niño acepte sin moverse mucho.
- Hay que despedirse del niño y de todos los juguetes que se quedan en la cuna: buen sueño, o que sueñes con los angelitos, o buenas noches, o cualquier otra fórmula al alejarse de la cuna. Es la señal con la que el adulto comunica que ya está saliendo del cuarto, para que el niño duerma solo.

B. *Los despertares nocturnos*
- Es importante entender que el niño se despierta varias veces en la noche, se mueve, pero no se despierta. Incluso cuando se despierta, tiene que aprender que debe dormir otra vez. Si ningún adulto entra en su cuarto, le habla o lo levanta en brazos, se vuelve a dormir rápidamente.
- Hay adultos ansiosos y desorientados que perjudican el sueño al despertar al niño cada vez que él se medio despierta.

No sólo se perjudican a sí mismos, sino sobre todo al niño, que necesitará otra vez del ritual para dormirse.

Papá ayuda a mamá

Cada vez está más clara la importancia de la participación del padre en la vida de los hijos, en la educación y hasta en el embarazo, pero hay un dato innegable: la maternidad es diferente de la paternidad. Es la mujer la que gesta, da a luz y amamanta, por tanto, es natural que su participación en la situación sea mayor (y más cansada). En ese momento, la actitud del padre será la de contribuir en lo que pueda.

Uno de los grandes problemas de la maternidad es la falta de sueño de la madre, su imposibilidad de dormir bien. Cuando el bebé nace, su mamá empieza a no dormir bien, lo que es sumamente cansado. De ahí surgen dificultades y enfermedades que normalmente el sueño evita, porque el sueño es el gran reparador del cerebro.

Hasta los ocho meses de embarazo, aproximadamente, la mayoría de las mujeres duerme ocho o más horas cada noche, además de las pequeñas siestas diurnas. Cuando el embarazo va llegando al fin, gran parte de las mujeres embarazadas empieza a tener dificultades para dormir. Sueño no les falta, pero no les es fácil acomodarse en la cama, encontrar una posición cómoda. Muchas veces, la ansiedad va aumentando a medida que se acerca la fecha probable del parto, haciendo agitadas las noches de sueño. La futura mamá ya se está preparando para lo que le espera. Durante mucho tiempo ya no podrá dormir más de cuatro horas seguidas. Inmediatamente después del parto, la madre queda tan ligada al bebé que no duerme bien. Su sueño es discontinuo, y por lo tanto, poco reparador.

El marido puede colaborar mucho con la mujer en la difícil fase del post parto, un periodo que se extiende alrededor de seis meses después del nacimiento. El apoyo y la comprensión son fundamentales y benefician tanto a los padres como al bebé. La llegada de un bebé ocasiona muchas transformaciones en la vida de la pareja, sobre todo en la de la mujer, y es normal que eso genere algunos desequilibrios.

Un argumento muy usado por el padre no integrado —para no participar ni ayudar a la mujer, es que tiene que levantarse temprano para ir a trabajar al día siguiente. Algunos hombres se ofrecen para dormir en el sillón de la sala o en otro cuarto. Eso, en realidad, poco ayuda a la mujer. Otros se despiertan con el llanto del bebé, pero en vez de levantarse para atenderlo, despiertan a la mujer para que vaya a ver al niño. Un marido no integrado sólo agrava los problemas de la mujer con el bebé. Su esfuerzo de integración con ella es un gesto de amor que ayuda mucho a todos en esa etapa.

La hora de la papilla

Uno de los primeros desafíos que tiene que enfrentar el niño se produce cuando empieza a ser alimentado. Mientras es un lactante (tanto del pecho como del biberón), sus cuidadores son los que le llevan el alimento. Ahora él se encuentra al principio de un proceso de aprendizaje que culminará en su autonomía para alimentarse.

Lo ideal sería que el bebé mamara solamente del seno materno hasta el sexto mes y que, sólo entonces, empezara a recibir, poco a poco, papillas y otros alimentos. A partir del sexto mes su aparato digestivo ha madurado casi por completo y eso disminuye el riesgo de cólicos cansados por la introducción de nuevos alimentos. Por desgracia, sólo 30 por ciento de las mujeres pueden amamantar, a veces por razones profesionales, o por una mala orientación sobre la lactancia.

Al principio, el niño no sabe comer. Comer es uno de sus primeros gestos activos, muy diferente de tomar el biberón o el pecho, lo que ocupa toda la boca. Todo es extraño para él: la textura, la temperatura y el sabor. Comer exige del niño un esfuerzo psicomotor que no depende de su voluntad o de la capacidad del adulto, sino de su ritmo de desarrollo. Si el adulto que está con él en esos momentos lo estimula con paciencia e insistencia, estará favoreciendo su desarrollo. Al principio, la reacción instintiva del bebé es la de tratar de chupar la cucharita. Pero poco a poco va descubriendo cómo funciona el acto de comer. Es una fase de socialización elemental, en la que aprende cosas que más tarde tendrá que hacer solo.

La gran ventaja de que el ser humano nazca sin saber nada es que puede aprender todo.

Los primeros maestros de un bebé son las personas que lo cuidan. Con ellas crea sus primeros vínculos. El cambio constante de cuidadores genera ansiedad y dificulta la formación de vínculos, que son el camino por donde pasa el amor de los padres. El amor que llega al bebé forma una parte importante de su autoestima. Y la autoestima, como sabemos, es uno de los principales componentes de la felicidad.

Tirar todo al piso

La cotidianidad del bebé está llena de sorpresas. Cada día logra una nueva conquista. Su desarrollo neuropsicomotor le va dando nuevas habilidades que prueba con los objetos y las personas que lo rodean.

Primero, el bebé coge los objetos, después mueve las manos y rápidamente empieza a arrojarlos lejos de sí. El siguiente paso será tirar la comida desde lo alto de su silla.

Si los padres recogen todo lo que el niño tira, entran en una dinámica muy divertida para el bebé pero bastante cansada para los adultos. Para el bebé, tirar algo y que regrese a él es una manera de conocer el mundo. Forma parte de sus descubrimientos.

Las primeras veces, no hay que regañar al bebé por tirar la comida al piso, pero tampoco debe recibir alicientes para hacer de eso un divertido juego de papás recogepelotas. Hay que explicarle que ése no es un comportamiento aceptable.

Cuando esa conducta de lanzamientos no es estimulada, tiende a desaparecer con el desarrollo. Uno de los primeros aprendizajes en relación con la alimentación debe ser: la hora de comer no es hora de jugar.

La alimentación debe ser, para el niño, un momento placentero, pero el gusto debe provenir de la convivencia familiar y no de los juegos con la comida.

Así, siendo conscientes de que se trata de un momento en el proceso de desarrollo, y no de un intento precoz de desafiar o desobedecer a los padres, ellos podrán lidiar con esa situación de manera mucho más tranquila. Cansada, sí, pero más tranquila.

El bebé conoce el mundo experimentando, haciendo, probando.

Como sucede en otros aspectos, el aprendizaje se producirá poco a poco. Hay que tener persistencia y paciencia.

El inicio de la construcción de la autoestima

Para no tirar comida el bebé tiene que aprender el sentido del "no" —algo que no sucede de un momento a otro. Las reacciones de los padres le enseñan al niño a distinguir el "sí" del "no". Cuando el niño juega en su cuarto o hace monerías los padres ríen y juegan con él, eso es un "sí"; cuando está en su silla para comer e intenta hacer lo mismo, los padres deben mirarlo y decirle seriamente: "No." No están enojados, y no debe sonar como si lo estuvieran, es una enseñanza. El niño se alegra mucho cuando juega e interactúa; su autoestima, es verdad, mejora con ello. Pero esto no significa que la autoestima disminuya cuando recibe un "no".

El "sí" y el "no" establecen límites para el niño, que aprende lo que puede y lo que no puede hacer. Lo que es perjudicial es regañarlo por algo que no sabía que no podía hacer. No es que hacer algo esté siempre mal, pero tener permiso para hacer todo no está bien. El "sí" sólo tiene sentido si existe el "no".

Saber la diferencia entre el "sí" y el "no" le da al niño poder de decisión sobre sus elecciones, un poder que alimenta su autoestima. Por tanto, el "no" y el "sí" no traumatizan al niño, sino el uso que se hace de estas palabras.

La felicidad no es hacer todo lo que tenemos ganas de hacer sino sentirnos felices de lo que estamos haciendo.

Muchos padres dan alegría, seguridad, protección y saciedad material a sus hijos creyendo que así los hacen felices. Pero nadie le da felicidad a nadie. Si los hijos creen que son felices por lo que reciben de sus padres, confunden la verdadera felicidad con la saciedad material.

La saciedad es una satisfacción pasajera que cumple un deseo o una necesidad momentáneamente para, luego, generar insatisfacción. Es el caso del hambre, del deseo de un juguete, de la droga o del consumo de la moda que, después de ser saciados, pronto necesitan más. Es la alegría radiante que surge cuando se recibe un regalo (o cuando se usan drogas); pero cuando no llega la siguiente alegría, la persona sufre un acceso de rabia o de depresión si no obtiene la próxima dosis. Quien tiene accesos de rabia o depresión no puede ser feliz.

Capítulo 3

Los hijos no nacen con manual de instrucciones

Una de los argumentos que muchos padres y madres aducen para justificar la dificultad de educar a sus hijos es que éstos no vienen con manual de instrucciones.

Tal vez se imaginen que serían mejores padres y madres si tuvieran un manual que les indicara lo que debe hacerse con el hijo en cada situación; sin embargo ese manual no se ha escrito. ¿Cómo podrían caber en reglas preestablecidas las particularidades de cada individuo que llega al mundo?

Los hijos no nacen con manual, ellos son el manual.

Hace tiempo, las personas no encendían un aparato eléctrico hasta que no hubieran leído todo el manual, los más atrevidos se arriesgaban a encenderlo con el manual a mano para no omitir alguna instrucción; actualmente es raro que un joven lea todo el manual antes de usar el teléfono celular o los videojuegos, por ejemplo. Aprende a usarlos en la práctica, interactuando con ellos.

Aunque los jóvenes aprendan a usar el internet navegando, necesitan algunos conocimientos básicos; por ejemplo, saber qué son y cómo funciona el correo electrónico, los proveedores, las páginas, Orkut, los blogs, YouTube, Second Life, Wikipedia, entre otros.

Los padres pueden comprender a sus hijos relacionándose con ellos; es decir, deben adquirir los conocimientos básicos de la relación con los hijos, aprender su lenguaje. No se trata de disfrazarse y actuar, hablar o vestir como bebé, niño o adolescente, sino de aprender de las cosas nuevas, diferentes.

Cuando un joven está navegando en internet y descubre algo que no conoce, investiga. Pero los padres, al ser tomados por sorpresa por muchas situaciones causadas por los hijos, no se dan la oportunidad de decir: "Espera un poco, hijo, mientras investigo cómo comportarme contigo."

En lo que respecta a las relaciones con sus padres, los hijos también escriben un manual de la relación; es decir, todos aprenden por medio de la convivencia cómo es cada quien, pues eso no está escrito en ninguna parte.

Nuevas bases relacionales

Este método es válido para todo tipo de relaciones entre personas de cualquier edad, pero tiene especial importancia en la formación de la autoestima si es aplicado por los padres desde que el niño nace. Para dar una atención integral a un niño, son necesarios cinco pasos:

- Detenerse. Suspender lo que esté haciendo o pensando y dar atención total al niño. En caso de que no pueda detenerse en ese momento, puede poner una mano en el hombro del niño, mientras le dice que lo atenderá en un momento. El niño debe quedarse ahí esperando, junto a usted. Puede ser que quiera salir y regresar después. Si la iniciativa de salir es del niño, la responsabilidad de volver es de él también. Pero debe evitar al máximo decirle que haga otra cosa mientras usted termina lo que está haciendo. No siempre regresa por el mismo motivo. Es fundamental hacer a un lado ideas preconcebidas sobre lo que el niño dirá. Si

piensa: "Ya viene otra vez a darme lata", su cerebro está ocupado con ese pensamiento y perdió la oportunidad de atenderlo integralmente.
- Oír. Es la parte racional. Los padres deben mirar al niño a los ojos, como si lo oyeran con ellos; el pequeño necesita aprender a expresarse, no se debe intentar adivinar lo que quiere decir. Cuando pide una cosa, está desarrollando su capacidad de pensar, de formular una pregunta y expresarse para que otras personas puedan comprenderlo, esa competencia comunicativa le será útil para el resto de su vida.
- Mirar. Es la parte instintiva. En un abrir y cerrar de ojos, una persona puede percibir un mundo que añade significados a lo que se dijo.
- Pensar. Todos los elementos percibidos, tanto visual como verbalmente, más el sentido educativo que se quiera imprimir a la formación del niño, deben formar parte de la respuesta que reciba. En este momento se incorpora la parte racional a la educación por una ciudadanía familiar. Es importante que las acciones sean éticas y dirigidas hacia el bien, sin dañar a nadie. Aquí el niño empieza a aprender a no ser completamente egoísta. El educador debe estar consciente de que ése es un momento muy especial, en donde el que aprende prestará atención a los discursos verbales pero, sobre todo, a los actos. Es bueno para la autoestima del niño saber que es digno de merecer todos esos cuidados. Mientras más veces logre que se responda a sus preguntas, más competente se sentirá, lo que aumentará su autoestima. Por tanto, no se debe demostrar desinterés, prisa ni molestia por interrumpir lo que se estaba haciendo. Una atención adecuada en el momento justo es mejor que intentar congraciarse todo un día con el niño por no haberlo atendido.
- Actuar. La acción o respuesta debe ser muy clara, objetiva y ética. Valore si la respuesta es la más adecuada para él o si, en realidad, es nada más una forma del educador de evadir, o sea, de salir del paso.

Puede ser que la madre o el padre encuentren muy complicado responder así cada vez que sus dos o tres hijos los llenen de preguntas. En mis conferencias, bromeo diciendo que cuando alguien está aprendiendo a escribir lo hace con la lengua, y para mover la mano que tiene asegurado el lápiz, mueve la lengua al mismo tiempo o va diciendo en voz alta lo que está escribiendo. Después de mucha práctica, adquiere una escritura "tan hábil" como la de un médico, o sea, sólo el farmacéutico la entiende... Igualmente, quien escucha a un niño aumenta con la práctica su acción integradora.

Las respuestas o las acciones impulsivas le sirven más al educador que al niño.

Ese procedimiento adquiere poco a poco particularidades a lo largo de los años, que demuestran que, por más hijos que la pareja tenga, cada uno de ellos reacciona de forma diferente y debe ser escuchado y atendido como hijo único.

Un hijo no morirá por esperar un poco; por tanto, no es necesario dejar todo y salir corriendo a atenderlo. El niño se volverá más ansioso mientras más ansiosos sean sus padres. En ese caso, no aprende la distinción entre lo esencial y lo superfluo.

Los hijos hacen paradas estratégicas

Desde pequeños, los niños pueden ser comparados con autos de carreras. Viven corriendo de un padre a otro y hacen paradas estratégicas cuando necesitan abastecerse de cuidado, cariño, besos, ser oídos, ser vistos, etcétera.

Es en las paradas estratégicas cuando los padres deben aprovechar para practicar la atención integral y sus cinco pasos (véanse más adelante). ¿Qué pasa si un piloto se detiene para ser atendido y los mecánicos están ocupados con otro auto, o si el piloto no dice cuál es el problema que hay que corregir? ¿Y si los mecánicos tuvieran que adivinar lo que el auto necesita? Mientras mejor sea la atención, menos tiempo permanecerá el niño esperando recibirla. Con la experiencia, las paradas estratégicas disminuyen en la misma proporción en que aumenta la autoestima del niño. La autoestima y la competencia le darán cada vez más seguridad, haciéndolo dar vueltas cada vez mayores, más eficientes y más prolongadas.

A mayor autoestima y capacitación para superar los obstáculos, mayor será la autonomía de los hijos.

Mientras más tiempo se quede el niño parado esperando recibir atención, será mayor el problema del auto. Mientras más atención soliciten los hijos de los padres, mayores son sus carencias. Cuando los padres no dejan que los hijos jueguen ni corran en paz como les gusta, es como si no dejaran al auto andar en la pista. No es posible que un auto de carreras esté continuamente cerca del taller y de los mecánicos.

Conforme los niños crecen, las vueltas que dan son más grandes, sucede hasta que llega la adolescencia y empiezan a circular en su propio territorio. Los padres ya no los acompañan en sus siguientes trayectos, y quien los atiende en sus paradas estratégicas es la sociedad. Ella no perdona a los perdedores, a los que no dan lo mejor de sí, a los que no hacen más de lo que se les pide. Éstos se dejan seducir por los paradas estratégicas, que los atraen con su seducción pero los liberan con crueldad.

Cuanto mejor sea la autoestima y la educación, será menor la necesidad de los hijos de hacer esas paradas que deterioran su calidad de vida.

El desafío de educar

Educar no es dejar que el niño haga sólo lo que quiera (o sea, buscar la saciedad). Educar es más difícil que cuidar porque es preparar para la vida. La vida de un niño está gobernada por el deseo de jugar, de hacer cosas. En cada movimiento descubre la vida y los valores, en un proceso natural de aprendizaje.

Construir una casa es mucho más fácil que restaurarla. Restaurarla, en el caso de un hijo, sería lo mismo que decir siempre "no" a algo que él ya hizo muchas veces. Lo mejor es enseñar poco a poco.

Cuando el niño quiere hacer una cosa observa la reacción de los padres; si oye un "no", insiste. Quiere probar si en realidad sostendrá lo que dicen para incorporar la regla. Le tomará un tiempo, pero aprenderá. Y entonces, ese criterio de valor pasará a formar parte de él.

Es interesante notar cómo, desde la más tierna edad, la simple represión ya no funciona. Es necesario establecer una diferencia al estimular un comportamiento adecuado. La simple aprobación es una recompensa para el niño, así como el silencio es un permiso.

Cuando ya puede moverse por sí mismo, el niño necesita aprender lo que puede y lo que no puede hacer. Al caminar, tiene que saber que lo mejor es rodear la mesa o las sillas.

Y cuando se cae, los adultos no tienen que ir corriendo, desesperados, a ayudarlo, a menos de que se lastime seriamente. Es importante valorar en el momento lo que en realidad pasó. A veces, por lo nuevo de la situación, el niño llora aunque no sienta dolor. Usa el método de detenerse, escuchar, mirar, pensar y actuar.

Y tal vez ni siquiera haya sido una caída. Los niños pequeños acostumbran caerse por no saber detenerse. Se quedan de pie, caminan, aceleran, pero no saben frenar. Entonces se tiran al suelo para detenerse. Y la madre y el padre corren a ayudarlo pensando que fue un accidente.

Los niños tienen que aprender que podrían no caerse o tropezarse con la mesa. No fue el piso o la mesa los que los tiraron. El golpecito que los padres dan a la mesa —"¡Mesa fea!"— transmite la idea equivocada de que las caricias quitan el dolor y da la falsa sensación de que el niño está en lo cierto. ¿El hijo siempre tiene razón y los equivocados son los demás, la mesa, el profesor, el mundo?

La precipitación y la reacción exagerada de los padres crean inseguridad en el niño.

Tampoco es educativo que se quiten todos los estorbos en el camino del niño, hacer a un lado las sillas, las mesas y todo lo que sea necesario para que no se lastime. Quizá choque una o dos veces contra la mesa, pero aprenderá a tener cuidado.

En los recorridos futuros y más importantes que los hijos harán, en la escuela por ejemplo, los padres no podrán decir: "¡Escuela fea!" cada vez que algo les salga mal. En la adolescencia, los recorridos sociales serán cada vez más amplios, lejos de la vista de los padres, que no podrán decir: "Los que están equivocados son las malas compañías." Cuando sus paradas estratégicas en casa ya no los satisfagan, los hijos harán paradas en otros sitios. Entonces dependerán mucho más de lo que llevan dentro de sí que de lo que la sociedad les ofrezca.

Llevarse todo a la boca

Desde que nace, el bebé recibe la vida biológica por la boca y el cariño por el cuerpo. Cuando empieza a demostrar más iniciativa y a percibir el mundo a su alrededor, empieza a alargar los brazos en dirección a lo que desea. El siguiente paso será llevarse lo que desea a la boca, que durante el primer año es uno de sus principales instrumentos para conocer el mundo.

Si al bebé no le gusta el sabor de algún objeto, lo identificará como algo desagradable y lo rechazará en el futuro aunque la madre insista. Está adquiriendo un tipo de conocimiento que hay que respetar.

Cuando empieza a gatear, aumenta su capacidad de alcanzar el mundo y sus posibilidades de llevarse a la boca todo lo que se encuentra. Es importante que los padres estén atentos. Si el bebé se lleva a la boca algo que no debe (animalitos, insectos, pedazos de madera, pilas, tapitas, clavitos y muchas otras cositas que consigue), los padres deben ser firmes, pero no mostrarse enojados ni violentos; por ejemplo, si dicen "¡caca!", y en seguida, toman el objeto peligroso y lo echan a la basura, el bebé no sólo aprenderá a no llevarse "caca" a la boca, sino también a tirarla.

Reyes y reinas en miniatura

El deseo de agradar en un niño es algo natural; sucede en casi todas las especies animales. Nace un hijito y todos quieren conocerlo; las personas son muy curiosas, les gusta abrazar, gustar, jugar, tocar.

Pero hay una diferencia básica entre los otros seres humanos y los padres. Éstos tienen que saber si lo que están haciendo es educativo o no. Generalmente no es fácil para un padre o una madre recibir críticas de otras personas sobre el modo en que educan a sus hijos. Pero si le siguen la corriente a todos los deseos del niño, éste probablemente actuará siguiendo sus propios deseos, sin importar el contexto.

En esas situaciones, los padres acaban recibiendo críticas silenciosas por medio de miradas de reproche y comentarios del tipo: "¡Ay, qué niño tan mal educado!", en general, esas miradas provienen de personas que no tienen hijos pequeños en ese momento y que, si un día los tuvieron, parecen nunca haber atravesado por situaciones abrumadoras con ellos. Aun los niños mejor educados intentan imponer su voluntad, pero sólo los mal educados mantienen ese comportamiento.

Hay padres que se enorgullecen de lo que el hijo hace sin importar lo que sea. Si no acepta un "no", llegan a mostrar incluso un cierto orgullo: "¡Ese muchacho tiene personalidad!" "¡Será un verdadero líder!"

Algunos padres prefieren distorsionar la realidad para mantener la inadecuación de su hijo. Para disculparlo, culpan a los demás.

Si el hijo se cae, debería haber tenido más cuidado. Pero no: para cierto tipo de padres, es el piso el que estaba resbaloso (lo que puede ser verdad, pero es el hijo el que debe tener cuidado y no el piso).

Los padres deben prestar atención a sus reacciones, ya que es probable que su hijo las copie. Así, si entran en pánico porque su niño de un año cae sentado, la próxima vez que se caiga seguro se pondrá a llorar. Pero si los padres encaran con naturalidad el hecho de que caiga sentado, la próxima vez que lo haga, el hijo se podrá levantar solo y seguir su travesía.

En peleas entre hermanos, hay padres que fingen pegarle al mayor para que el menor tenga la idea de que se le hizo justicia. Ésa es una manera de perpetuar la violencia con la ley del más fuerte, con el machismo.

Más adelante, esos padres que fomentan la inadecuación de sus hijos, dirán al director de la escuela: "¿Cuál es el problema si mi hijo no usa uniforme?", o: "¿Por qué no puede llegar con retraso si saca buenas calificaciones?", esas frases tienen implícito el mensaje: "El que tiene dinero lo tiene todo", lo que no deja de ser otra creencia en la ley del más fuerte (en este caso, del más rico).

Por desgracia, ese tipo de padre trata de cambiar de escuela y busca que la nuera acepte la inadecuación de sus hijos. Hijos que ellos, como padres, no supieron educar. ¿Cómo pueden cambiar algo en el ámbito social cuando sus hijos están tan fuera de su alcance?

Pero pagarán el precio. Por el ciclo natural de la vida, los padres jóvenes son poderosos. Mañana, debilitados por la vejez, dependerán de esos hijos que nunca aceptaron las reglas de la vida. ¿Estarán los hijos en condiciones de cuidar a sus propios padres que tanto cuidaron de ellos?

Padres que dejan ganar a sus hijos

Los niños tienen una sabiduría natural. Juegan y compiten de acuerdo con sus posibilidades.

Al jugar con sus hijos, algunos padres les dejan ganar o simplifican las reglas. Esta actitud puede parecer protectora, pero le da al hijo un enfoque irreal del juego donde a veces se gana y otras se pierde.

Dejar que el hijo gane siempre es también una forma de evitar la frustración. A los padres puede costarles trabajo ver que el hijo se frustra y sufre por eso, o pueden no saber cómo enfrentar la reacción del hijo ante las frustraciones. Además de distorsionar la realidad, los padres pierden la valiosa oportunidad de enseñarle algo fundamental para su desarrollo: la fortaleza, que es la capacidad de lidiar con las frustraciones, sin desequilibrarse psicológicamente.

Para enseñar la noción real de perder y ganar, es aconsejable que los padres elijan a veces actividades que realizan bien y otras en que su hijo sea mejor. El padre juega damas chinas como nadie y el hijo pierde. ¡Felicidades para el padre! En un videojuego, el hijo gana y el padre pierde. ¡Felicidades para el hijo! Así se aprende que las personas son buenas para algunas cosas, pero no para todas.

Algunas madres y algunos padres hacen todo para agradar a sus hijos, aunque así no los eduquen.

Dejar que su hijo se siente en sus piernas mientras manejan es un mal ejemplo. El niño toma el volante y tiene la falsa impresión de que está al mando del vehículo. Se trata de un poder irreal, que no corresponde a la verdad. Además, esos padres están infringiendo la ley, y le están transmitiendo eso a su hijo, aunque no tengan esa intención.

Si el niño maneja un coche de juguete, se siente poderoso con razón; pero en el regazo de sus padres, la sensación de poder es falsa, porque manejar es algo que todavía no puede hacer. Además, los padres exponen a su hijo a un riesgo serio, pues en caso de que se produjera un choque frontal, el niño podría quedar aplastado entre el padre y el volante, asfixiarse con el colchón de aire. Hay accidentes que no dependen de los cuidados de los padres. Algunas investigaciones muestran que un enorme porcentaje de accidentes (y asaltos) suceden cerca de la casa, cuando el chofer está menos alerta porque se siente más seguro.

Ese hijo, que empezó a "manejar" tan pronto sentado en las piernas de sus papás, cuando crezca, a los 14 o 15 años, querrá llevarse el auto de papá para salir a pasear. ¿Por qué no, si cuando era niño lo hacía?

El placer de estar limpiecito

Es muy frecuente que los padres se refieran a lo difícil que es que el niño se cepille los dientes y se bañe. Los niños sienten un gran placer al entrar en contacto con el agua, elemento que los padres deben usar para estimular el baño y mostrar qué agradable es quedar bien limpio.

Puesto que es obligatorio y diario, el baño no debe convertirse en algo molesto. Si la persona que baña al niño lo hace con prisa, por pura obligación, es seguro que el niño no encuentre agradable ese momento.

Si el niño es mayor y ya ve el baño con malos ojos, los padres tendrán que prestar atención al asunto, en el fin de semana y en las vacaciones, con tiempo y con paciencia, tienen que mostrarle cómo el baño puede ser un momento agradable. Enseñar eso al hijo cuando se tiene prisa, cuando el padre o la madre están a punto de irse a trabajar, es prácticamente imposible. Después de que el baño sea visto como algo agradable, será más fácil enseñar "el baño rápido de cada día".

Es muy educativo enseñar al niño a tomar "el baño rápido de cada día", y un "baño largo el fin de semana".

Es importante cuando el niño aprende a bañarse solo, lo que puede empezar alrededor de los tres años de edad. En ese momento, más que nunca, es necesario tener paciencia y tranquilidad. Es mucho más fácil bañar a un niño que enseñarlo a bañarse solo. Hay que hacerlo poco a poco, y después de algunos años él podrá bañarse realmente solo (pero todavía con la vigilancia de un adulto).

El niño se queda tranquilo cuando logra bañarse él mismo; por ello es importante darle la libertad de enjabonarse y limitarnos a guiar sus pasos: "No olvides la parte de atrás de la oreja… ¿lavaste la planta de los pies?"

También es necesario establecer un límite en la ducha, porque si no, el hijo se queda jugando y no se baña. No es necesario decir: "¡Ya basta! ¡Te sales de una vez y ya!", sino ayudarle avisándole algunos minutos antes de que el tiempo se acabe. Al entrar en la regadera o tina para sacarlo del baño, déle algunos segundos más para que termine lo que está haciendo; por ejemplo, contar hasta tres, no como amenaza, sino como segundos extra.

El límite de tiempo es importante. El hijo tendrá que aprender que el baño tiene algo de placentero (jugar) y de necesario (lavarse), que puede o no ser agradable para él. Pero que, como es algo necesario, es prioritario, y que el ocio del baño llegará, con el tiempo.

...¡Y con los dientes blancos!

En relación con la limpieza de los dientes el procedimiento puede ser el mismo: enseñar al niño desde temprano a tener ese hábito saludable. Hay madres que son muy buenas "cepilladoras". Y hay otras que hacen verdaderas limpiezas cada vez que el niño come una cosa. Pero las menos educativas son las que hacen las limpiezas sólo el día de la visita al dentista.

Desde que los hijos son chicos, la madre y el padre deben enseñarles a usar el cepillo de dientes y el hilo dental también. Antes de los cinco o seis años, será difícil que el hijo lo haga todo solo, porque no ha afinado la coordinación motora; sin embargo puede aprender. Es practicando como aprende, quien sabe cepillarse aprendió cepillándose. El cepillado nocturno, que es el momento en que es más importante hacerlo, cuando los padres suelen estar presentes, puede dividirse en dos etapas: en la primera, el niño se cepilla lo mejor que puede y, en la segunda, el padre o la madre terminan el cepillado. Es importante señalarle al hijo que los padres hacen siempre la segunda etapa, pero no porque el hijo no sea capaz de hacerlo —él hace lo mejor que puede para su edad—, sino porque los problemas dentales pueden tener dolorosas consecuencias para toda la vida, y por eso "es mejor prevenir que remediar".

Mientras más paciencia tengan los padres para enseñar, mayores serán los beneficios, pues el niño responde desarrollando el gusto de tener los dientes limpios.

Decir simplemente: "Si no te lavas los dientes, te van a salir caries", no funciona. Todavía, en la mente del niño, no están claras las relaciones causa-efecto. Y, sobre todo, no hay que usar esa afirmación para que el hijo decida por sí mismo si quiere cepillarse los dientes o no. Todavía es muy pequeño para entender las consecuencias de ese tipo de actos y pagar por ellas. Toca a las madres y a los padres organizar su rutina.

A veces los niños hacen cosas para agradar a sus padres. Es una dirección a seguir, un estímulo para hacer lo correcto. Lo que no es posible es dejar las obligaciones a la voluntad de los más pequeños, porque un día van a querer cepillarse los dientes y otro no...

Por lo general, si el adulto se lava los dientes delante del niño, él lo hace también: para arriba, para abajo, jugando. Con el juego viene el aprendizaje. Si se le hace aburrido, es natural que el niño se niegue a hacerlo: todavía es chico y tiende a hacer sólo lo que le da placer. Si el niño no ve que los padres se cepillan los dientes y usan el hilo dental, será difícil convencerlo de que lo haga. Siempre hay la posibilidad de darle un aire de juego a hábitos que son obligatorios.

Los padres como elefantes en cristalería

Los bebés y los niños pequeños "dicen" lo que les pasa. La madre y el padre necesitan "escucharlos", para dialogar con ellos. Si la expresión del hijo cambió de repente, eso significa que algo le afectó, aunque ésa no fuera la intención de los educadores.

La psique humana es como una tienda de cristalería finísima. Y los padres a veces se portan como elefantes en ella. El ruido, los cristales rotos, los estragos se perciben a través de la súbita alteración en la expresión del niño.

Los padres, sin embargo, pueden quedarse tranquilos, porque no se puede destruir fácilmente toda la tienda. Y no todo lo que se destruyó es irreparable.

Los niños dan a los padres muchas oportunidades de equivocarse, pero las oportunidades de acertar son aún mayores.

El miedo de equivocarse puede paralizar al elefante. No hay padres que quieran equivocarse con los hijos, sino todo lo contrario: es por el miedo de equivocarse que terminan equivocándose, porque no establecen límites. Un solo error no traumatiza al hijo. Lo que distorsiona la educación es que los padres, con frecuencia, no actúan cuando es necesario. Pero la vida ofrece muchas oportunidades para remediar el daño.

Una actitud adecuada que se toma en relación con un hijo no siempre es percibida en ese momento, pero da resultados que se observan a través del tiempo. Educar es difícil y los buenos frutos, en la gran mayoría de los casos, son cosechados a lo largo de la vida.

Un niño feliz no es aburrido. Encuentra satisfacción con las cosas que hace y no exige que otra persona sea la fuente de su felicidad.

Un niño feliz es como un carro de carreras: sólo hace paradas estratégicas con los padres para abastecerse. Cuanto más saludables son los hijos, más exploran el mundo a una velocidad adecuada en el sitio en que corren, y menos dificultades ocasionan en la carrera.

Capítulo 4

Situaciones críticas

Cuando los padres están muy ocupados con el trabajo y las obligaciones cotidianas, suelen perder el hilo de la cuestión educativa y se sorprenden con las reacciones inesperadas de los hijos, que pueden empezar de manera insignificante y terminar catastróficamente.

Las situaciones críticas son grandes dificultades que pueden surgir en un breve periodo.

En realidad, se producen varias situaciones pequeñas que se van desarrollando y transformando en dificultades. La familia se adapta y las absorbe por la inercia de la convivencia cotidiana. Como sucede en cualquier parte, los problemas que nada más se disfrazan y no se resuelven, se acumulan debajo del tapete de la rutina.

Y todo lo que se acumula termina por derramarse un día. Es la famosa gota que derrama el vaso. Lo que sale del vaso no es solamente la gota final, sino toda el agua que ha sido acumulada hasta entonces.

Algo así sucede en una familia. El alumno no es reprobado en el último examen del año: desde los primeros exámenes, el hijito inteligente y consentido va retrasando el estudio para los últimos instantes y acaba mal. Repite ese mismo esquema en otros exámenes y, al fin del año, ya no tiene tiempo de recuperarse. Lo mismo sucede con los primeros "no" que el mismo hijito travieso no escucha. Después no hace caso de lo que le piden. Se gana un sobrenombre, velada o abiertamente, y se va acostumbrando a él: "A fin de cuentas, es un perezoso, no sirve para nada."

Esa pereza es la semilla de la delincuencia.

Las dificultades pueden resolverse fácilmente cuando son pequeñas. Resolverlas es necesario para que una familia viva feliz. Mientras tanto, cualesquiera que sean las situaciones críticas, siempre existe una manera diferente de enfrentarlas para buscar la mejor solución.

La llegada de un hermano

Los niños tienen que participar en la llegada de un hermano. El nacimiento de un niño en una familia que ya tiene hijos es un acontecimiento familiar y no sólo para la pareja. Toda la dinámica familiar se verá alterada.

Aunque los padres no digan que un hermano está en camino, el hijo siente que hay algo diferente en el aire. Cuando percibe una cosa que es real, pero los padres no la confirman (aunque lo hagan para protegerlo), esa actitud puede tener consecuencias significativas para su desarrollo. Él puede poner en duda su percepción de la realidad o empezar a albergar fantasías que podrían generarle mucho más angustia de lo que la situación real causaría. Al ser hecho a un lado, en una aparente inocencia feliz, se siente traicionado y engañado.

Es mejor enfrentar la situación e ir ajustando las cosas con el tiempo. Una buena preparación antes del nacimiento alimenta el cariño por el hermano más adelante y disminuye la ansiedad en el momento de su llegada.

Todos los cambios deben ser hechos, de preferencia, antes de la llegada del bebé. Por ejemplo, dejar el chupón, cambiar de cuna o de cuarto, empezar a ir a la escuela. Así, el hijo mayor no los asociará con el nuevo bebé. No piensa: "Tuve que abandonar mi reinado por culpa de otro...", si el primer hijo fuera muy pequeño para tales cambios, debe esperarse a que ya se haya adaptado a la llegada de su hermano para empezar a hacerlos, aunque se pase un poco de la edad habitual para las nuevas conquistas.

Los comentarios habituales no ayudan en nada: "Como ya eres un niño grande no necesitas chupón. En cambio, ¡mira qué chiquito es tu hermanito!"

El hermano mayor no debe perder sus hábitos por la llegada del bebé, a menos que perjudiquen al nuevo integrante de la familia.

Una buena forma de facilitar la aceptación del nuevo bebé es decirle al hermano mayor que los regalos que los padres compraron fueron enviados por el hermano que acaba de nacer. No se trata de conquistarlo con regalos, sino de que el hermano asocie de manera concreta que el bebé trae buenas cosas para él también, porque las pérdidas le quedarán claras muy rápido, por ejemplo, cuando la atención de los padres se divida entre ambos.

Si se siente seguro en su territorio, el hermano más grande no hostilizará al más joven ni lo verá como una amenaza.

Los padres pueden enseñar al hermano mayor a cargar al pequeño, mostrándole los cuidados que debe tener, recordando siempre que los niños no tienen el sentido común de los adultos para saber cómo actuar ante la fragilidad de los bebés. Es importante, sin embargo, que ayude un poco a cuidar a su hermano menor. Se le puede pedir que colabore en cosas en las que realmente pueda como abrir y cerrar el tarro de la pomada, lavar los pies al bebé, ponerle crema en las pompis. Si se pide su apoyo para cosas más complicadas, los padres pueden mostrar cierta insatisfacción y excluirlo diciéndole: "Mejor déjalo, yo lo hago", lo que sería muy feo para quien está aprendiendo a ser hermano.

Los problemas, en general, surgen cuando el bebé crece un poco, empieza a moverse solo y a coger las cosas del mayor

Los padres deben recordar al hermano mayor que sabe cosas que el más pequeño no aprende todavía, y los tres juntos, el padre, la madre y el hijo mayor, deben encontrar la forma de que el pequeño deje de hacerlo.

Cada hijo es único

El gran sueño de los padres es que los hijos sean felices y estén unidos como uña y carne. Muchos creen que ese sueño puede realizarse si no privan a ninguno de nada; se sienten obligados a darle a un hijo todo lo que le dan a otro.

Sin embargo, a nadie le gusta ser exactamente igual a los demás. Para señalar las diferencias, los hermanos empezarán a pelear con uñas y dientes.

También es importante saber que no todo lo que pasó con el primer hijo pasará con el segundo; es decir, lo que funcionó con el mayor no siempre funcionará con el menor.

Aunque hayan nacido de los mismos padres los hijos nunca son iguales; además de las diferencias genéticas, físicas y de cromosomas, la disponibilidad de la pareja y la disposición de la familia son diferentes y varían según la edad y las etapas de la vida.

Cada uno de los hijos debe ser tratado como si fuera hijo único.

Los padres facilitan mucho la convivencia entre los hermanos cuando logran resistirse a la tentación de compararlos. En general, la comparación es lamentable. Uno siempre sale ganando y los otros perdiendo. Los elogios serán bienvenidos para algunos hijos, si no hacen sentir mal a los demás.

Es común que los padres comenten: "No sé por qué ese hijo me da tantos problemas, si tuvo la misma educación que los demás." Generalmente, esos padres se quedan confundidos, pues les parece que hicieron todo correctamente y sin buenos resultados.

La base de ese razonamiento es errónea; el primer hijo no tuvo un hermano mayor ni el segundo es el mayor. En una familia con tres hijos, el de en medio es único porque no es el mayor ni el más pequeño. Cada hijo tiene una manera distinta de ver el mundo y de estar en él.

Tan sólo eso es suficiente para descartar cualquier teoría sobre la justicia, basada en una igualdad de condiciones propuesta por los padres.

El hijo único

Hoy día hay más de siete millones de hijos únicos en Brasil. Por eso, la dinámica interna de las familias brasileñas ha cambiado mucho. Los padres que trabajan ya no conviven tanto tiempo con el hijo y en los momentos que están juntos quieren darle gusto. "Pasamos tanto tiempo alejados que, cuando estamos juntos, ¿vamos a regañarlo?" Es el pensamiento de *compensación* de la mayoría de los padres que, así se vuelven más recreativos que educativos.

Lo que el hijo único recibe solo —lo bueno y lo malo— se repartiría normalmente entre todos los hermanos, en el caso de que existieran. Esa situación se amplifica cuando el hijo único es también el nieto único de cuatro abuelos vivos.

En esos casos, podrían surgir muchas dificultades: el niño puede volverse demasiado mimado y dependiente, transformarse en el centro de las atenciones, querer todo para sí, pensar que los demás están ahí para servirlo, querer comer solamente comida chatarra, no establecer rutinas de ningún tipo, ser incapaz de superar dificultades solo, llorar, gritar, agredir, hacer berrinches si no obtiene lo que quiere, actuar impulsivamente, querer tener siempre razón, entre muchas otras actitudes no gratas.

Aunque los padres tengan mucho dinero no deben dar a ese hijo, único o no, una mesada demasiado generosa. Lo que los padres dan a los hijos debe estar en concordancia con las necesidades de cada uno y no del poder económico de los padres.

Darle al hijo dinero en vez de diálogo, convivencia y compañía diaria puede satisfacerlo de momento, pero no alimenta la relación con los padres ni la autoestima. Los padres pueden actuar así por culpa o por el placer de dar lo que quieren y pueden, pero deben ser conscientes del daño que hacen al desarrollo de su hijo, ya que así valoran el "tener" en detrimento del "ser".

Es mucho más fácil dar dinero que educar, y la sonrisa feliz de un niño no se compra...

Dos adultos que trabajan para dar todo a un hijo único pueden con facilidad exagerar, comprometiendo así la educación del niño. No hay nada que gratifique más a los padres que causar en su hijo una sonrisa de satisfacción. Así tienen la impresión de hacerlo feliz, pero un niño que a diario es inundado de regalos difícilmente podrá ser feliz, al contrario de lo que parece, porque no está siendo atendido en lo que necesita.

El niño podría sufrir una "sobrealimentación" de regalos. Se queda estimulado por un hambre de juguetes en esa edad y, más adelante, sentirá hambre de otras cosas. Y la exageración no se limita a los bienes materiales.

Además de los asuntos relacionados con el dinero, el exceso de disponibilidad de los padres también es perjudicial. Aunque un padre tenga todo el tiempo del mundo, no debe quedarse pegado a su hijo. Para crecer, el niño necesita un espacio y un tiempo sólo para él. Es muy bueno que los padres puedan propiciar que su hijo conviva con otros niños: primos, vecinos, o incluso amiguitos de la escuela o del club. Esa convivencia favorece una formación más saludable, ya que un grupo de pares, practicará sus habilidades de convivencia y sociabilidad.

Niños hiperactivos

Muchos niños y adolescentes mal educados están tomando clorhidrato de metilfenidato (Ritalin), medicamento que se destina al tratamiento del trastorno del déficit de atención e hiperactividad (TDAH). Se trata de una disfunción psiconeurológica que causa dificultades de concentración, "vivir en la luna" (déficit de atención), "no quedare quieto" (hiperactividad). Descrito apenas hace pocos años, este trastorno fue por mucho tiempo mal conocido y tratado.

Ahora, en cambio, existen exageraciones y confusiones sobre el problema. El Ritalin[19] no actúa en los niños mal educados. Aun

---

[19] Para saber más sobre el tema, véase *Mentes inquietas*, de Ana Beatriz B. Silva, São Paulo, Gente, 2004 (N. del E.)

así, diagnósticos apresurados y erróneos han hecho que personas mal educadas continúen cómodamente mal educadas con el pretexto de que sufren los efectos del TDAH. El hecho de ser consideradas "diferentes" facilita la aceptación de su comportamiento inadecuado. Pero antes de que los padres definan si su hijo es sólo un mal educado o si padece el TDAH, es importante que consulten a un médico y reciban la orientación correcta.

Tanto el que sufre el TDAH como el mal educado son irritables por falta de capacidad de espera; y la espera se desarrolla con ejercicio, ambos tipos de persona son inestables a veces están bien, y otras mal.

El paciente con TDAH suele ser impulsivo por su falta de capacidad para controlarse, siempre intenta hacer cosas diferentes de las que se le piden y sólo consigue mantenerse concentrado en un asunto cuando está emocionalmente cerca y se interesa en él.

Los jóvenes con ese disturbio también pueden ser agresivos. En vez de reaccionar adecuadamente, es más fácil para ellos liberar la agresión, uno de los primeros mecanismos de defensa del ser humano.

A continuación presentamos algunos de los principales síntomas del paciente con TDAH:

- se distrae con "pensamientos internos" y comete muchos errores por pura distracción;
- responde antes de que se le haya terminado de formular la pregunta;
- no lee la pregunta hasta el final;
- se olvida de las cosas en general: asuntos de la escuela, recados, lo estudiado el día anterior, entre otros;
- no espera a que lo llamen cuando es su turno;
- interrumpe a los demás cuando hablan;
- actúa antes de pensar;
- se desanima con facilidad;
- suele obtener bajas calificaciones, a pesar de ser inteligente;
- habla mucho, de manera coordinada o no, de un asunto y luego de otro, casi sin oír a los demás, lo que le hace perder el tema inicial de la conversación;

- permanece por mucho tiempo conectado a lo que le interesa y se desconecta de lo que no le interesa;
- se levanta varias veces en el transcurso de una comida;
- hace dos o tres actividades al mismo tiempo;
- tiene dos o tres pensamientos al mismo tiempo;
- se le pasa tamborileando con los dedos de las manos;
- apenas se sienta empieza a mover las piernas;
- aunque esté dormido, tiene las "piernas inquietas";
- se despierta en la cama al revés con las sábanas revueltas;
- se despierta eufórico, queriendo resolver "todo" ese día, pero acaba derrotado por la flojera;
- intenta poner en práctica una idea, hace proyectos descabellados, pero desiste después ante los primeros obstáculos porque no soporta frustraciones ni decepciones, el entusiasmo es pasajero y breve;
- aunque son generalmente inteligentes, los perjudica su desgaste;
- presentan el fenómeno del hiperfoco o concentración exagerada en un solo asunto (aislándose del mundo hasta el extremo de no oír cuando los demás los llaman).

* * *

Mientras mayor sea el número de estos síntomas, más probable es la presencia del TDAH. Muchos de estos signos pueden aparecer en los niños mal educados de manera aislada o en conjunto.

Sin embargo, existen diferencias notables entre un paciente con TDAH y alguien mal educado. El paciente con TDAH continúa agitado durante las situaciones nuevas; es decir, no logra controlar sus síntomas. En cambio, el mal educado estudia bien el terreno primero, y luego manipula las situaciones, tratando de obtener ventajas sobre los demás.

Niños mal educados

Es muy importante diferenciar entre los niños hiperactivos y los mal educados. La diferencia más evidente entre ellos es que el niño hiperactivo no puede controlar su hiperactividad. El mal educado se altera solamente cuando alguien lo incomoda o cuando quiere algún "regalo" y está completamente tranquilo cuando está solo. Otro signo importante que presenta el hiperactivo es el hiperfoco: el niño se concentra por mucho tiempo en lo que le gusta, a pesar de estar agitado. Generalmente los niños mal educados, en cambio, se cansan fácilmente en todas las actividades.

Sin embargo, hay conductas tan parecidas entre ambos que es necesaria la ayuda de un profesional especializado para diferenciarlas.

Los porqués interminables

¿Cuando los niños preguntan es porque quieren saber algo? ¡No siempre! Por tanto, es importante que la madre o el padre expliquen cuando les sea posible, pero si las preguntas siguen, una de dos, o los padres no explican bien o están respondiendo sólo con palabras, cuando deberían actuar.

Uno de los motivos de las preguntas infinitas es que el hijo se da cuenta de que va a conseguir lo que quiere, siempre que ignore las respuestas y siga preguntando: "¿por qué?"

Preguntar es ya una acción. Poco importa la respuesta. Los ojos tienen una expresión irritada, no de curiosidad. La intención es vencer al adulto mediante el cansancio: "Te voy a cansar hasta que dejes que yo haga lo que quiero", piensa el niño. Se instala entonces un escenario de esgrima. La madre siente que no fue "tocada" y persiste en el diálogo.

Si el hijo habla no sirve de nada responder sólo con palabras, es necesario que el educador actúe, aunque hable al mismo tiempo.

Una acción que funciona bastante bien es que el educador diga: "Hijo, sólo tienes derecho a una pregunta más." Deténgase, escuche, mire, piense y responda. Después dése la vuelta y váyase, dando por terminado el asunto. La salida del educador es, así, una acción que dice: "¡Basta! ¡Ya no voy a escucharte!" Si el educador-padre sigue en el mismo lugar, continuará escuchando la palabrería del hijo; salirse del cuarto significa taparse los oídos.

Una acción se responde con una acción; las palabras con palabras.

En general, algunos padres no logran establecer los límites necesarios para una buena educación. Tal vez porque, en el fondo, quieren decir "sí". En ese caso el "no" equivale a un: "Insiste más y lo conseguirás." Es un "no" parecido al de la novia que, sin salir del cuarto, se lo dice al novio cuando él intenta traspasar los límites. Es un "no" que quiere decir: "Avanza."

Contrariar adecuadamente a un niño no lo hace infeliz, establece límites necesarios para vivir bien.

Los berrinches afectivos

La madre se niega a cumplir un deseo del hijo y éste protesta, grita, arma un escándalo: ¡Un berrinche!, que surge con el propósito específico de rebelarse contra una orden, sin importar si es justa o injusta, con la finalidad de sacar una ventaja personal: se trata de una manifestación de autoafirmación inadecuada.

El berrinche por cosas materiales (querer más y más juguetes) y el berrinche conductual (querer divertirse más y más) y el método para resolverlo, que es darles una pequeña sacudida, pueden encontrarse en otras obras mías. Pero también existe el *berrinche afectivo*, que se da cuando una persona se niega a complacer a otra, aunque la quiera. Forma parte del desarrollo del niño. Sus signos son muy claros para la persona a quien está dirigida aunque otros no puedan percibirlos. En esos momentos el niño no acepta el cariño ni extiende los brazos para que se le cargue, y todo ello acompañado del rompimiento de la comunicación verbal y visual.

Las personas se preocupan con eso porque ignoran el funcionamiento fisiológico del niño que practica ese berrinche. Sin importar quién sea el que ame mucho al bebé (abuelos, padrinos, amigos cercanos, parientes), él puede desconocer a esa persona en un determinado momento porque todavía no la ha identificado, y su reacción de desconocimiento es natural. El adulto se acuerda del bebé, pero éste no tiene la madurez suficiente todavía. Por ejemplo, basta con que el papá se ausente por unos días para que el bebé no lo reconozca. Eso no significa que no ame al papá: es sólo que se encuentra en esa etapa de desarrollo en que no se muestra aún su capacidad de memorización.

Con la convivencia, después de días o de horas, una persona va siendo más y más conocida para el bebé y él muestra a qué distancia debe permanecer. Al principio, el bebé nada más la mira, después empieza a sonreírle cuando le hace mimos. *La risa significa aprobación.* Muchos bebés, incluso, aceptan jugar, pero eso no significa que acepten que esa persona los cargue.

Los adultos no deben entorpecer ese saludable desarrollo que se lleva a cabo y no deben quejarse ni desesperarse, sino realizar una aproximación lenta y gradual a esa personita que está en el mundo desde hace tan poco tiempo.

La seguridad y la firmeza de los padres le dan confianza al niño para que se quede en la escuela.

En la puerta de la escuela, los primeros días, el hijo puede tener problemas y hacer un berrinche afectivo. Es muy importante que sienta que los padres confían en la escuela y que lo están dejando con personas que pueden cuidarlo bien. Por tanto, es fundamental que los padres conozcan bien las instalaciones y a los profesionales que se encargarán del pequeño; pues la sensación de confianza de los papás será percibida por el hijo.

Si para los adultos la separación es difícil para el pequeño lo es aún más porque aún no desarrolla la noción del tiempo para comprender que el distanciamiento es transitorio. No sabe cómo defenderse y necesita los cuidados de personas que no conoce.

La ansiedad de la separación se apodera del niño que quiere quedarse con quienes conoce; puede manifestar sus sentimientos a través de berrinches o de comportamientos que dificultan o impiden la salida de los padres a su trabajo, por ejemplo. Pero por más que la ansiedad exista tiene que ser superada para que el niño logre avanzar en su desarrollo afectivo y emocional.

En muchos casos, el niño es considerado un mañoso, pero ya es un berrinchudo, que llora a mares para subvertir el orden establecido. Las lágrimas enternecen a cualquier padre o madre y despiertan un sentimiento de culpa que puede entorpecer la razón y quebrantar el límite que debe ser impuesto.

Los padres pueden mirar a su hijito a los ojos y explicarle tranquila y firmemente que, si pudieran, se quedarían con él, pero que tienen que ir a trabajar. De lo contrario, la duda de los padres genera inseguridad en el hijo y puede crearle la sensación de que logrará convencerlos de quedarse con él.

Los padres no deben prometer llevar juguetes, dulces o muñequitos de regreso a casa.

Es saludable que el niño sienta que la separación no mata a nadie y que empiece a construir en su interior la noción de responsabilidad y de independencia afectiva, por pequeño que sea.

Lágrimas de cocodrilo

Hay dos tipos de llanto: el que expresa dolor y el que busca poder. Si el hijo descubre que puede usar el llanto como fuente de poder, los padres están perdidos. Nunca más sabrán si llora por dolor o por deseo de poder.

Una telenovela mostró muy bien ese truco. El niño se quedaba vigilando la puerta para ver cuando el adulto iba a entrar al cuarto y entonces, empezaba a llorar, era un llanto de poder; necesitaba de los ojos y de los oídos de aquel a quien quería dominar. El niño, en ese caso, llora con un llanto agudo, escandaloso, para conmover a su público-presa.

Como es ingenuo, el niño que usa el llanto como herramienta de poder se detiene apenas consigue lo que busca. De ahí la importancia de que los padres estén atentos para no ser manipulados.

* * *

En París, en el aeropuerto Charles de Gaulle, vi a un niño de casi cuatro años llorando escandalosamente junto a su madre. Su hermana, de tres, estaba tranquila, sentada sobre las maletas en el carrito. El padre esperaba cerca, junto a la banda corrediza, el equipaje. La madre, entonces, quitó a la niña de encima de las maletas y puso al niño en su lugar. Inmediatamente, él dejó de llorar, mientras ella empezó a berrear. Descubrí que el pequeño la miraba con un aire de vencedor, lo que aumentaba el llanto de ella. Cuando llegó el padre regañó a ambos, pero nada cambió. La competencia continuó hasta que la madre puso en el piso a las dos criaturas que salieron del aeropuerto lloriqueando.

* * *

Una escena que ocurrió en otro país, con personas de otra cultura, supongo que argelinas, muestra que el mecanismo del llanto/poder es universal. La situación podría, claro está, haber sucedido en cualquier otra parte del mundo. Ese tipo de llanto crea la impresión de que el "pobre niño" sufre y, por tanto, inspira ternura. Es el dominio por medio del chantaje afectivo.

Es difícil neutralizar el uso del llanto como arma. El padre y la madre tienen que entender que un poco de dolor no matará al niño, así como un poco de poder no matará a los padres. Sólo hay una forma de acercarse al equilibrio: acertando y equivocándose.

La inseguridad paterna o materna hace que los hijos se sientan como en el asiento trasero de un automóvil cuyo chofer pregunta todo el tiempo si está bien la velocidad, si debe dar vuelta a la izquierda o a la derecha, si rebasa a otros autos o no...

Los padres demasiado solícitos terminan por no diseñar un trayecto adecuado y seguro, y el niño se vuelve inseguro y les pierde la confianza.

Evitar la mentira

Los padres se han alejado cada vez más de sus hijos que, a su vez, están metidos en escuelitas desde los dos años de edad. Así, los hijos tienen otras fuentes de convivencia y también aprenden de ellas, no solamente de los padres.

Además de estar físicamente lejos, cada vez se conoce menos a la persona con la que se convive. Los padres, por lo general, no conocen las actividades de los hijos, excepto por los reportes de la escuela y lo que les cuentan las personas que se quedan con ellos.

Es importante que los padres encuentren una forma de disminuir esta distancia. Como dice el refrán popular: "Si repites una mentira muchas veces, se convierte en verdad."

Al hijo le basta responder siempre de la misma manera a las preguntas de sus padres, y después enojarse y gritar, y hasta ofenderse: "¡Ya te dije lo que pasó...!", los padres se quedan apenados por haber insistido y, sin saberlo, acaban recurriendo a una mentira más grande: "¡Mi hijo no dice mentiras!", y se lanzan a defenderlo ciegamente.

En una investigación reciente, realizada en escuelas públicas, se descubrió que 25 por ciento de las agresiones recibidas por profesores provenían de padres de los alumnos. Además de los problemas que esto implica, esos padres creyeron ciegamente lo que sus hijos les contaron, y luego fueron a agredir a los profesores, o sea, los padres se transformaron en armas de los alumnos contra los profesores.

Por tanto, actualmente es necesario investigar a fondo lo que el hijo dice. Desconfiados o no, los padres no deben ser engañados como si fueran unos crédulos. Hay que saber la verdad, aunque para eso sea necesario un careo, un trabajo detectivesco o lo que se necesite.

La mentira voluntaria es una de las primeras defensas que se presentan contra las transgresiones mayores. Para esconder un problema grave, el mentiroso usa un recurso que es también problemático.

La mentira puede ser contagiosa. Los padres que mienten, inocentemente o no, autorizan la mentira en casa. Vale la pena insistir en que muchos padres necesitan educarse para ser educadores.

¡Qué desorden!

¿Qué hacer cuando la madre trabajadora regresa a casa después de una jornada pesada y encuentra un caos? Cuando llega a casa después de un día de trabajo, la madre, con o sin marido, *no* debe arreglar el desorden que causaron los hijos. Si ya son autosuficientes como para quedarse solos en la casa, también deben serlo para cuidarla; por tanto, la mujer integrada debe educar a sus hijos para que ordenen el hogar.

Cada vez que la madre arregla el tiradero de sus hijos —si ellos están en edad de hacerlo—, está postergando su maduración. Si crecen con esos hábitos, tal vez les parezca que la función de la mujer es arreglar la casa, perpetuando el machismo. Esa amable ayuda a los hijos, en lugar de beneficiarlos los perjudica en la casa y, en el futuro, en la sociedad.

La madre trabajadora ya cumple con su parte trabajando fuera de casa. Dentro de ella, su tarea es educar a sus hijos, pero no ser su sirvienta. Cuando la madre se pone a arreglar frenéticamente la casa, los hijos se vuelven holgazanes y creen que ella está cumpliendo sus obligaciones. En una educación integrada todos deben participar en las labores domésticas, incluso los hijos.

Si los hijos nunca han ayudado en nada, es hora de que los padres acuerden que, de ahí en adelante, la casa tendrá que estar arreglada antes de que el padre y la madre lleguen del trabajo. En caso de que haya desorden, los hijos deben arreglarlo inmediatamente, antes de la comida. No sirve de nada dejarlos sin cenar como castigo. Lo importante es que ellos asuman sus obligaciones. Por tanto comerán cuando arreglen su desorden. Es el principio de la consecuencia. Cuando cumplan sus tareas, podrán comer.

¡Cuántas peleas!

Los hermanos discuten, entran en conflicto y no es raro que empiecen a pelear. La confrontación física no debe permitirse de ninguna manera, pues puede generar violencia. Hay niños que no se calman hasta que no llegan a la agresión física, ellos necesitan contención. El padre, la madre o cualquier adulto cercano deben intervenir. Los padres deben separar a los peleoneros diciéndoles en voz alta y de buen modo: "No se admiten peleas." Mientras tanto, es importante señalar que no es por medio de la violencia que los padres pondrán un alto a la violencia entre los hijos: así, los manazos, coscorrones o cualquier tipo de agresión física están descartados. Con el ánimo sereno, los padres deben proponer actividades en común para los hermanos, en las que cada uno realiza una parte, durante ellas pueden pensar en lo que pasó y enfrentar las consecuencias de la pelea: estudiar en el mismo cuarto, lavar y enjuagar la vajilla, ver la televisión en la sala con la familia. No sirve de nada aislar al agresor en el cuarto. ¿Qué correlación hará entonces entre el tipo de castigo que está sufriendo y los problemas que ocasionó?

Si la pelea ocasionó heridas, el agresor debe ayudar a curar al herido.

Si la pelea fue con los hijos de otras personas debe informarse antes de tomar cualquier iniciativa, para no quedar en ridículo al haber creído en una versión mentirosa del propio hijo.

* * *

Con risas y muecas un niño que estaba en la mesa de un restaurante empezó a jugar con otro sentado en una mesa cercana; de pronto, uno de ellos no aguantó el juego y se quejó con su madre de que el otro le enseñaba la lengua. La madre se levantó inmediatamente y como una bala llegó a la otra mesa a pedir explicaciones. Apuntando con el dedo al niño, en medio de los demás adultos de la mesa, le gritó: "¿Por qué le estás enseñando la lengua a mi hijo?", todos se quedaron paralizados ante la insólita situación.

* * *

¿Qué fue lo que este niño aprendió al instigar a su madre contra otras personas? Esa madre, ¿acaso está haciendo feliz a su hijo? ¿Cómo alguien puede ser feliz acusando a los demás? Ante el más pequeño disgusto, ¿se saca un arma contra la persona con la que se está jugando?

Nadie puede ser feliz actuando así. Lo que el niño consigue es la satisfacción inmediata de su disgusto, pero para eso dependió de su madre. Un niño feliz es aquel que logra cumplir sus deseos sin depender de nadie. La felicidad no puede depender de los demás, de bienes materiales, ni de drogas.

La felicidad es estar feliz con lo que se tiene, con quien se está.

Los niños no son indiferentes unos a los otros. Se hablan, se tocan, se provocan, se agreden.[20] Por ejemplo, un hijo se queja de que su amigo de la escuela le pegó. Su madre va corriendo a hablar con la maestra. Quiere que el otro niño sufra. ¿Pero quién le asegura que no fue su propio hijo el que empezó?

En general, la que pide una satisfacción es la madre. Pero la verdadera educación consiste en saber lo que sucedió, para descubrir si el hijo dice la verdad o no, y no creer ingenuamente en sus palabras y ser usado como un instrumento de los deseos del niño, no siempre válidos.

A veces, el niño cuenta una versión que no es una mentira, sino la manera en que él vivió la situación. Mientras más pequeño

---

[20] ¿Y el hijo único? Él no sigue estos patrones. A veces, tiene más problemas en los juegos porque tiene menos ocasiones de convivir con otros niños. No entiende que las ventajas y las desventajas, ganar y perder, siempre son intercambiables.

sea, su visión será más egocéntrica y unilateral, y menos podrá visualizar el otro lado de la situación. Si los padres se dan cuenta de que el niño no mintió, sino que sólo vio un lado de la situación, ésa puede ser una buena oportunidad para platicar sobre lo sucedido, ayudándolo a madurar para aprender a ver las dos caras de la moneda.

Pequeños delitos

Estábamos una familia y yo en la fila para entrar a un juego en un parque de diversiones en Estados Unidos. Frente a mí había una pareja con dos hijos, de siete y nueve años aproximadamente. El niño mayor estaba quieto en su lugar. Pero el más chico, a quien llamaré José, no dejaba de moverse; se colgaba de un cordón del pasillo, como si fuera un columpio, golpeando a las personas de la fila.

Cuando se me acercó y me empujó le dirigí esa mirada dura, de reprobación, como diciéndole: "¡No vas a hacer eso conmigo!", entonces, José empezó a protegerme de su inadecuado y grosero comportamiento. Se columpiaba en todas direcciones, menos en la mía.

Su madre, con cara de desánimo, dio un codazo al padre, que entonces dijo al niño: "¡Si sigues portándote así, nunca más volveré a traerte a Disneylandia!", y no pasó nada porque regresar o no a Disneylandia era un problema futuro: significaba que si al niño, incluso, no le interesara volver, podría seguir haciendo lo que se le antojara, por más grosero que fuera. Se quejaba, pero no le dolía la pérdida de lo que todavía no era real.

En ese instante, no era mi papel actuar como un terapeuta inoportuno, sin embargo, no pude permitir que ese invasor fastidiara mis vacaciones. Entonces, le puse un límite con los ojos: no te acerques aquí.

¿Por qué José me respetó si no respetaba ni a su propio padre? Probablemente porque su padre perdió su autoridad educativa; no le puso límites necesarios de conducta, arrastrado por su permisividad amorosa.

Y todos sufren con el comportamiento del niño. Es imposible no sufrir. La mamá, por la sensación de impotencia; el papá, por verse desautorizado al permitir que no se haga caso a lo que dice; y José por quedar insatisfecho, y por lo tanto infeliz, a pesar de haber hecho todo lo que quería. Y todos los demás, por las molestias padecidas ante una situación que nadie podía controlar.

* * *

Hay muchos casos de niños pequeños que no obedecen a los padres. Pero basta con que los adultos recuperen la autoridad inherente a su función de educadores para que sus hijos mejoren.

¿Cómo habrá sido educado José hasta ese momento? Sabía bien que para él no existían límites. Todo lo que se le negaba de manera verbal se le permitía en los hechos, aunque molestara a todos.

Quien no se sabe comportar en una fila no posee una noción del contexto ni de las reglas sociales. Una de las mayores muestras de salud social es el mimetismo relacional. Sin perder nuestra personalidad, cambiamos de "color" según el ambiente. El que impone su voluntad egoísta sobre las reglas específicas de un contexto determinado (una fila, por ejemplo), no tiene educación social, porque impone su propia voluntad por encima de las reglas sociales.

El chico le faltó al respeto al espacio, a las personas, a las jerarquías. Actúa y reacciona como un animal (véase la primera parte, capítulo 4, de esta obra). Hace lo que le da placer. Externamente, no se puede contar con él, e internamente está tan desorganizado que no puede cumplir con su obligación: estudiar las materias que no le gustan o cumplir con tareas rutinarias. No puede realizar ninguna actividad que le exija una mayor dedicación o esfuerzo.

Tal vez el padre lo haya amenazado con no llevarlo nunca más a Disneylandia, para mostrar a los demás que estaba haciendo algo, cumpliendo de alguna manera lo que se espera de él. Una amenaza que José ni siquiera oyó y que, por tanto, no tuvo ningún resultado positivo.

Consecuencias en lugar de castigos

Nadie arregla la computadora con un martillo. De la misma forma, los castigos son una herramienta obsoleta de la educación. Los padres y los educadores tienen que actualizar sus recursos educativos e incluirlos en su estrategia; actitudes tomadas del pasado, como palizas, castigos emocionales, encierros en el cuarto, etcétera, son como usar el martillo para arreglar la computadora. En vez de ayudar, perjudican.

Quien siempre obtuvo ganancias de sus faltas o de su pereza necesita no recibir lo mismo y, en cambio, ganar mucho más con una nueva manera de ser. Se pueden tomar varias medidas, mi sugerencia es, por ejemplo, establecer que José no disfrute del juego en cuya fila de entrada está. "Te vas a quedar aquí afuera hasta que salgamos"; o sea, nada de jugar a las consecuencias en un dudoso futuro. Él tiene que entender que no disfrutar del juego es un asunto de su exclusiva responsabilidad. Es decir, que entrar o no al juego depende de su comportamiento, es una consecuencia del mismo y no un castigo.

La condición incluye que José espere a su familia a la salida del juego. Si él no estuviera en el sitio designado, también perderá el derecho a entrar en el siguiente juego, y así sucesivamente.

En caso de que esté muy pequeño para quedarse solo, uno de los dos padres tendrá que permanecer para cuidarlo sin que ese momento se convierta en una convivencia agradable. El niño debe sentirse perjudicado por la manera en que se comportó, y no debe obtener ninguna ganancia, ni tampoco —¡cuidado!— la exclusividad de uno de los padres en esa situación debe ser una ventaja. Por tanto, nada de pláticas ni explicaciones. Si el niño llegara a perderse tres juegos, no podrá salir con su familia el día siguiente. El chico debe quedarse en el hotel o donde quiera que se hospeden. No hay por qué sacrificar a toda la familia por causa del mal comportamiento de un miembro. Y si se portara mal en el hotel, deberá quedarse en la habitación hasta que entienda que fue el causante de las complicaciones de su familia. La próxima vez, respetará a sus padres.

Es natural que los niños intenten, de varias maneras, recuperar lo que han perdido por medio del llanto, la depresión, la agresión, los malos modos, el mal humor, puntapiés, enojo. Tienen derecho de reaccionar y los padres deben decir: "Entiendo que estés triste y enojado, pero tu reacción no va a cambiar lo que decidimos, pues estás recibiendo lo que mereces." La medida educativa es hacer que el niño sienta la pérdida y los perjuicios que los malos comportamientos acarrean.

Si los padres establecieran consecuencias que terminan ignorando, característica de la educación del "sí" (véase la primera parte, capítulo 2, de esta obra); es decir, no soportan las presiones de los hijos, por lo tanto, ésos son padres de jalea. En ese caso, es natural que los hijos sean también tornillos de jalea, es decir, empiezan a portarse mal ante la primera situación difícil que atraviesan. José sería un ejemplo de un tornillo de jalea, pues no aguantó la presión de estar en una fila.

Una multa es una pérdida material.
La prisión, una pérdida de libertad.
El rechazo, una pérdida afectiva.

Cuando los padres han empleado todos los recursos y el hijo los rechazó uno a uno, queda una última y drástica medida: la de perder la libertad y la comodidad material. Eso significa usar el cuarto de baño como prisión para que el niño reflexione sobre lo que hizo.

Esa prisión domiciliaria tiene un sentido educativo. Por lo tanto, no debe ser acompañada de rabia, gritos ni violencia. Los motivos y los objetivos por los que un hijo es hecho preso deben ser explicados con firmeza, mirándolo a los ojos, para que pueda comprender y cambiar su conducta.

Un buen lugar para hacer esto es el cuarto de baño o cualquier otra habitación en la que no haya comodidad material ni condiciones para que el niño se distraiga. Así, él calma sus ánimos y reconsidera la situación.

El periodo ideal para una buena reflexión no debe pasar de cinco minutos, pues si fuera mayor, el niño puede dormirse o encontrar otra manera de hacer pasar el tiempo. Lo que no debe hacerse es dejarlo salir para que inmediatamente haga otra actividad. Lo que da valor a ese confinamiento es la conversación que se mantiene después con el hijo: más calmado, debe hablar sobre lo que pensó y no permanecer escuchando "más regaños" de los demás. Si no pensó en nada durante ese tiempo, regresa para volver a pasar por un rato de reflexión, para expresarse después.

Dependiendo de la edad del niño, es importante que los papás le ayuden a expresarse. Se trata de otro aprendizaje por el que debe pasar; no podemos esperar que un niño de cuatro años salga del cuarto de baño con un discurso claro sobre sus acciones.

Las pérdidas también deben ser progresivas y acumulativas. Si el niño empieza a gritar, a insultar, a decir malas palabras, a patear la puerta, la cuenta de los cinco minutos deberá recomenzar, otra vez desde cero.

La madre y el padre necesitan asumir su condición de educadores y hacer que su hijo entienda que se está portando de forma mal educada, grosera y antiética. En lugar de aplicar castigos de manera aleatoria, tienen que reformular su manera de enfrentar la situación por medio de conductas basadas en la coherencia, la constancia y la consecuencia, para conseguir resultados favorables de los hijos.

El padre que suelta insultos o arremete contra un hijo (con golpes, pellizcos o zapatazos) deja de apelar a lo mejor de sí mismo: los inagotables recursos del cerebro humano para lidiar con la persona que más quiere, su propio hijo.

Capítulo 5

Ayuda de terceros

Quedarse o no en casa con el niño es la gran y compleja disyuntiva femenina después del nacimiento, la sobrevivencia domina sobre la educación. Una gran parte de las mujeres obligadas a trabajar no se pueden quedar en casa cuidando a su(s) hijo(s) todo el día.

Si la madre y el padre trabajan, necesitan contar con la ayuda de terceros para cuidar de su hijo y velar por él, aunque se la pase durmiendo casi todo el día. Cuando empiece a gatear, a caminar y a descubrir el mundo, esos cuidados son más importantes. Quien cuida del niño puede ser una persona positiva para su educación o no; es importante evaluar si tiene cualidades educativas, y ser conscientes de que pasará mucho tiempo con el hijo.

Las niñeras, los abuelos, la escuela y la guardería son las opciones más comunes de apoyo a los padres.

Niñeras: la importancia de orientar bien

No es raro que un noticiero de televisión muestre videos grabados por padres en donde aparecen niñeras golpeando a niños pequeños, o que informe sobre niñeras que les dan a los niños medicinas para que se duerman. Esos casos despiertan rechazo en las mayoría de las personas y asustan a todos los padres y madres. Por desgracia, estas situaciones suceden, pero afortunadamente son excepciones. Existen niñeras pésimas, pero hay también niñeras profesionales, conscientes, dedicadas y amorosas.

Antes de contratar a una niñera es fundamental verificar sus referencias, platicando con los padres de los niños a los que antes cuidó. Es importante que pregunten todo lo que quieran saber y la observen atentamente, ya que muchas niñeras expresan por medio de su comportamiento lo que no hablan. Para la madre, elegir una niñera suele ser algo muy difícil, pues la niñera será la responsable de cuidar al niño, lo que es una función materna.

Muchas madres se sienten culpables al retomar su trabajo pues recuerdan que la niñera las está sustituyendo, lo que les puede incluso generar celos o miedo de que el niño se apegue demasiado a ella. Además, existe el miedo de que no lo cuide bien, no lo trate como debe o no lo estimule lo suficiente. Hoy día los padres saben que el bebé, además de ser bien cuidado, debe ser bien estimulado, porque eso es importante para su desarrollo.

* * *

Si la niñera es cuidadosa y amable, es natural que el niño se encariñe con ella, lo que es un signo de que el niño está bien cuidado durante la ausencia de su madre. Si el niño no se encariña, es indiferente a la niñera o incluso hostil, pueden ser signos de que ella no responde a las necesidades del niño y de la madre. Para la autoestima del niño, no es bueno que sea tratado sin el cariño y dedicación necesarios, y mucho menos que pase todo el día con una niñera indiferente.

Una buena niñera es la que establece buenas relaciones y, por su apego al niño, se convierte en una aliada de la familia.

Cuando la niñera es una aliada de la familia, aunque se enfrente con una situación imprevista, actúa en beneficio del niño, cuidándolo y protegiéndolo, pues lo coloca en primer lugar.

Si la niñera empieza a cuidar al niño cuando es bebé, su compromiso, por lo general, se da de manera natural, pero si se la contrata cuando los hijos son mayores, es importante que los padres favorezcan ese compromiso. Esto puede hacerse contándole un poco de la historia del niño desde su nacimiento, enseñándole fotos, platicando episodios importantes de su vida, para que el niño sea el centro de la atención, preocupación, protección y cuidados de la niñera. Esa actitud puede aplicarse a cualquier persona —familiar, empleada o amiga— que desempeñe el papel de cuidadora del niño.

Aunque el compromiso sea importante, la madre y el padre deben orientar a la niñera para que comprenda los límites de su participación en la familia. Ella puede, por ejemplo, hacerse a un lado en momentos familiares en los cuales su presencia no sea necesaria para que el niño disfrute la convivencia exclusiva con su familia. Para eso, basta con explicarle que no se trata de que la rechacen, sino que ellos necesitan de ese tiempo juntos.

La niñera necesita recibir orientación sobre la educación del niño. Por más experiencia que tenga, tiene que saber lo que los padres quieren para que haya coherencia entre las actitudes de ellos y la suya. Es preciso que los padres la orienten sobre el establecimiento de límites, explicándole cómo decir "no" y cómo actuar en el caso de los comportamientos considerados como inadecuados. Incluso sería bueno prestarle los libros que orientan a los mismos padres en la educación de sus hijos.

Es esencial que los padres le señalen a la niñera que su papel es muy importante en la educación del niño. Eso le hará sentirse valorada, al mismo tiempo que la hará responsable de informarse y prepararse para manejarse bien en su papel de educadora.

Muchos padres sienten que al dejar al hijo con la niñera están perdiendo el control de la rutina del niño, pero eso no tiene que suceder. La madre y el padre pueden encontrar maneras de ejercer ese control aunque no estén presentes y es necesario que lo hagan. Conforme la niñera contratada vaya ganando espacio y confianza, ganará también más autonomía en lo que respecta a la rutina del niño, pero siempre bajo la supervisión paterna y materna.

Cuando llegan a la casa después del trabajo es importante que los padres se informen sobre lo que sucedió en el transcurso del día. Cuando el hijo todavía es pequeño y no va a la escuela, una buena forma de observar su evolución es hacer un cuaderno o bitácora del niño donde la niñera deberá apuntar los periodos de sueño, el horario de sus comidas y almuerzos, los alimentos ingeridos, el funcionamiento de su intestino, entre otros; con el cuaderno y las conversaciones, los padres podrán hacer el seguimiento del niño, además de que la niñera se sentirá más segura, pues estará supervisada y bien orientada. Si la niñera no tuviera la paciencia necesaria para escribir el cuaderno ni para atender las peticiones de los padres, ¿tendrá la paciencia y el cariño necesarios para atender al bebé?

Cuando el niño sea mayor, los padres tienen que adoptar el hábito de preguntarle a la niñera lo que el hijo hizo o dejó de hacer. Eso no debe excluir la conversación entre padres e hijos sobre cómo transcurrió su día, pero sí complementarla. Hay que tener cuidado para que la plática con la niñera no se tiña de un tono que parezca "delatar" lo que el hijo hizo durante el día, pues eso coloca a la niñera en el puesto de hijo mayor de la casa y no de educadora propiamente dicha.

Cuando los hijos ven el diálogo entre los padres y la niñera, tienen la sensación de que se ocupan de ellos, aunque los padres no estén presentes todo el día. El niño, al tener la certeza de que cuidan de él, recibe así el amor y la preocupación de sus padres y, en general, no reclama tanto su atención.

Algunas niñeras que parecen incompetentes en realidad sólo están mal orientadas. Sin embargo, si los padres empiezan a sospechar que algo no anda bien, deben pensar seriamente en la posibilidad de cambiar de niñera.

Una de las maneras de saber cómo es la relación del hijo con la niñera es "espiarla" cuando esté con otras niñeras. Si ella abandona totalmente al niño para quedarse platicando alegremente con sus compañeras, ¡cuidado! El hijo puede estar jugando con otros niños, pegándoles chicles en la cabeza, corriendo hacia un sitio inadecuado y peligroso, jalando la falda de la niñera, lloriqueando porque ya se quiere ir, incluso recibiendo de ella ásperos regaños o pequeños golpes.

Televisión y videojuegos

Hay que tener cuidado con el uso de la televisión como niñera electrónica. Desde pequeños, los niños encienden solos la televisión y prestan mucha atención a los comerciales, que les llaman la atención porque son alegres, llenos de sonido, colores y movimiento, con escenarios, personas y objetos maravillosos. Sus mensajes; sin embargo, no siempre son apropiados para los niños. Entran por los ojos y los oídos y pasan a formar parte de los contenidos de su mente.

Mientras más tarde se introduzca la televisión en el mundo del niño, mejor. Es tremendo ver a niños pequeños, todavía en pañales, tratando de imitar el contoneo de las bailarinas. Si los niños imitan el baile, ¿no imitarán también la violencia? Las imágenes que se introducen en el ambiente familiar llegan a ser naturales, a hacerse costumbre: es importante tomar en cuenta esto en la educación.

Si la televisión forma parte significativa del universo familiar, lo ideal para los pequeños es que vean programas educativos, propios para ellos, porque usan un lenguaje sencillo y la cantidad y el tipo de estímulos están controlados; pero aun con esos programas, la televisión nunca debe sustituir los momentos de convivencia familiar, o con otros niños, o actividades más saludables, al aire libre, por ejemplo. Los programas educativos pueden ser una buena opción en los días lluviosos o de mucho frío, recordando siempre que serán mejor aprovechados si son vistos en compañía de un adulto que interactúe con el niño, comentando las escenas y preguntándole que le parecen.

Un problema que puede resultar más serio que el de la televisión es el de los videojuegos, sobre todo si son introducidos muy temprano en la vida del niño. Y lo peor es cuando entra en contacto con esos juegos que estimulan la violencia al "contar puntos" por matar a los demás. Lo ideal es postergar esos juegos lo máximo posible.

Los niños de más de cuatro años, cuando son saludables, sabrán diferenciar la realidad de la televisión y de los juegos de su mundo: su familia, la escuela; los más chicos, en general, carecen del criterio para saber qué comportamientos son aceptables o no; por tanto, cuando los padres notan que imitan un comportamiento inadecuado, deben intervenir. Los niños mayores, que ya están más socializados y que incluso así "copian" comportamientos inadecuados, requieren de más atención. La televisión y los videojuegos son medios de transmisión: lo que importa son sus contenidos, que pueden ser adecuados o no para los pequeñines. Es verdad que hay programas malos y otros buenos, y por lo tanto son los padres los que deben seleccionar lo que llega a sus hijos. En caso de que los padres no sepan nada de esto, deben buscar a alguien que sí sepa. Los hijos ameritan ese cuidado. Lo que se está seleccionando es el alimento de la personalidad.

Guarderías

Hay situaciones donde por opción o por necesidad, los padres inscriben a sus hijos en guarderías. En ese caso, se necesita tener ciertos cuidados, entre ellos:

- conocer la guardería: su espacio físico, sus recursos, los lugares donde se quedan los niños, los baños y las salas de descanso;
- informarse sobre las personas que trabajan ahí, sobre todo las que tratan directamente con los niños;
- pasar unas horas en el local cuando esté en actividades; es seguro que su hijo reciba el mismo trato;
- elegir una guardería cercana al trabajo de la madre o del padre, para cualquier imprevisto; la proximidad también reduce la ansiedad de la madre.

* * *

Algunas guarderías permiten a los padres ver a sus hijos vía internet. En esos casos, existen reglas que adecuan y hacen posible el acuerdo entre los que intervienen en esa visita virtual a los hijos.

Es bueno recordar que la guardería no es un depósito de niños. Es un sitio que complementa sus cuidados y educación, principalmente en lo relativo a la socialización.

Abuelos: ¿salvadores o villanos?

"La educación es responsabilidad de los padres; a nosotros, los abuelos, nos toca solamente consentir." Ésta es la visión más común del papel de los abuelos en la familia. Los padres prohíben, los abuelos permiten. Los padres suspenden la mesada como castigo y los abuelos les regalan el dinero del cambio, lo que rompe con ese esquema. Hacen vales que los nietos no pagarán nunca. En general, los abuelos no sufren las consecuencias inmediatas de esas transgresiones y, por tanto, tienen el enfoque cómodo de dejar los problemas mayores a sus hijos. No colaboran para minimizar la dificultad que los niños tienen para entender el significado del *no*.

Hay muchas diferencias en las relaciones entre abuelos y nietos y padres e hijos. Los abuelos viven otra etapa vital. Ya criaron a sus hijos, se dan cuenta de que muchas cosas son relativas y de que se pierde un tiempo precioso preocupándose por tonterías, mientras se hace a un lado lo que puede ser importante. Y ahora, para los hijitos de sus hijos, tienen tiempo libre (que los padres no siempre tienen), afecto disponible y, a veces, dinero suficiente para dar a sus nietos.

* * *

Sin embargo, no todos los abuelos tienen tanto tiempo libre, pues según el Censo 2000 del Instituto Brasileño de Geografía y Estadística (IBGE), el país tiene seis millones de adultos mayores con más de 60 años que mantienen a sus hijos, nietos y otros parientes. Por tanto, ellos también desempeñan un papel económico fundamental en la familia brasileña.

Los abuelos son, al mismo tiempo, la solución para "hacerse cargo del nieto" y los depositarios de las culpas y responsabilidades si le pasa algo malo, especialmente de parte de yernos y nueras. De esta forma, los padres que confían sus hijos a sus propios padres enfrentan una situación contradictoria de dependencia.

Los abuelos pueden ser grandes salvadores o grandes villanos en la dinámica familiar.

Es necesario que exista una gran salud social para que los abuelos sean imparciales al buscar la ética y la humanidad relacional, sin favorecer a sus hijos en detrimento de sus cónyuges, ni a sus nietos.

La convivencia, sin embargo, puede ser muy valiosa, especialmente en los momentos de crisis. Los abuelos, incluso, pueden quedarse por un tiempo con el nieto cuando la pareja se separa y la mujer no puede solventar sola los gastos de una casa.

Personalmente, creo que padres y abuelos pueden ser complementarios en la educación de los hijos y de los nietos. La gran mayoría de los padres, en medio de la lucha por la sobrevivencia financiera de su familia, no tienen tiempo de transmitir las tradiciones ni la cultura familiar. La disposición de los abuelos de oír al niño es diferente. De esta manera, ellos pueden desempeñar un papel complementario en su educación.

La función de los abuelos es enriquecer la educación con una cultura complementaria, contando historias familiares a los nietos.

Los padres tienen que dejar muy en claro lo que desean que sus padres y suegros hagan con sus nietos. Es común que dejen todo bajo la responsabilidad de los "viejos", sin ninguna aclaración, y que después, al volver, empiecen a criticar sus actitudes sin darse cuenta de que es natural que los abuelos actúen de forma diferente de la suya.

Las mayores interferencias surgen cuando los abuelos no están de acuerdo con la educación que los padres dan a sus hijos, y a veces tratan de corregirla si los consideran demasiado rígidos o relajados. Aunque los abuelos no estén de acuerdo con sus hijos, deben ser conscientes de que los padres son los responsables de la educación, y de que las actitudes coherentes entre ambas generaciones beneficiarán a los niños. Los padres, por su lado, deben considerar la experiencia de sus propios padres y el hecho de que ellos observan a la familia desde una perspectiva diferente, lo que favorece el diálogo y las ocasionales críticas (constructivas).

El día de los abuelos

Cuando no existe la posibilidad de llegar a un acuerdo entre padres y abuelos sobre la educación de los niños, un buen recurso es crear el "día de los abuelos": todo lo que los abuelos permiten vale solamente en su casa y cuando los nietos están con ellos. En la casa de los padres, vale lo que éstos determinan. Así, los niños tienen la posibilidad de vivir, con dos modelos diferentes, una sola educación.

* * *

Atendí a una muchacha de quince años que vivía con sus abuelos. Su mamá se había embarazado en la adolescencia en la época en que solía ir a fiestas que se alargaban hasta la madrugada. Los abuelos no confiaban en ella, que todavía llevaba una vida agitada y sin compromisos, dándole un mal ejemplo a su hija. Además, ¿cómo podría esa madre corregir a su hija lo que ella misma hacía?

* * *

En este ejemplo, los abuelos son mejores educadores que la propia madre. Sin embargo, cuanto más adecuados sean los padres, tanto menos deben interferir los abuelos. Sobre todo cuando se trata de abuelos que viven en casa de sus hijos y dependen de ellos. Cuando son los padres los que viven en casa de los abuelos, la situación se complica, puesto que los abuelos se sienten con el derecho de educar a los nietos.

Si los padres comprueban que los abuelos verdaderamente dificultan la educación de los nietos, conviene organizar su rutina sin ellos. Es bueno que se les expongan las razones sin pelear, liberándolos de toda obligación pedagógica.

Con esa medida, las relaciones familiares pueden mejorar. No es justo ni ético usar a los "viejos" cuando se necesita de ellos, y después reclamarles. Esto significa no ser agradecido con quien nos ayuda. Pero tampoco es justo que los "viejos" crean que pueden hacer lo que quieran, contraviniendo el planteamiento educativo que sus hijos están estableciendo. En esos casos, tal vez sería bueno restringir, poner obstáculos, incluso limitar su visita a fechas específicas, sobre todo si no muestran un verdadero cambio en su conducta.

Han acudido a mi consultorio varias familias en vísperas de separación, que mejoraron con el alejamiento de los padres del marido, principalmente. La madre del hombre tiene una tendencia mayor a competir con la nuera —esa intrusa que le robó la felicidad que tenía con su hijo—; el marido es muy diferente del hijo, así como la madre es muy diferente de la esposa.

Una buena distancia física suele ayudar a resolver esas diferencias. Como me señaló una madre trabajadora, empresaria y madre de dos hijos pequeños: "La suegra debería vivir ni tan cerca que llegue con pantuflas, ni tan lejos que traiga su pijama."

Las mascotas, ¿también ayudan?

Se ha venido discutiendo cada vez más la importancia de las mascotas en el desarrollo del niño. Comprar o adoptar una mascota es algo que no sólo afecta al niño, sino a toda la familia y al mismo animal. Esos tres aspectos deben ser bien analizados antes de tomar una decisión.

Para ese niño, ¿sería bueno tener una mascota? ¿A la familia le gustan los animales y está dispuesta a compartir los cuidados? El ambiente en que viven, ¿es favorable para su bienestar?

Lo primero que los padres deben cuestionarse es si realmente les gustan los animales y si están dispuestos a ayudar en sus cuidados. Si el hijo no es adolescente aún, no es lógico esperar que un niño asuma solo los cuidados y obligaciones de la mascota como limpiar su excremento, ponerle agua y comida, pasearlo, en caso de un perro, o cepillarlo. El niño puede desempeñar algunas funciones, pero siempre acompañado o supervisado por un adulto. No sabe cuidar a un animal de manera intuitiva, sino que debe aprender a hacerlo. Si ese aprendizaje se realizara con éxito y fuera bien aprovechado, ciertamente será útil para el desarrollo del niño, y el animal se sentirá feliz y bien tratado.

Cuando se cuida a un animal los hijos aprenden mucho sobre la responsabilidad, el respeto, la atención, dar y recibir cariño. Cuando llegan a sentirse muy cercanos a él se favorece el desarrollo de la empatía, cuando ven en los animales sentimientos humanos e intentan calmarlos, consolarlos y alegrarlos. Para los niños intolerantes e impacientes, el animal puede ser un verdadero desafío, pues éste no entenderá ni hará todo lo que el niño quiera y espera. En ese caso, es necesario que haya siempre un adulto cerca para que el niño no descargue en el animal sus enojos y frustraciones.

Algunos animales en especial, como los perros, pueden dar verdaderas lecciones de amor, protección, compañerismo y lealtad. Pero, para que los hijos perciban eso, los padres deben señalarles la existencia de esos valores cuando aparecen en el comportamiento del perro: el animal, así, les da la oportunidad de platicar y pensar sobre importantes acciones para la familia y la sociedad.[21]

Cuando la familia adopta o compra a un animal simplemente para satisfacer la voluntad de un hijo, sin asumirlo como un proyecto de vida —cuidar bien al animal— se pueden generar situa-

---

[21] Si le interesa el tema, puede leer *Animals as teachers & healers: True stories and reflection*, de Susan Chernak McElroy, Nueva York, Ballantine Publishing, 1997. (N. del A.)

ciones desfavorables para el desarrollo de los hijos, así como para el bienestar del animal.

Hace algunos años surgió la moda de tener hurones (también conocidos como *ferrets*) como mascotas. Todas las tiendas de mascotas los vendían, su precio aumentó, se fabricaron correas y accesorios. Durante uno o dos años fueron la gran diversión de los niños. Sin embargo, después, había una cantidad enorme de hurones abandonados en las calles, enfermos y desnutridos. Fueron usados como juguetes desechables y, a diferencia de otros animales, no sobreviven si son abandonados, pues requieren de cuidados especiales.

Ésa es una enorme lección que nunca se debe dar a un hijo, una lección de desatención y abandono. Así como sucedió con los hurones pasa con muchos otros animales. Aunque no se llegue al extremo de abandonarlos, cuando al animal en casa es tratado como un objeto, recibiendo nada más los cuidados básicos, se está dando un ejemplo de desatención, de falta de cariño y compasión. Maltratar a los animales es uno de los peores ejemplos de cobardía y violencia que se puede dar a los hijos.

En una familia donde las relaciones son complicadas y difíciles, donde no hay cooperación entre sus integrantes, donde predomina la dinámica del "perezoso" y del "agobiado",[22] el animal puede llegar a ser un factor más del estrés; sus cuidados se pasarán de unos a otros, creando peleas y discusiones, incluso puede acabar siendo la gota de agua que derrama el vaso para desestructurar a esa familia.

Por más querida y amada que sea la mascota, aunque se considere parte de la familia, no podemos olvidar que se trata de un animal irracional y, por esa razón, los niños pequeños nunca deben quedarse con ellos sin la supervisión de un adulto.

---

[22] "Perezoso" es el deja todo, hasta sus propias obligaciones, para que lo hagan los demás, y el "agobiado" es el que, aunque no sea su obligación, hace todo lo que los demás dejan de hacer.

El papel de la escuela

Actualmente los niños van a la escuela a más temprana edad; incluso hay colegios que los reciben antes de los dos años; es difícil encontrar un niño pequeño que no asista a la escuela y, cuando no lo hacen, los padres tienen la impresión de que subestiman a su hijo, a su capacidad, y de que su desarrollo será más lento que el de otros niños. En realidad, la escuela es un espacio importante de convivencia para los pequeños, donde deben recibir estímulos adecuados, así como los cuidados que todavía necesitan por su corta edad.

Hace treinta años, los estudiosos del desarrollo infantil[23] dividieron la socialización en tres etapas:

- Socialización elemental: hasta los dos años, cuando el niño aprendía a reconocer y a manejar sus necesidades fisiológicas (ganas de hacer pipí, sed, hambre).
- Socialización familiar: hasta los cinco o seis años, cuando aprendía a convivir con el padre, la madre, los hermanos y los demás miembros de la familia.
- Socialización comunitaria: a partir de los seis años, cuando empezaba la vida escolar.

Hoy, el contacto social es precoz; aún sin terminar su educación familiar, el niño ya está en el salón de clases. El ambiente social invade el familiar, no sólo a través de la escuela sino por diferentes medios como la televisión internet.

Ya no se sigue el orden: primero el individuo, luego la familia y, al final, la sociedad. Hay una mezcla del ambiente familiar con el comunitario. Si eso perjudica o no a las nuevas generaciones, es muy pronto para saberlo. Pero me parece que los niños tienen problemas para establecer límites claros entre la familia y la escue-

---

[23] Fuente: *Child psychiatry*, de Leo Kramer, Nueva York, C. Thomas Publisher, 1960. (N. del A.)

la, sobre todo cuando los mismos padres delegan a la escuela la educación de sus hijos.

En rigor, la educación escolar es diferente de la familiar. Una no puede sustituir a la otra, porque las dos se complementan. No se puede delegar a la escuela parte de la educación familiar pues es única y exclusiva, encargada de la formación del carácter y los modelos de comportamientos familiares. La escuela nunca debe absorber la educación familiar, pues su objetivo es preparar profesionalmente a los alumnos, cuidando la convivencia grupal y social.

Para la escuela, sus alumnos son transeúntes en busca de currículum, mientras que para los padres, sus hijos existen para siempre.

La educación orientada a la formación del carácter, la autoestima y la personalidad del niño es todavía, principalmente, responsabilidad de los padres.

* * *

Durante un programa de radio en Belo Horizonte, respondí a una llamada telefónica de un padre que hizo la siguiente pregunta: "Puse a mi hijo de once años en una escuela y salió del tercer año[24] consumiendo drogas. ¿Qué debo hacer?" En la pregunta estaba implícito que el padre había depositado la educación de su hijo en manos de la escuela; por tanto, ella era responsable de que el chico consumiera drogas. Un silencio se extendió por el estudio. El padre quería demandar a la escuela; entonces lo cuestioné: "¿Dónde estuvo usted durante todo ese tiempo?", colgó el teléfono porque, al interrumpir la comunicación, descubrió también la respuesta: aunque estuviera presente, no había mirado a su hijo de los once a los diecisiete años. Para la escuela, ese joven es sólo un exalumno; para el padre, es un hijo para siempre.

* * *

---

[24] En México, la preparatoria. (N. de la T.)

La escuela en la educación infantil

La escuela, por sí sola, no es responsable de la formación de la personalidad, pero tiene un papel complementario al de la familia. Por más que la escuela infantil proporcione un clima familiar al niño, aun así es sólo su escuela. Y la escuela ofrece condiciones de educación muy diferentes de las que hay en la familia. El niño se convierte en miembro de una comunidad, que es la de su grupo, su clase, su escuela. Es un crecimiento en relación con el "yo" de casa, donde él es prácticamente el centro.

La escuela ofrece también actividades específicas, conforme la edad de los niños, lo que generalmente no sucede en casa, donde el ritmo familiar suele ser muy agitado, tratando de conciliar siempre las necesidades y las actividades de todos.

La escuela percibe en el niño habilidades, problemas y otras facetas que en casa no suelen ser observadas y mucho menos valoradas.

Para que los padres conozcan realmente a sus hijos es importante informarse de su comportamiento en la escuela. Aunque no sea su responsabilidad, muchas veces la escuela puede orientar a los padres a superar las dificultades domésticas con algún hijo, antes de que sea necesario un tratamiento psicológico. Muchas escuelas, por tratar con un número elevado de niños, tienen más experiencia en ciertos sectores de edad que los propios padres. La voz de la experiencia de la escuela, bien escuchada, puede ser muy útil en un momento en el cual la familia está completamente perdida sobre la manera en que debe actuar con el hijo.

Si todos los padres supieran sobre esa posibilidad de ayuda y tuvieran la sabiduría de buscarla, muchos conflictos, desajustes relacionales, problemas de juventud, migraciones y dificultades escolares serían, sin duda, resueltos a tiempo.

La escuela, al percibir alguna dificultad con el alumno, podría también llamar a los respectivos padres e implantar *la educación a seis manos*.[25] Juntos, los padres y la escuela pueden combinar los criterios educativos, usando ambas manos: la del corazón (afecto y sentimiento) y la de la cabeza (razón, pensamiento), de los tres personajes más importantes de la educación del niño: la madre, el padre y la escuela.

Las familias sólo cambian cuando son afectadas por algún acontecimiento muy fuerte. Por su participación en el desarrollo cultural, la escuela debe orientar a los padres con lecturas adecuadas, aclaraciones y conferencias. Los padres necesitan recibir esa actualización y participación.

Los padres y la escuela: una buena sociedad

Si la sociedad entre la familia y la escuela se forma desde los primeros pasos del niño, todos saldrán beneficiados. El niño que se siente bien va a mejorar más todavía, y el que tuviera problemas recibirá la ayuda tanto de la escuela como de sus padres.

Cuando la escuela, el padre y la madre usan el mismo lenguaje y tienen valores semejantes, los dos principales ambientes del niño, la familia y la escuela, demuestran una seguridad y congruencia muy favorables para su desarrollo. Al mismo tiempo, la escuela asume para el niño el papel de aliada, como una parte interesada en su bienestar. Cuando hay conflictos entre la familia y la escuela, los niños suelen seguir a quien más les agrade, y los adolescentes, en general, tienden a sacar ventajas personales. Así, cuando los padres no están de acuerdo con la posición de la escuela, deben resolver sus diferencias con ella directamente. De esa manera, el niño no se apoyará en los padres para rebelarse contra la escuela.

Cuando el hijo se queja de algún maestro o de alguna "injusticia" cometida por la escuela, los padres deben pensar siempre que

---

[25] Si le interesa este tema, lea el capítulo 10 de *Ensinar Aprendendo: Novos Paradigmas na Educação*, de Içami Tiba, São Paulo, Integrare, 2006, p. 145. (N. del E.)

el hijo puede estar siendo parcial, o dando informaciones distorsionadas a su conveniencia; por lo tanto, antes de creer completamente en lo que les dice, es mejor que los padres se enteren por medio de otras fuentes sobre el mismo hecho.

He escuchado ya a algunos padres que fueron a la escuela a protestar por los malos tratos que su hijo estaba recibiendo, basados en la idea de que "mi hijo no miente", y se quedaron completamente asombrados, perdidos y con un palmo de narices al descubrir que habían sido manipulados. Su "querido hijito" había mentido, sí, y mucho.

Mientras menos sepan los padres sobre sus hijos, mayores serán las posibilidades de que sean sorprendidos por quejas de las transgresiones que aquéllos cometen. El único remedio es que los padres sigan de cerca lo que sus hijos hacen fuera de casa.

¿Cuál es la mejor escuela?

Ya que la sociedad entre familia y escuela debe consolidarse al inicio, es fundamental que la madre y el padre elijan una institución congruente con los valores familiares; observen los siguientes aspectos:

- instalaciones físicas: espacio interno (salón de clases, baños, bebederos) y externo (patio abierto o cubierto, con pasto o de cemento, con o sin juegos adecuados);
- recursos como biblioteca y computadoras;
- equipo de trabajo: es importante platicar no sólo con la directora o la orientadora, sino también con los profesores y los prefectos, pues convivirán con los niños a diario;
- alumnos: observar el comportamiento de los estudiantes, conocer sus impresiones sobre la escuela;
- reglas: si son muy rígidas para los alumnos, o demasiado permisivas en relación con lo que sus hijos necesitan;
- localización geográfica: la proximidad es un factor que debe pesar en la elección de una escuela, pero no debe ser determinante.

Cuando se tiene más de un hijo, los padres deben observar la escuela con ojos diferentes para cada uno. Es muy cómodo que los hijos estudien en la misma escuela, pero como sus personalidades son diferentes, la escuela buena para uno puede no serlo para otro. Por eso, observar a los alumnos que salen de la escuela después de las clases puede ser un buen método para la elección de la escuela. Con esas personas se va a relacionar su hijo. A ustedes, ¿les gustaría invitarlas a su casa a pasar el fin de semana? Si la respuesta es negativa, es mejor buscar otra escuela, pues en poco tiempo el hijo tendrá un comportamiento semejante al de esos niños.

* * *

Incluso después de una cuidadosa selección, algunos padres o madres se sienten tan angustiados con la nueva situación que acaban dificultando la adaptación de su hijo a la vida escolar. Los hijos, sobre todo los menores, tienen una gran capacidad de percibir nuestro estado de ánimo sin que haya comunicación verbal. Se fijan mucho en expresiones y tonos de voz, por ejemplo. Es natural que el más pequeño muestre una cierta dificultad en separarse de su madre; mientras más pequeño sea, será mayor la dificultad. La tranquilidad y seguridad de los padres favorecen la separación temporal. Por lo tanto, deben estar tranquilos de que la decisión tomada es la correcta.

Hay madres que no llegan a llorar, pero cuyos ojos ruegan: "Hijo, quédate conmigo", aunque sus palabras los alienten a irse con la profesora. Ése es el famoso doble mensaje. Con frecuencia, en el periodo de adaptación, los niños lloran escandalosamente ante la madre, resistiéndose a entrar a la escuela, pero una vez dentro de ella, cambian por completo y están muy felices con sus compañeritos en menos de diez minutos.

Los padres deben preparar la ida a la escuela con observaciones como. "Vas a jugar, a hacer cosas que no haces en casa, a tener amiguitos, a pintar, a ir al jardín. Después le vas a contar todo a tu mamá (o a tu papá)?"

Cuando el niño sabe que podrá contar todo a sus padres se siente más fuerte y participativo. Después, ellos deben oírlo con atención, es la forma de estar presentes en la ausencia.

Arreglando la mochila escolar

Al arreglar la mochila escolar deje ayudar al niño siempre que sea posible. Permita que elija algo del almuerzo, pues eso le da la sensación de manejar la situación. Y haga que cargue lo que pueda cargar. La madre no debe llevar mochila, lonchera, cuadernos, juguetes, trabajos, mientras el niño corre adelante con las manos libres.

La madre no debe confundir su deseo de ayudar con el de hacer todo en lugar de su hijo.

La madre que carga la mochila para la escuela está deseducando a su hijo. La intención amorosa es buena, pero al hijo no se le debe impedir que haga algo que es capaz de hacer. De esta manera, goza de una libertad dependiente, es decir, su libertad depende del esfuerzo de otra persona. Ése es el perfil del "perezoso", puesto que la madre se ofreció para asumir el de "agobiada". La madre puede emplear de mejor forma la energía desperdiciada en el acto de preparar la mochila y cargarla; por ejemplo, siguiendo más de cerca el rendimiento escolar y el comportamiento de su hijo.

Para no repetir el año escolar

Por lo general, la repetición escolar empieza ya en las primeros exámenes del año, cuando el alumno empieza a ir mal en algunas materias. Lo importante es recuperarse lo más pronto posible, sin dejar el estudio para el último momento. Los niños y los adolescentes tienden a hacer a un lado una actividad que produce poco rendimiento y, con eso, acaban empeorando. Se empeñan más en las materias en las que van bien: de lo bueno a lo mejor.

Si los padres siguen de cerca el rendimiento escolar de su hijo desde el principio del año, podrán identificar desde sus inicios esas tendencias y con la ayuda de los profesores, reactivar su interés por determinadas disciplinas problemáticas.

La tarea de estudiar es sólo del hijo; por tanto, cuando tenga edad suficiente para eso, elegirá por sí mismo su horario y su método de estudio, pero solamente podrá dedicarse a otras actividades después de dar a los padres una clase sobre la materia estudiada, usando sus propias palabras y demostrando que no la ha aprendido de memoria. Esa clase es la parte más importante del estudio, pues el hijo está transformando la información recibida en conocimiento.

Estudiar es una obligación

El conocimiento es esencial, por tanto, el estudio no se negocia. El hijo no es el que debe decidir si estudia o no. Tiene que estudiar y ya. ¿Cómo va a estudiar? En ese punto cabe la posibilidad de platicar y establecer horarios en común acuerdo.

La escuela es esencial para la vida. No puede estar sujeta a caprichos infantiles.

En ambientes en los que el estudio tiene valor, el conocimiento goza de prestigio y los padres valoran el aprendizaje, compran libros y revistas interesantes y leen el periódico, es raro que un niño no quiera estudiar. El mejor estímulo para aprender es la curiosidad. Se puede estimular la curiosidad del hijo preguntándole cómo funciona un juguete, las reglas de un juego que le gusta, qué opina del argumento de la película que vio; le gusta mostrar sus conocimientos y exhibir sus habilidades manuales.

La educación es calidad de vida y salud social. En los baños públicos, las personas más educadas consumen menos papel para secarse las manos, y limpian el lavabo con el mismo papel que ya usaron, antes de tirarlo a la basura (aunque el bote de basura quede lejos). Las personas con conocimientos pero con poca educación gastan más papel para secarse las manos, no limpian el lavabo y, si el bote de basura queda lejos, arrojan al piso los papeles usados; lo que significa que quien tiene conocimientos y educación tiene más salud social. Vive mejor alguien con conocimientos porque está más capacitado para superar obstáculos y resolver problemas cotidianos; bien informado sobre las enfermedades y la acción de los medicamentos, este individuo sigue las recomendaciones del doctor y obtiene mejores resultados con los tratamientos, pues comprende las medidas preventivas.

Quien tiene un diploma universitario gana más que quien cursó solamente la enseñanza elemental, y cada año escolar representa 15 por ciento más de salario. No todos los que ganan más, sin embargo, tienen una buena educación. Tiene sentido, entonces, que los padres exijan a sus hijos que, además de estudios, tengan educación, pues ambas cosas son importantes para su independencia financiera y su autonomía de acción.

Las clases en casa y la autoestima

Si la madre y el padre quieren que sus hijos salgan bien en la escuela es esencial que estimulen al niño y al adolescente a sacar partido del estudio hecho en casa. Un consejo importante es no estimular la memorización, que es la indigestión de lo aprendido,[26]
 cuando el alumno sólo repite de memoria el tema sin reflexionar sobre su contenido. Así, no sabe usar la información en otros contextos, pues no la absorbió como conocimiento.

En lugar de establecer horarios para que el niño estudie o controle su estudio, insisto en que los padres deben pedirle que les dé una clase sobre lo que estudió, usando sus propias palabras. Si en realidad aprendió, sabrá transmitir sus conocimientos.

---

[26] Si le interesa el tema, puede leer "Decoreba provocando indisciplina", en *Disciplina: Limite na Medida Certa. Novos Paradigmas*, de Içami Tiba, São Paulo, Integrare, 2006, p. 114, y "Decoreba: a indigestão do aprendizado", en *Ensinar Aprendendo: Novos Paradigmas na Educação*, también de Içami Tiba, São Paulo, Integrare, 2006, p. 115. (N. del E.)

En general, las escuelas dejan tareas en casa que el niño es capaz de hacer solo. A algunos padres, las tareas pueden parecerles muy complicadas, comparadas con las que ellos hacían a la misma edad, pero hay que entender que los métodos de enseñanza han cambiado radicalmente en los últimos años. El alumno recibe cada vez más estímulos para encontrar por sí mismo las respuestas, para encontrar sus propios caminos. En la generación de los padres, muchas veces existía un modelo seguro para cada tipo de ejercicio. El camino no era un descubrimiento, sino algo ya construido. Para alumnos que ya disfrutan de una nueva enseñanza basada en nuevos paradigmas —como el constructivismo de Jean Piaget—, las tareas son más atractivas e interesantes, aunque más confusas para los padres.

El que sabe hacer aprendió haciendo. Si el hijo sabe estudiar, aprendió estudiando. Nadie puede estudiar por él. Cada quien construye su propio conocimiento y es un proceso gradual.

¿Qué es lo que hace que algunos padres y madres les hagan las tareas a sus hijos? Ciertamente, su intención no es la de perjudicarlos. Pero los acaban perjudicando. Su objetivo es dorarles la píldora, facilitarle a sus hijos la vida. ¿Por qué debe el pobrecito esforzarse tanto, si en tan poco tiempo ellos pueden hacer lo que a su hijo le llevaría toda la tarde? Sin embargo, hacer es aprender.

Como no aprendió, el niño pierde esa parte del estudio y puede tener más dificultades en la clase al día siguiente. El estudio es una progresión, y por lo tanto, él va de mal en peor. Los niños necesitan apoyo cuando algo va mal. Si van bien, no necesitan ese apoyo, pues aprenden rápido.

Se trata de una buena oportunidad de enseñar al hijo que hay diferencias entre las personas: enseñarle que él puede ser malo para una cosa y bueno para otra. No porque vaya mal en una materia irá mal en las demás, recibiendo el calificativo de mal estudiante. Sin embargo, si descuidara la materia en la que ya va mal, la situación podría empeorar...

De cualquier forma, deben estudiar primero la materia que no les gusta, pues lo que sí les gusta lo estudian a cualquier hora.

Con el niño obeso, la situación se invierte: primero debe comer lo que más le gusta, ya que puede dejar en el plato con más facilidad lo que no le gusta. Si comiera primero los alimentos que no le gustan, después no va a rechazar los que sí le gustan, aunque esté satisfecho. En los estudios, si dejara para después la materia que no le gusta, será más difícil estudiarla cuando esté cansado.

En las tareas escolares, ayudar al hijo no es hacer las cosas por él.

¿Le cuesta trabajo dibujar? No importa. ¿El dibujo quedó feo? Deje que su hijo lleve un mal trabajo a la escuela; entonces empezará a mejorar porque la práctica también enseña. Mejorar es un excelente estímulo para progresar. Y lo que él hizo le sirve de base para dar el paso siguiente.

Si la madre le hizo el trabajo, ¿cuál es la base para que el hijo dé el paso siguiente? ¿Cómo hacer un dibujo más feo que el suyo? Así la madre, además de no ayudar, debilita la autoestima del niño, porque le quita su posibilidad de realización. La perfección nace de la práctica. Al comparar su dibujo con el de su mamá, el hijo puede sentirse en desventaja.

Los padres que se anticipan para ayudar a su hijo, sin esperar a que él lo pida, pueden transmitir la impresión de que no creen que él sea capaz de hacerlo solo. De esta manera, el niño acaba por no creer en sí mismo. Ninguna autoestima resiste este descrédito. Si la mamá quiere enseñarle, debe hacerlo en otra hoja, y no en la destinada a la escuela. En esa hoja suelta, ella puede escribir, pintar y dibujar. La hoja de la escuela es responsabilidad del niño.

El niño sabe la verdad: él no fue el que hizo el trabajo. Siente que su autoestima se quiebra en su interior, y se juzga cada vez más incapaz de hacer lo que sí podría. Y lo peor es que, al entregar un trabajo hecho por la madre, está mintiendo. Y además, tanto peor si los padres afirman a pie juntillas que fue su hijo el que lo hizo.

Sobre todo en las primeros momentos escolares, los padres no deben contratar maestros particulares. Más bien, lleven las dificultades a la escuela, contando con los profesores para ayudar al niño a resolverlas, y no lo hagan con recursos extraescolares.

Una de las funciones educativas más importantes es capacitar al hijo para la sobrevivencia.

La autoestima es la base de la calidad de vida, y es un producto de elecciones de comportamiento más satisfactorias, adecuadas y ciudadanas.

El niño necesita sentirse amado. Ese amor que viene de afuera (los padres) hacia adentro (el niño) se va a transformar en autoestima esencial. A medida que el niño crece, la autoestima se alimenta de la capacidad de realización. Cada vez que el niño logra acomodar un objeto de su juguete pedagógico en el sitio correcto, siente un gran placer y lo manifiesta con una sonrisa, incluso aplaudiendo, en una especie de autofelicitación. De esta manera se conforma la autoestima fundamental.

El alimento de la autoestima cambia de acuerdo con la edad. Es como el alimento físico. Al principio, el cuerpo se nutre nada más de leche. A medida que madura, el niño necesita otros nutrientes. El menú va aumentando hasta llegar a un platillo muy elaborado. Al acomodar objetos, al hacer sus propias tareas y, más adelante, al enfrentarse a retos, el niño fortalece su autoestima.

¿Cuál es el alimento de la autoestima cuando el hijo es valorado por el trabajo que hizo su madre? Cuando practica, el niño aprende más que cuando nada más oye. La memoria de la acción es más intensa que la de la comprensión. Además, eso es lo mismo que sucede con los adultos. Al hacer por los hijos lo que ellos ya son capaces de hacer, la madre y el padre alimentan una alegría falsa e impiden, en sus hijos, el desarrollo de su capacidad de ser felices.

Capítulo 6

Los padres separados

Padres separados que viven juntos

Imagine un barco cuyos tripulantes son el padre, la madre y los hijos. La tragedia sería que el barco naufragara y todos murieran ahogados. De repente, empieza a entrar agua al barco. Entonces el marido o la mujer, en lugar de ayudar a sacar el agua, empiezan a hacerse recriminaciones: "Antes de salir, ¿revisaste si el barco estaba bien protegido?", mientras sucede, el otro saca agua frenéticamente. Bueno, pues eso no es una familia, sino nada más una agrupación de personas. Están juntas en una misma situación, pero no están unidas.

Si la esposa tiene problemas en casa y en lugar de ayudarla el marido la critica, no está haciendo nada para mejorar. Si él va mal en su trabajo, lo están amenazando con despedirlo y ella lo descalifica en nada contribuye a sacarlo del problema.

Cuando el hijo va mal en la escuela hay padres que en vez de ayudarlo a superar sus dificultades, culpan a la esposa. Si el hijo les contesta de mala manera, en vez de pedirle explicaciones, culpan a la mujer: "¿Escuchaste a tu hijo? Son iguales, nunca están en casa", entonces ella responde: "Es tu culpa porque nunca le haces caso, ¡eres egoísta y descuidado!"; y siguen de mal en peor. Así, el barco se hunde.

Si el hijo sufre porque se peleó con su novia, su padre le ofrece dinero para ir a un centro comercial y su madre lo consuela diciéndole: "No importa, mamá te quiere." Y el hijo sigue triste.

La falta de sintonía entre los familiares es un indicio de un problema relacional grave.

No tiene importancia que uno u otro miembro de la familia no sepan cómo sacar el agua que inunda el barco. En momentos difíciles, todos deben unir fuerzas para evitar que el barco se hunda. Esa actitud es la que distingue a una familia saludable.

En las últimas décadas, esa institución ha enfrentado innumerables desafíos, que muchas veces toman por sorpresa a la madre, al padre y a los hijos. Atravesar tormentas sin naufragar o, por lo menos, evitar que los pasajeros se ahoguen requiere madurez de la tripulación y una fuerte motivación de sumar fuerzas para ayudarse mutuamente.

La separación de los padres

Las señales de que la relación va mal aparecen mucho antes de que el matrimonio fracase.

- Señal amarilla congelante. Hay distanciamiento físico, el diálogo disminuye, pues la pareja ya no tiene nada qué decirse, dejan de compartir; en lugar de resolver los conflictos, simplemente los esconden debajo del tapete. La amabilidad disminuye. Uno de los dos (o ambos) ya no está tan disponible como antes; no hay disposición para nada relacionado con el otro. Ya no se presta atención, no notan cuando el otro está malhumorado. Uno está muy preocupado por una reunión importante y el otro no se da por enterado. No durmió la noche entera, se quedó en cama, enfermo y al otro no le importa. Si la pareja piensa que los hijos no se dan cuenta, está completamente equivocada, porque sí lo hacen aunque se sienten impotentes ante la situación.

- Señal amarilla explosiva. Los cónyuges explotan por todo y por nada, completamente intolerantes. Nada les gusta y cualquier petición de disculpas es recibida con hostilidad. Se hacen acusaciones mutuas y se responsabilizan uno al otro de todo lo malo que sucede en la casa, de los niños y hasta de las relaciones con la familia ampliada. Hay recriminaciones a diestra y siniestra, quienes más sufren son los hijos que por lo general no tienen nada que ver en esta guerra, ellos piden a los padres que se calmen, pero ya empiezan a criticar a la pareja. ¿Para qué viven juntos si siempre se están peleando? Los padres deben procurar al máximo no involucrar a los hijos. Si hay algo que los padres no deben decir es que siguen juntos por los hijos pues ellos no son responsables.
- Señal amarilla congelante-explosiva. Como cada cónyuge tiene su ritmo, puede suceder que uno de ellos esté congelado por desinterés afectivo y el otro estallando por no soportar más la situación. Los hijos toman partido y muestran solidaridad o rechazo a cada uno de los padres. Condenan al que estalla y reclaman al que se calla.
- Señal roja. La mayoría de las personas parece más atrayente que el cónyuge. Cuando alguien ya no nos gusta, es común mirar a otras personas e imaginar situaciones de intimidad con ellas. El conflicto se desborda hacia afuera del matrimonio, involucrando a otras personas. No se interesa por el compañero o compañera en casa, pero se derrite todo(a) por terceros. Los hijos suelen reprobar al que empieza a ausentarse de casa; generalmente apoyan a quien sufre más.
- Señal violeta. Un cónyuge, o ambos, además de no extrañar al otro, experimentan una sensación de alivio cuando se quedan solos. Ya no hay motivos para seguir juntos. ¡Es una señal terrible! Los hijos desean que los padres se separen ya.
- Señal negra. Un cónyuge quiere eliminar al otro de su vida. El clima se vuelve tan negativo que desearían matarlo: "Aunque me cueste la vida acabaré con él (o con ella)". Esto es tan grave que, aun después de separarse, siguen con el deseo de matar, en un sentido más amplio: burlarse, ofender, me-

nospreciar, disminuir, ridiculizar. Ambos utilizan a los hijos más para manipularlos que atendiendo a sus necesidades.

La fatídica comida del domingo

El dolor del cónyuge traicionado es muy fuerte y duradero. Y no se sabe cuándo va a atacar. En un hermoso domingo la familia va a comer al restaurante; están felices aunque el traicionado ve que su cónyuge mira para otro lado. ¡Es impresionante! Mira en la misma dirección de su cónyuge y descubre o piensa que descubrió a su rival. Se olvida de la presencia de los hijos y ataca: "¡No tienes remedio! ¡Coqueteas en mi cara!", los ataques pueden ir de la fina ironía a la franca agresión.

Si los cónyuges quieren conversar sobre la traición, debe ser en una situación conyugal y no familiar. Los hijos no deben participar en las dificultades conyugales.

El almuerzo del domingo es excelente cuando todos están bien, pero cuando existen resentimientos, heridas, celos, rechazos, enojo y desdén, es necesario tener cuidado, pues cualquier motivo es un pretexto para que la pareja se ataque entre sí.

Alimentar la autoestima familiar

El tiempo de convivencia familiar ha disminuido en esta época, pero comer sigue siendo necesario; es importante que los padres den más importancia a la compañía de los hijos y a la conversación casual que a la comida, la buena convivencia familiar es el mejor alimento de la autoestima, es lo que conduce a la salud social.

Uno de los hijos dice que no tiene hambre, otro que no quiere comer, que no coman, aunque deben sentarse a la mesa para platicar, intercambiar ideas, contar chistes, datos interesantes, hechos inusitados, chismes, buscando actualizaciones recíprocas. Lo importante es que el clima sea agradable: no es el momento de cobrar deudas, crear problemas, llamar la atención o hablar sobre asuntos que devalúen, ridiculicen o aflijan a alguien. Para todo eso hay otros momentos.

No se permite, durante esa convivencia, quedarse solo en su cuarto, ni conectado al mundo vía internet, ni acostado frente a la televisión, ni disfrutar de un iPod, con su sonido radical destilado directamente al cerebro a través de los audífonos, y mucho menos entablar una larga, pausada o apasionada charla por teléfono.

El padre, por su parte, tiene que hacer a un lado las anécdotas de su trabajo y la madre no preocuparse nada más por si todos están comiendo bien, o si se están comportando bien en la mesa. Lo más importante es la presencia física y psíquica de todos. Después se hace el trabajo comunal de quitar la mesa con la participación de todos. Hasta el benjamín de la familia puede llevar su cuchara al fregadero.

El ambiente de equipo familiar se forma en esas reuniones que dan a todos la sensación de haber alimentado el alma. Es una de las maneras más prácticas de que todos se relacionen, de actualizar lo que a cada uno le pasa. Surge un espíritu de equipo, de familia, de pertenecer a un grupo.

Cuanto más se reúnen los familiares, más asuntos hay para las próximas reuniones. Quien no puede participar siente la falta del equipo, y el equipo se resiente de su ausencia. Se desarrolla una sensación de pertenencia, que proporciona el alimento para la autoestima grupal (el orgullo y el bienestar de pertenecer a un grupo al cual se dedican íntegramente).

Si fuera imposible alimentar el alma todo el día, cualquiera que sean los motivos, la familia debe organizarse para que al menos una vez a la semana se realice la reunión familiar, en la cual las comidas y bebidas están implícitas.

Quien pertenece a un equipo familiar (grupo) tan fuerte no experimenta la tentación de participar en grupos como sectas religiosas fanáticas, traficantes o usuarios de drogas.

¿De quién es la culpa?

Algunas parejas están separadas aunque no asumen esa condición ante los hijos; la mamá dice: "Papá está en un viaje de negocios", o usa argumentos más inconsistentes: "Está trabajando mucho, anda estresado." Y mantiene a sus hijos en la ignorancia, creyendo que no saben nada.

Lo peor es el comportamiento doble: la pareja va muy mal y ante los hijos finge estar bien. No es raro que duerman en cuartos separados, con cualquier pretexto. Es necesario conservar la privacidad de la pareja, pero el esfuerzo de mantener una situación ficticia no siempre vale la pena: en cierto momento, los niños acaban por darse cuenta de que hay algo que no va bien.

No es saludable fingir una situación que no existe.

La manera en que el padre y la madre enfrentan la separación y sus consecuencias influye en la vida futura de los hijos, algunas parejas prometen no separarse nunca después del matrimonio, cueste lo que cueste. Otros se separan con enfermiza facilidad a la primera contrariedad.

El mejor camino es la verdad. ¿Los cónyuges ya no se entienden? ¿Ya no hay condiciones de convivencia? ¿Las señales de una mala relación son ya graves? Todavía es hora de resolver la situación, lo que no hay que hacer es desgastar tanto la relación que los hijos no puedan hacerse a un lado de los problemas que no son suyos.

Puede ser que la pareja resuelva separarse. Serán excónyuges, pero él sigue siendo padre y ella madre. No deben convertirse en expadres, pues los hijos son para siempre.

***

Los celos bien dosificados pueden ser un condimento de la relación. Pero los celos enfermizos, ciertamente, lastiman a todos los involucrados, incluso a los hijos. Lo importante es preservar la individualidad, porque tratar bien al cónyuge es una manifestación de salud que puede contribuir a tener una mejor relación con los hijos.

El síndrome de alienación paterna se presenta cuando uno de los hijos se niega a tener contacto de ningún tipo con un padre o con los dos. Esta actitud es construida dentro del niño por el otro (padre o madre), mediante argumentos o acusaciones falsas para denigrar la imagen del ex compañero.[27]

Conversando con los hijos

La separación de una pareja sin hijos suele ser más sencilla que la separación de una pareja con hijos. La pareja sufre, pero no hay otras personas implicadas. Y además, hoy en día, la separación de bienes casi siempre está prevista en el contrato matrimonial.

Cuando la pareja tiene hijos la situación se complica. Hasta los trámites legales del divorcio son rigurosamente llevados a cabo para que los hijos no se vean perjudicados. Es necesario, al conversar con ellos sobre la separación, que los padres sigan algunas reglas claras y comprensibles en relación con las siguientes cuestiones básicas:

- explicar el motivo de la separación sin entrar en muchos detalles ni en cuestiones subjetivas;
- informar cómo y cuándo será;
- explicar lo que pasará con ellos; sin responsabilizarlos ni comprometerlos, pero estando abiertos a oír sus deseos;
- abrirse a los sentimientos de los hijos;
- responder a todas las preguntas pertinentes;
- reforzar el hecho de que los padres no serán expadre ni exmadre.

---

[27] Véase el artículo "Síndrome de Alienação Parental", de Priscila M. P. C. da Fonseca, *Revista Brasileira de Direito de Família*, v. 8, núm. 40 (N. del A.)

El mejor momento para hablar de la separación con los hijos es después de que ésta se encuentre seriamente asumida por la pareja. Por desgracia, esto no es lo que suele suceder. Por lo general, uno de los dos cónyuges tiene una relación secreta con otra persona, y se va saliendo de la casa poco a poco. Tal vez el otro se haya dado cuenta desde hace tiempo, pero para no perjudicar a los hijos, sufre en silencio. Sin embargo, hay situaciones que sorprenden a toda la familia.

No es necesario platicar con los hijos en todo momento sobre lo que le está pasando a la pareja: si salieron juntos, si se pelearon, si están pensando en separarse. Aunque se vean afectados, los hijos no deben vivir la situación conyugal. Sin esconder los hechos, es necesario ahorrarles las señales amarillas, ya sean congelantes o explosivas.

La mejor forma de realizar esta comunicación es crear un momento de conversación de la pareja con los hijos.[28] Eso evita que cada uno reciba la misma noticia de manera distinta, no sólo porque los padres pueden realmente hablar de contenidos y de formas distintos, sino también por las diferencias de edad entre ellos, lo que conduce a muchas digresiones, con frecuencia penosas e innecesarias.

No siempre puede darse esta solución, ya que es difícil juntar a padres ya separados, sobre todo cuando quedan pendientes conflictos conyugales mal resueltos. Si decidieran platicar separadamente con los hijos, deben tener cuidado para no ponerlos en la posición de árbitros o de trofeos, y no deben de acusar al cónyuge ausente, ni poner a los hijos en su contra por el hecho de que ellos manifiesten sus sentimientos, exagerados o no.

Conviene recordar siempre que el hijo, además de no salir fortalecido si uno de los padres es perjudicado (justa o injustamente) por el otro, se sentirá inseguro y con malos sentimientos dentro de sí.

---

[28] Puede leer más sobre el asunto en el pasaje "Pais separados", del libro *Seja Feliz, Meu Filho!*, de Içami Tiba, São Paulo, Integrare, 2006, p. 153. (N. del E.)

El mejor lugar para sostener esa conversación es la misma casa, sin interrupciones de ningún tipo. Es importante dedicarle bastante tiempo, para que todos los hijos puedan ser escuchados. No se debe interrumpir el flujo de las emociones. Rabia, culpa, lágrimas o agresividad deben ser expresadas. Los padres deben responder de manera clara pero no fría a las preguntas, teniendo cuidado de separar el problema conyugal del asunto de las relaciones entre el padre y los hijos y la madre y los hijos. Teóricamente, estas dos últimas no deberían cambiar. Por eso es necesario que si alguien se sintiera afectado de manera indebida cuente con la oportunidad de manifestarse.

La idea de platicar fuera de casa puede no ser muy buena, pues en ambientes extraños los hijos tienden a no sentirse muy cómodos para expresar sus sentimientos, pensamientos y sensaciones, y mucho más si es en un lugar público. No debe de ser en lugares donde haya otras actividades además de la conversación, ni con personas que estén muy cerca. Los restaurantes son un buen lugar.

En ocasiones, al recibir la noticia de la separación, los hijos la aceptan sin reaccionar; es decir, "se tragan el sapo". Digerido o no, con el tiempo el sapo tendrá que ser eliminado. Entonces pueden surgir reacciones aparentemente inesperadas, a través de comportamientos que escapan de su control, como una baja en el rendimiento escolar, una gran apatía, insomnio, aislamiento, o incluso somatizaciones, como dolores de cabeza, de estómago, o mal funcionamiento intestinal. Todo puede dolerle; es el cuerpo, llorando las lágrimas que los ojos contuvieron.

Los problemas fisiológicos y psicológicos de los hijos pueden ser lágrimas del cuerpo que los ojos no pudieron llorar.

Durante la conversación, el padre y la madre necesitan estar atentos para no hacer responsables a los hijos, ni exigir promesas de nadie, evitando al máximo acusaciones y reclamos mutuos. Deben dejar muy en claro que los hijos no tienen la culpa ni el poder de separar o de unir a la pareja y que la responsabilidad del padre y la madre y su relación afectiva con los hijos es algo que permanecerá siempre. Sin embargo, como ex cónyuges, tendrán que hacer modificaciones que afectarán la vida de la familia.

Es común que los niños pequeños piensen que los padres resolvieron separarse por culpa de algo malo que ellos hicieron: "No voy bien en la escuela"; "papá está enojado conmigo, por eso se va". El niño puede culparse y hacerse responsable por la separación, por haber sentido odio al padre o a la madre por cualquier razón y el deseo de no volverlo a ver. Eso es natural, pues los niños pequeños ven el mundo de forma egocéntrica.

Cada hijo tiene su propia capacidad de comprensión y de absorción, que lo llevan a una interpretación única de la realidad, los padres necesitan encontrar estrategias que hagan sufrir menos a su familia, recordando que el niño siente, piensa, actúa y existe de manera muy distinta del adolescente.

No es posible evitar el sufrimiento de los hijos por la separación, pero hay separaciones inevitables para que ellos sean protegidos: es el caso de las familias muy desestructuradas, con un padre (o una madre) dependiente de sustancias químicas, desequilibrado, violento, que asedia sexual y moralmente a sus hijos. En ese caso, la separación es la solución y trae alivio a todos.

Ninguna pareja se separa para empeorar, sino para mejorar su vida, pero puede lograr lo opuesto si continúa peleando después de la separación.

Hay excónyuges que no se hablan. Cuando se encuentran, discuten y pelean, dificultan la vida de los hijos porque los utilizan descaradamente para descargar sus emociones y conflictos no resueltos. Lo mejor que puede hacerse en esos casos es asumir la incapacidad de resolver la situación y delegar poderes a personas capacitadas, como abogados y representantes apropiados, pertenecientes o no a las familias de los querellantes, aunque de la absoluta confianza de ambas partes.

El universo de los "ex"

A lo largo de la vida puede cambiarse de compañero, si los separa la muerte del amor. Vivir juntos bien es deseable, pero vivir unidos por un compromiso firmado en el pasado, cuando ya nada existe entre los dos, es poco saludable. Como dijo el gran poeta Vinicius de Moraes: "El amor es infinito mientras dura."

El hombre y la mujer se comportan de maneras distintas en la separación. Los bienes se dividen: él se queda con los bienes materiales, o sea, con el dinero; ella con los afectivos, los hijos. Hoy esas divisiones son menos radicales.

Hoy en día es raro que la mujer separada con hijos vuelva a vivir con los padres, principalmente por cuestiones económicas y administrativas. No es una reminiscencia machista; y así, cuando existe la posibilidad, la mayoría de las mujeres prefiere seguir viviendo en su casa con los hijos mientras el marido encuentra otro lugar para vivir.

He notado que algunos hombres separados actúan de manera muy diferente. Algunos hombres desaparecen de la vida de los hijos y se conducen como si fueran hombres solteros. Salen de su casa y se van a un departamento, lejos de cualquier esquema familiar. Si tienen dinero, quieren vivir solos y aprovechar su libertad. Si quieren libertad, es porque se sentían presos y viven en un periodo de nomadismo sexual. A veces, nada más cumplen con lo que la ley les dicta en relación con su antigua familia. Acaban convirtiéndose en "expadres".

Con el tiempo, el hombre ha evolucionado y algunos, al equipar su casa, se preocupan por tener en ella un espacio para sus hijos, que pueden quedarse ahí los fines de semana, o cualquier otro día. Esos exmaridos no se van a transformar en ex padres, y los hijos pueden contar con ellos, pues en muchas ocasiones, incluso, los padres se muestran hasta más participativos que antes, cuando estaban casados.

Hace poco, vi cómo un hombre cambiaba los pañales a una pequeña de menos de dos años de edad, en el asiento de un avión en pleno vuelo, supe que eran padre e hija; cambiar pañales a un bebé en casa es algo que muchos padres hacen ya, pero viajar solo con un niño que todavía come "papillas" y usa pañales es un avance significativo para no convertirse en expadre.

Por lo general, el hombre divorciado se ufana de su nueva independencia y autonomía. Inmediatamente se busca compañeros(as) para irse de farra. Mientras tanto, la mujer se siente todavía devaluada si no tiene un compañero, o una relación estable. En esos casos, no es raro que ella trate de compensar su frustración afectiva conyugal exagerando su papel de madre. Se vuelve exageradamente solícita con sus hijos, y sigue desgastando su propia autoestima por no estarse realizando. Pero no siempre los acontecimientos siguen ese esquema. Hay hombres que sufren mucho cuando son "corridos" por las mujeres, que se quedan con los hijos. Y también hay mujeres que se sienten mucho más libres, salen por las noches, viajan con amigas, realizan sueños (antes) imposibles, y llegan a caer incluso en excesos nunca antes cometidos.

En general, la mujer se queda con los hijos e intenta mantener la dinámica familiar. Si se consigue un novio él entra en una dinámica ya establecida. Por lo tanto, ella sigue en el esquema familiar, mientras que su exmarido regresa a la vida de soltero. En ocasiones, los hijos manifiestan el deseo de vivir con su papá. En esos casos, es necesario averiguar si el interés de los hijos se debe al afecto o a la posibilidad de tener una vida más desahogada económicamente, y psicológicamente más libre que la que tienen en compañía de la madre.

El hombre separado tiene la libertad de hacer lo que quiera. Pero pronto descubre que tiene que cuidar su ropa, su comida y de todo lo que estaba resuelto o supervisado antes por su esposa. No siempre consigue estructurar su vida sin la ayuda de una mujer.

Vivir solo, por aventura, puede ser agradable, pero cuando es por necesidad, puede convertirse en algo difícil. No es raro que el hombre empiece a descuidar su ropa, a alimentarse mal, y a desorganizarse incluso en su vida profesional. La sensación de independencia y autonomía se transforma rápidamente en soledad, y entonces puede llegar a ser víctima de enfermedades psicosomáticas, del abuso de drogas o de la depresión.

Generalmente, ésos son los síntomas que aparecen en un ex marido que se convirtió también en un ex padre.

Separada y feliz

Cuando el hombre es machista la mujer se libera con la separación. Desde el punto de vista personal, ella sale ganando casi siempre. Tiene mayor autonomía, se cuida más, se empeña en su trabajo, tiene más posibilidades de participar en reuniones y de viajar. Deja de ser "un ama de casa que trabaja" y adquiere el estatus de "persona que trabaja y tiene una casa". Es la madre trabajadora.

Familias de una sola persona

Vivir solo es una tendencia mundial. Solamente en la ciudad de São Paulo, hay 318 000 familias de una sola persona, 42 por ciento de sexo masculino y 58 por ciento de sexo femenino. Constituyen 10.7 por ciento del total de hogares, registrados por el IBGE[29] en el Censo de 2000. En todo Brasil, más de cuatro millones de personas viven solas.

¿Son muchas las personas que viven solas? Algunos datos: en Brasil, São Paulo se encuentra en el octavo lugar; en el primero está Porto Alegre, con 17.2 por ciento; luego, Río de Janeiro con 13.6; Florianópolis con 12.9; Victoria con 11.9; Curitiba con 11.3; Belo Horizonte con 11 y Salvador con 10.8. En comparación con dos ciudades de Estados Unidos, en ellas el porcentaje es aún mayor: Washington 39.5 por ciento, y Nueva York, 27.2.

Existe también un movimiento en sentido contrario: el de los hijos maduros que trabajan pero que viven todavía con sus padres. Las personas que viven solas pueden clasificarse en dos grupos:

- viudos con hijos ya crecidos que salieron de casa, el grupo está formado, en su mayoría, por mujeres que no quisieron casarse otra vez;
- jóvenes que no quisieron constituir una familia tradicional, y solteros o casados que prefieren vivir separados.

---

[29] Instituto Brasileño de Geografía y Estadística.

Una buena parte de estas personas están solas por decisión propia, para mejorar su calidad de vida. Otra parte la conforman personas de ingresos reducidos que, por diferentes causas, se quedaron solas. Éstas, además de estar solas, sufren de soledad.

Sin embargo, no por el hecho de vivir solo se es un solitario ya que, en general, se crea entre vecinos una cierta solidaridad formal. Por supuesto que ningún vecino se la pasa tocando la puerta del otro, pero ante una emergencia, los vecinos llegan antes que la familia. Se crea otro tipo de vínculo, muy diferente del familiar. A la mayor parte de este grupo no le disgusta su familia, pero prefiere tenerla como visita solamente.

Las familias de una sola persona muestran que la constitución familiar se está modificando. El mercado inmobiliario y otros se han adaptado al consumidor *single* (soltero). Nunca pasaría por la cabeza de una jefa de familia comprar sólo una cucharada de puré de papas y un muslo de pollo. Pero actualmente los supermercados venden porciones individuales de todo: ensaladas lavadas y listas para comerse, sin que sea necesario comprar un manojo de lechuga y comérselo hasta el final, como tarea.

Tenemos que estar atentos a las corrientes que se presentan en la civilización. Estos datos nos indican que la educación tiene que alcanzar un nivel nuevo, el de la salud social.

Los hijos en el fuego cruzado

En algunas separaciones la madre y el padre usan a los hijos como armas en una guerra interminable; muchos, incluso teniendo buenas condiciones financieras, piensan que es una exageración pagar a sus hijos una pensión alimenticia cuando ya no conviven con ellos. Vale la pena recordar que, incluso si la mujer ya no trabajó después del casamiento, cooperó mucho con su marido, dándole una base de apoyo para que él trabajara. Así, aunque el padre posea el dinero, los dos lucharon para ganarlo.

También hay mujeres que intentan aprovecharse de la separación para conseguir una pensión desorbitada, ya sea por interés o para agredir a su ex compañero, o incluso para vengarse de él. Uno no quiere dar, y el otro quiere más, hasta que el primero se niega a dar incluso el mínimo indispensable. Y eso lleva al otro a querer mucho más... ¡y el pleito continúa! El padre ataca a los hijos para agredir a la ex mujer. Pelea para reducir la pensión sólo para molestarla. Usa a los hijos para defenderse, en conflictos no resueltos con la madre.

En medio de todos estos ardides, hay seres humanos inocentes que necesitan de su padre y de su madre para hacerse ciudadanos. Las parejas separadas nunca pueden olvidar sus responsabilidades con sus hijos.

* * *

Hace algún tiempo atendí a un muchacho de dieciséis años cuyos padres se habían separado hacía cuatro. Vivía con su mamá, y quiso irse a vivir con su papá, que estaba feliz con la idea de tener la compañía de su hijo. La madre estaba a punto de estar de acuerdo cuando descubrió que el hijo fumaba mariguana. Como el padre estaba fuera de casa todo el día, el muchacho usaba su casa para fumar con un amigo. La madre también trabajaba, pero lo llamaba durante el día y eso lo incomodaba.

Cuando descubrieron la mariguana, llamé a los padres. Fue algo muy bueno conversar con ambos, porque se responsabilizaron al igual por su hijo. Estaban separados, pero seguían comportándose como padre y madre. Aunque no se hablaban, el interés por su hijo predominó y se pusieron de acuerdo. Con el tratamiento, el hijo dejó de usar la droga.

* * *

El padre perezoso y la madre agobiada, o viceversa

No es raro que el padre separado intente comprar el perdón de sus hijos con paseos y viajes. Entonces surge el clásico modelo del padre recreativo y la madre sacrificada. La madre vigila las tareas de la escuela, lleva al hijo al médico, le exige disciplina. Se acaba volviendo la "madre latosa". El padre es generoso, se "aparece" cuando el hijo está con sus amiguitos, los invita a todos a comer hamburguesas y de todo hace fiesta. Es el perezoso que se transforma en un "papá show".

Algunos niños lastiman a los padres que se retuercen de culpa por la separación.

Cuando un cónyuge asume la responsabilidad por la separación, sufre acusaciones y reclamos del compañero y de los hijos, que descargan en él la rabia por la frustración de que sus padres ya no están unidos. Si los padres no adoptan una postura firme, de educadores, esa situación podría perjudicar la formación de los hijos.

Mi hijo es mi vida

* * *

En cierta ocasión, recibí en el consultorio a una joven de dieciocho años, hija de padres separados. Había venido porque fumaba mariguana, pero descubrí que su problema era más serio. Su papá se había casado de nuevo, su mamá no. Era una empresaria y le dedicaba todo su tiempo a su hija, que vivía con ella. Vivía la vida de su hija, y la asfixiaba. No tenía vida propia, y le impedía a su hija vivir la suya.

El papá ya tenía otra familia, pero seguía desempeñando su papel de padre. Platicaba con su hija y la orientaba cuando era necesario. Él estaba en terapia. Le sugerí a la madre que también se metiera a terapia. Cuando la madre recuperó su dignidad y empezó a tener una vida propia, los problemas de su hija disminuyeron.

* * *

Uno de los grandes riesgos de la separación es que uno de los padres se anula y empieza a dedicarse completamente a los hijos. Como es natural, ellos crecen y se vuelven independientes, algo que la madre o el padre excesivamente solícitos no están dispuestos a aceptar. Los padres desean que sus hijos crezcan, pero ese crecimiento implica una mayor autonomía, tener vida propia y, por tanto, alejarse un poco de los padres.

Entonces, el padre y la madre, o uno de los dos, se quedan solos porque los hijos levantan vuelo y se van a preparar su nido a otro lugar. Si ellos no tuvieran vida propia, por estar viviendo nada más para sus hijos, sufrirán el "síndrome del nido vacío", que es más insoportable aún porque, ya viejos, han olvidado cómo vivir para sí mismos.

Es tarea de los padres ayudar a los hijos a tener vida propia. Y ésa es, precisamente, la parte más difícil de la educación: preparar al hijo para su independencia. El buen educador trabaja para que el educando dependa cada vez menos de él.

Hay padres que dicen: "Quiero que mi hijo esté siempre conmigo. Saber todo de su vida, ser su mejor amigo." Se trata de una pretensión que no es realista. Un padre tiene que ser padre, una madre tiene que ser madre. Los amigos son elecciones afectivas.

Las amistades implican cualidades relacionales diferentes. Con un amigo, el hijo se va de fiesta, se salta las normas, intercambia secretos íntimos, comparte penas de amor.

Cuando están con sus amigos, los hijos hacen cosas que en general no hacen con los padres (ni deberían hacer). Los padres deben educar, pueden tener una excelente relación con su hijo, pero presumir de ser su mejor amigo es demasiado.

"Adoro a mi hija porque me cuenta todo." ¡Qué esperanzas! Por más que le cuente, no significa que le cuente todo. Cuenta lo que es "contable".

Capítulo 7

La ciudadanía en la nueva familia

Las familias eran grupos unidos por el ADN, en una relación vertical a partir del macho alfa.[30] La familia actual es una agrupación afectiva de adultos con sus respectivos hijos, que conviven bajo un mismo techo; por tanto, la constitución familiar cambió.

Existe aún la tendencia de que se mantenga la autoridad del padre y de la madre hacia sus respectivos hijos, con o sin interferencia directa del otro adulto en la educación de sus propios hijos, los padres entregan a sus hijos a la nueva mujer, pero generalmente la madre no los entrega a su nuevo marido. Así, la mujer puede disfrutar de un poco más de autoridad que el hombre. El principio familiar gregario se conserva, pero su dinámica cambió.

He atendido a muchas familias en consultoría familiar, con una técnica que he desarrollado, basada en mi teoría de la integración relacional,[31] misma que formulé a partir de las experiencias obtenidas a lo largo de mi desarrollo profesional. Así, seguí de cerca la evolución

---

[30] Véase en páginas iniciales la referencia al amchi alfa.
[31] Véase, en este libro, la primera parte, capítulos 5 y 6.

de la familia ADN a la familia "bytes" y formulé varias propuestas con buenos resultados. A continuación presento algunas.

La educación, hoy día, es un proyecto racional, alimentado con mucho afecto, para que los hijos sean ciudadanos éticos. No ofender, no agredir ni explotar a los más débiles, sino ayudarlos. No sabotear, no menospreciar ni explotar al más fuerte, sino darle reconocimiento y pedirle ayuda. No competir con los iguales ni destruirlos, sino asociarse con ellos. Ayudar, ser ayudado y asociarse son las acciones mágicas que destruyen los prejuicios positivos o negativos, y la exclusión de los diferentes.

Mi propuesta para la nueva familia es la ciudadanía familiar: hay que empezar a practicar en casa lo que tendremos que hacer en la sociedad.

En esa nueva familia debería funcionar el principio del equipo. Todos son importantes, cada quien en su posición. No debe existir la autoridad preconcebida de los adultos sobre los más jóvenes, por el simple criterio de la edad, de ser más profesional o más fuerte, sino el principio de estar más o menos desarrollado.

Por ejemplo, el líder de un determinado juego sería aquel que tuviera más práctica en él. Si fuera necesaria la fuerza física, el líder sería no el mayor, sino el más fuerte, por tener la fuerza física más desarrollada. Si se tratara de un campeonato de ajedrez, asistiría el miembro de la familia con más experiencia en este juego y no el más inteligente. Si se trata del internet, el líder es el que más entiende de eso, sin importar que sea un adolescente "problemático" en otras áreas.

Así, ese equipo familiar tendría la fuerza del más desarrollado en cada juego y no la de un jugador que tuviera que representar solo a la familia en lo relativo a la fuerza física, el ajedrez y el internet. Si lo que importa es hacer de los hijos ciudadanos éticos, es importante que los adultos (padres o no) también lo sean para transmitir la propuesta, ya sea verbalmente, por medio de orientaciones, o extraverbalmente, mediante acciones ejemplares.

Un argumento muy usado por niños y adolescentes rebeldes para responder a padrastros o al nuevo marido de la madre, o a la madrastra o a la nueva mujer del padre es:

- "Tú no eres mi padre (o mi madre) para decirme lo que tengo que hacer."

Éstas son las respuestas básicas que suelen darse:

- "¿Ah, no? Ya verás quién manda aquí", y le da un golpe. Significa: "El que manda aquí es el más fuerte."
- "Entonces te voy a acusar con tu mamá (o tu papá)", y corta la comunicación. Significa: "Quien manda aquí es la mamá (o el papá) biológico."
- "Entonces, vamos a ver cuáles serán las consecuencias. Si no cumples, las próximas tres veces no pasará nada. Si cumples, ¡qué bueno! Todos estaremos bien." Significa: "Tienes derechos y obligaciones como cualquiera de nosotros." Es el principio educativo de la coherencia, constancia y consecuencia.

Los diferentes modos de relacionarse en la familia

Actualmente, a las familias que ya existen tenemos que agregar las familias monoparentales masculinas, las monoparentales femeninas, las homosexuales masculinas y las homosexuales femeninas.

Los papeles ya no se determinan solamente por el aspecto del género, sea femenino o masculino. "Ser de la misma sangre" ya no es una condición para que dos niños o adolescentes convivan y se consideren hermanos. Hay parejas que reúnen bajo un mismo techo a los hijos de la relación presente y de las anteriores, constituyendo así una familia grande y saludable. Hubo una época, no hace mucho tiempo, en que esas reuniones hubieran sido impensables.

Por un lado, las familias aumentaron en número, pero en realidad, la convivencia ha disminuido. Y esto ha sucedido no tanto por gusto sino por necesidad, por las exigencias del mercado de trabajo, del costo de la vida, entre otras cosas. Ese hecho no ha disminuido la importancia de la familia, al contrario, la ha puesto en el centro de la atención y del análisis, para que, incluso en medio de los cambios mundiales, las relaciones tengan calidad y permitan que las personas crezcan, se desarrollen, desarrollen su autoestima, para que puedan, en suma, ser felices.

Cuanto más nos encontramos con los problemas de los niños, más recurrimos a la familia. Resulta cada vez más claro que aprendemos cuál es nuestro lugar en el mundo que asumimos y nos es dado dentro de nuestra familia. Así pues, la familia tiene un poder enorme tanto para el bien como para el mal. Cuando vivimos la ciudadanía familiar, colocamos en el mundo a seres humanos con un potencial transformador de la dura realidad que vivimos, tanto social como ecológica. Cuando criamos a niños egoístas, individualistas, sin ética ni valores, estamos alimentando esa enfermedad social que vemos no solamente en Brasil, sino en todo el mundo.

Las nuevas configuraciones sociales pueden confundir a los niños, pero también pueden enseñarles mucho sobre respeto, límite, tolerancia y convivencia. La gran preocupación que nos queda es que los niños aprendan también que las relaciones pueden ser desechables, que no es necesario esforzarnos mucho para que las cosas salgan bien. Ninguna relación es sólo alegría. Las diferencias y las discusiones forman parte de una relación, y en vez de destruirla, pueden ayudar a construirla. Claro está que hay un límite para las peleas, pues hay un punto en que en realidad la mejor solución es separarse, pero entonces puede llegar otro aprendizaje, el del respeto y los acuerdos.

El segundo matrimonio

En general, el segundo matrimonio está formado por el hombre sin hijos, porque se quedaron con su exmujer y por la mujer que tiene consigo a los hijos de su primer matrimonio. Antes era más común el casamiento del viudo con hijos, que buscaba a una mujer sin hijos para casarse con ella. Pero ya hay padres separados que tienen hijos en custodia compartida, que se casan con una mujer que tiene la custodia de sus hijos. El ADN sigue siendo algo muy importante cuando esa nueva pareja se separa y cada hijo sigue o se deja seguir por su herencia genética. Lo que es necesario resolver es con quién se quedan los nuevos hijos de la nueva pareja. Generalmente, la ley permite que los hijos decidan con quién prefieren quedarse.

Es común que el hombre busque a una mujer mucho más joven, mientras que la mujer tiende a relacionarse con un hombre mayor que ella.

Es interesante notar que, de manera general, el hombre acepta ser sustituido por el padrastro, pero la madre generalmente se niega a ceder su maternidad.

Ella odia y prohíbe si le es posible, que los hijos llamen madrastra a la nueva mujer del padre, pues es una palabra que debería usarse para designar a la nueva mujer de un padre viudo. Se justifica con el argumento: "Mientras yo esté viva, soy su madre, y no voy a ceder en eso."

La nueva mujer del padre, cuando entra en el juego, aunque sea en paz, suele enfrentar una situación difícil, de resistencia de los hijastros, y, con frecuencia, de hostilidad de la exesposa. Por suerte, los niños de las nuevas generaciones ya aceptan mejor a las madrastras, pues la situación se ha hecho recurrente.[32]

Cuando la madre siente que ya no puede educar ni controlar a sus hijos sola, un compañero nuevo puede contribuir para mejorar o empeorar la situación. Lo malo es cuando el nuevo compañero acepta que los niños no lo respeten o lo descalifiquen. La madre puede ser responsable de esta situación, al impedir cualquier iniciativa suya y desautorizarlo en frente de sus hijos. Esa conducta maternal puede hacer que los niños digan: "¡No me molestes, tú no eres mi papá!" Los niños deben ser educados para que, cuando menos, respeten a sus mayores. La mayoría de los hombres no acepta que no lo respeten los niños, pero todo cambia cuando se trata de los hijos de su nueva compañera.

---

[32] Si le interesa el tema, lea: *100 % Madrasta: Quebrando as barreiras do preconceito*, de Roberta Palermo, São Paulo, Integrare, 2007. (N. del E.)

La situación mejora con la presencia de un nuevo hombre, cuando la madre no acepta que sus hijos abusen del nuevo compañero y le reconoce una autoridad saludable y capacidad de liderazgo.

El segundo matrimonio tiene más oportunidad de funcionar porque la pareja aprende con los errores y sufrimientos anteriores.

La pareja aprende que el amor y la atracción sexual no son suficientes para mantener una unión. Es necesario tener más salud social y una visión de 360 grados de la vida,[33] así como una mayor disposición para:

- resolver conflictos y superar dificultades;
- tolerar y aceptar las diferencias, aprendiendo de ellas;
- pedir ayuda en lo que fuera necesario y ayudar al otro en lo que sea posible;
- buscar nuevas soluciones para viejos problemas;
- enterrar prejuicios;
- actualizar la vida incorporando las novedades útiles para el ciudadano ético.

Esto sucede porque:

- estar más desarrollado en la vida es una cuestión de naturaleza, edad y mérito propio;
- ser más fuerte, inteligente y rico no es una señal de superioridad, sino de un mayor desarrollo;
- el color de piel, la estatura, la belleza son diferentes en cada individuo y no lo hacen superior ni inferior a los otros;
- ser adulto no es superior a ser niño, es sólo tener un desarrollo mayor;

---

[33] Si le interesa el tema, lea: *Você é o líder da sua vida*, de César Souza, Río de Janeiro, Sextante, 2004, p. 171. (N. del E.)

- nadie es superior ni inferior a nadie, es una cuestión de desarrollo;
- tener poder, salud, dinero, estatus, ser famoso, son estados pasajeros, lo que realmente vale es la clase de personas que somos y con quiénes nos relacionamos;
- y si todo esto fuera utilizado para el bien común, tenemos la oportunidad de hacer de este planeta una gran familia.

Para que eso suceda, es necesario reconocer que la fuerza de la pareja o del equipo es mucho mayor que la suma de las fuerzas de cada uno. En realidad, cuando la nueva pareja se comporta de este modo, transmite este modelo de relación a los hijos, educándolos por medio del "así somos". Es probable que los niños utilicen estos modelos relacionales en su vida cotidiana, obteniendo así una gran calidad de vida.

Sin embargo, si la pareja no aprendió nada en su primer matrimonio, puede repetir sus errores y así pasarse de relación en relación, recorriendo un camino que difícilmente hará felices a sus hijos. La pareja, por medio de su "así somos", transmite intolerancia, egoísmo, dificultad para superar conflictos y problemas, cometiendo los mismos errores y pensando que los que están mal son los demás.

La madre que educa sola a sus hijos

Si es posible la figura masculina y la femenina deben estar presentes y activas en la formación del carácter del niño, pero eso no implica que la falta de una de ellas perjudica el futuro de los hijos. Hace más de 300 000 años, antes de que el ser humano saliera de las cavernas y construyera la sociedad primitiva, la madre ya educaba a los hijos. El hombre fue padre sólo hace 12 000 años: después de que la mujer descubrió la agricultura, él se enraizó más a la tierra, lo que aumentó la convivencia entre padres e hijos.

El poder y la sabiduría de la figura femenina tal vez hayan sido pulverizados a lo largo del tiempo por la dominación masculina.

Pero la fuerza matriarcal se hace evidente en la sociedad en periodos críticos, como guerras y epidemias. En ausencia del hombre, la mujer asume el gobierno de la casa y de los hijos, y la familia no se desbarata.

En nuestra sociedad ha crecido el número de "madres-padres": madres que no tienen marido o cuyo marido está ausente.

Las mujeres pueden asumir el control por varios motivos: cuando los padres son solamente recreativos, o son débiles, o drogadictos, o están enfermos, o han muerto... Incluso cuando el padre, después de la separación, regresa a su antigua familia, convirtiéndose en ex padre.

La situación de esas "madres-padres" puede complicarse cuando existe la interferencia de la nueva mujer del ex marido en la educación de sus hijos. Si las "madres-padres" no aceptan esas interferencias, generalmente abusivas, corren el riesgo de ya no recibir del ex marido la pensión alimenticia de los hijos.

En algunas familias, la presencia del padre es altamente nociva. Abusa del alcohol, es violento, sale con otras mujeres, es inconstante. Y no obstante, la mujer sigue dándole poder y autoridad. No se siente con el derecho de echarlo de su vida. Se siente insegura, a pesar de que tiene la capacidad de cumplir sola con las responsabilidades familiares.

Un mal padre presente es más perjudicial que un mal padre ausente.

En ocasiones, la mujer, a pesar de vivir con un pie en el presente, tiene el otro en el pasado machista, aunque el marido le estorbe más que ayudarla. Como se siente insegura para criar sola a sus hijos, termina sometiéndose a situaciones que son malas para ella y para sus hijos.

Es muy común que los hijos no respeten a un padre negligente. Y la mujer se va apagando por la sumisión a la figura masculina, y ante sus propios hijos su imagen se debilita, y le pierden el respeto. En realidad, esa falta de respeto es una consecuencia natural de su sumisión. Hay otras madres que tienen el valor de salir de la casa con los hijos, o expulsan de ella a ese padre perjudicial. Pero aun así, se subestiman. Se consideran inferiores, y no siempre asumen la autoridad educativa que podrían tener. A veces, las carcome la culpa y la responsabilidad de haber hecho a un lado al padre de los niños.

Si la presencia paterna fuera absolutamente indispensable, todas las familias sin padre formarían delincuentes, y no es así. Cuando el padre está ausente o es poco activo, la madre tiene que manifestar su fuerza por el bienestar de la familia, independientemente de las críticas que pueda recibir. En situaciones de crisis, la persona más fuerte y capacitada para superarlas es la que debe asumir el mando.

De modo general, la sociedad ya no es tan prejuiciosa en relación con estas mujeres. Ese prejuicio puede aparecer en algunos medios específicos, como perfumes mal cerrados y tradicionales. Los hijos respetan a la madre que se respeta. Nunca acatarán órdenes de quien no se da su lugar y se impone. Además, ¿qué ejemplo de una relación está dando la madre a sus hijos, si se somete a determinadas situaciones?

Hay mujeres que cometen otro error: se obligan a ser padre y madre para compensar la carencia paterna. ¡Misión imposible! ... y aunque fuera posible, sería inadecuada.

Una madre separada vivía con tres niños pequeños. Sus hijos no la respetaban, cuando su padre los visitaba, cada dos o tres meses, sólo les pegaba un grito y los niños lo obedecían de inmediato. El padre gritaba no para educar, sino por una absoluta falta de paciencia.

La madre, a su vez, pensaba que los niños no la obedecían porque no sabía dar "el grito". Cuando empezó a recuperar la autoestima y a establecer lo que los niños podían o no hacer con base en sus propios valores y no en la ausencia paterna, obtuvo mejores resultados.

* * *

La incoherencia, la inseguridad y la inconsistencia son venenos mortales para la buena educación, porque permiten que los niños no asuman sus responsabilidades y quieran imponer sus deseos, sin importar las consecuencias o los daños producidos a los demás. En esos casos, el comportamiento animal supera al comportamiento humano. La delincuencia surge cuando no hay autoridad. Tradicionalmente, la autoridad se representa mediante un dios masculino; por tanto, aún no se reconoce la autoridad materna.

La mujer conquistó el mundo. Ganó dinero, trabajo, estatus, voz activa, derecho al voto y a viajar sola; se globalizó. Pero si no se impone en casa como persona y no como sirvienta, no será una mujer integral.

Cuando esas mujeres tratan de asumir su poder, reclamando, exigiendo responsabilidad y haciendo que los hijos se responsabilicen de las consecuencias de sus actos, la familia se organiza; las mujeres son más capaces de lo que suponen y, por tanto, necesitan recuperar su dignidad.

El padre que educa solo a sus hijos

Tal vez el padre sea capaz de cuidar solo a sus hijos, siempre y cuando ellos tengan mucha autonomía. En el caso contrario, tendrá que delegar esa función a alguien que pueda ayudarlo mientras trabaja.

El padre tiene que evolucionar mucho todavía para hacer solo lo que la madre realiza por sus hijos.

Si muchos hombres todavía se abruman con sus cuidados personales, ¿cómo podrán asumir la responsabilidad por la educación de los pequeños? No es una tarea imposible, pero es un verdadero desafío, cuando los hijos son mayores, sobre todo adolescentes, el padre puede arriesgarse a tenerlos con él.

Hay padres muy cuidadosos, que siguen de cerca la vida de sus hijos, sus calificaciones, sus actividades deportivas y sus actividades diarias, pero preguntarles todo el tiempo si se lavaron los dientes e incluso revisarlos para ver si lo hicieron, es demasiado para los niños.

No es casual que aparezca en escena su madre y los hijos empiezan a ser atendidos por la abuela paterna. Lo mismo sucede con la madre que tiene que trabajar, y cuenta con su propia madre para ayudarla con sus hijos.

* * *

Una vez recibí en el consultorio a un padre desesperado. Estaba acompañado por sus hijos, una nena de seis años y un niño de ocho. Su esposa lo había abandonado, y le había dejado a los niños. "¡No sé por dónde empezar!", decía, no conocía la rutina de los niños, lo que les gustaba comer, no sabía nada, sólo sabía lo que pagaba en la escuela, en la natación y en otras actividades. Al principio, ese padre procuró la ayuda de una hermana (también casada y con hijos) y de su madre. Poco tiempo después, y como tenía recursos financieros, contrató a una niñera y estableció una buena estructura para los niños. Antes él era un típico padre proveedor, ausente, distante, y de pronto descubrió el padre que podía ser, comprometido, interesado y más feliz en la relación con sus hijos. Los niños empezaron a tener un padre que no tenían antes. Parece difícil de creer, pero todos estaban emocionalmente mejor que en la situación anterior, con una madre presente pero siempre deprimida y en un matrimonio infeliz. Un año después, la madre quiso volver a ocupar su lugar. Por supuesto, fue imposible. Hoy están separados y el padre pudo obtener la custodia de los niños que están reaprendiendo a convivir con su madre.

El universo de la adopción

Hay distintas formas de enfrentar la adopción. No existe una manera correcta y otra equivocada. Lo importante es analizar cada caso, es decir, tratar cada situación de forma única.

A veces, los padres no cuentan la verdad al niño porque no saben cuándo y cómo hablar. Pero hay algunos que piensan que lo mejor es no decir nada sobre el asunto, porque los hijos adoptivos son hijos del corazón. También existe el miedo de traumatizarlos con la información, sobre todo cuando todavía son pequeños y se cree que no necesitan saberlo todavía. La verdad es casi siempre un buen camino, pues es difícil que un secreto pueda guardarse eternamente. Alguien de la familia, o incluso un "amigo" acaba dejando escapar la verdad, por maldad o por ingenuidad.

El mejor momento para hablar de esto es cuando el niño pregunta sobre el embarazo, el parto y el nacimiento. No es común que haga preguntas como un adulto: "¿Soy adoptado?" "¿Cuál fue mi origen?" "¿Nací en un parto normal?"

Los niños quieren saber de dónde vinieron, si son adoptados; su capacidad de comprensión aumenta conforme se desarrollan. Antes, cualquier respuesta les satisfacía, ahora necesitan más detalles. Vale la pena señalar a los padres ansiosos que, en un principio, los niños quieren saber "de dónde vienen los bebés", lo que no conduce necesariamente a la historia de su adopción. Es importante que los padres respondan a las preguntas que los hijos hacen de manera clara y simple, pero limitándose a lo que ellos quieren saber. Si les dicen otras cosas más de las que preguntaron, pueden estar dándoles más información de la que el niño puede elaborar.

Cada niño pregunta según su curiosidad y capacidad. Vuelve a preguntar más tarde, si no queda satisfecho con la respuesta. Es natural que quiera saber de dónde viene.

El padre, por sus características y hasta por su compromiso menor, puede con más tranquilidad decirle al niño que es adoptado. La madre sufre mucho porque cree que la responsabilidad de no haber tenido hijos es de ella, no es verdad; sólo 30 por ciento de los casos las causas del fracaso reproductivo son de la mujer; 30 por ciento son del hombre, y en 40 por ciento de las parejas sin hijos hay problemas de ambos lados. Una de las mayores causas de la adopción es la infertilidad.

La adopción es un gesto maravilloso. Los niños adoptados son hijos del corazón. Lo que cambia es el origen. Para un niño pequeño, no importa si vino del útero o del corazón. Todavía no tiene la imagen mental de la figura del padre y la madre biológicos. Ésas son preocupaciones de los adultos.

Mientras tanto, por más que la familia trate de lidiar de forma natural con la situación, llegará la hora en que el niño va a entender qué es la adopción y no tendrá la amabilidad, la sutileza psicológica y la gentileza para enfrentar la noticia de que su madre no es la verdadera. Se trata de un momento que siempre es muy difícil, pues afloran muchos sentimientos, tristeza, rechazo, rabia, gratitud con los padres adoptivos, rabia con los padres adoptivos por no habérselo dicho antes o por habérselo dicho, en caso de que hubiera preferido no saberlo. Es un momento de crisis, dolor y ambivalencia. Los padres adoptivos deben ser pacientes y confiar en el vínculo que han creado con su hijo, pues será la base para que supere la situación.

Argumentos crueles

"Me voy de casa. Me tratas así porque soy adoptado." Cuando un hijo sabe que es adoptado puede usar ese hecho como un arma y amenazar para conseguir lo que quiera cuando se siente contrariado, frustrado o agredido por sus padres con o sin razón. Y lo hace, sobre todo, cuando descubre que es un punto débil.

Es necesario tener calma para enfrentar la provocación y ser firme al decir, mirándolo a los ojos: "¡Entonces, vete! ¡Pero vete ya, tal como estás vestido!", y abrir la puerta de la calle. Raramente un hijo, biológico o adoptado, sale de casa sin tener a dónde ir. Algunos llegan hasta la puerta para intimidar más a los padres. Y los niños continuarán amenazando si sienten que pueden obtener resultados ventajosos.

En ese momento, el padre y la madre necesitan mantenerse firmes y agregar: "Sólo puedes regresar si reconoces tu error, pides disculpas y nunca más dices que te vas a ir. Si sales otra vez, ¡no podrás regresar ni siquiera si te disculpas!" Cuando siente que pertenece al equipo de la familia, el hijo, en general, acaba abandonando la idea de irse de casa.

No se puede vivir amenazado por chantajes. Quien se somete, además de dar fuerza al chantajista, también lo es. Quien las enfrenta no las alimenta. Por lo contrario, acaba con ellas.

Hay que tener, sin embargo, mucho cuidado, pues en la etapa de la omnipotencia de la pubertad y de la juventud, el hijo puede salir de la casa para enfrentar a los padres. En la etapa juvenil, después de que el muchacho cambia de voz y después de la menstruación de la muchacha, el hijo puede haber resuelto su sobrevivencia, pasando unos días en casa de algunos amigos.

Muchos hijos biológicos también hacen escenas a los padres cuando están en esta fase de rebeldía, del tipo: "Yo no les pedí nacer." Hacen esto con la esperanza de escapar de sus responsabilidades, y a veces llegan incluso a jugar malas pasadas, gritan: "¡No los soporto, me largo! ¡Adiós!", o: "Si me quisieran, no me harían esto", y chantajes similares.

Sólo cae en el chantaje quien quiere tener ganancias rápidas o impedir una pérdida importante. Así, es necesario que los padres descubran por qué caen en esas extorsiones.

Los padres naturales pueden negar con tranquilidad la adopción, pero si estuvieran inseguros, la segunda "afirmación" los debilitará. A su vez, la madre y el padre "de corazón" que todavía no hablaron a su hijo sobre ello pueden sentirse amenazados, como si el mundo que han construido estuviera a punto de desplomarse.

Es importante recordar que una buena integración relacional puede contribuir mucho para ayudar a superar todos estos conflictos.

Los padres adoptivos pueden estar preocupados por no contrariar al niño, como si necesitaran garantizar su vínculo, ya que no tienen la garantía del ADN (ellos la ven como una garantía, aunque ni siquiera lo es siempre). Eso vuelve frágil al hijo, pues no encuentra los límites debidos y eso lo hace más inseguro, sin capacidad de superar las frustraciones.

Los niños sin límites no son educados, sino nada más criados. Un niño educado adecuadamente es más feliz que otro que simplemente ha sido criado, pues sabe disfrutar lo que tiene y no llora por lo que no tiene.

No debe haber diferencias en la educación de los hijos adoptados y los naturales. Cuanto mayor sea la salud relacional, menores serán los conflictos resultantes de la adopción. Esa naturalidad es la que da confianza al hijo adoptado.

A pesar de que no he tratado a un número muy grande de niños y adolescentes adoptados, los problemas que enfrentan no se deben necesariamente a la adopción, sino a cuestiones educativas, como la falta de reglas y la ausencia de límites y de responsabilidades, en una permisividad y libertad totalmente fuera de modelos éticos.

Hijos de ADN

Son personas, sobre todo niños y adolescentes, que quieren certificar su paternidad por medio del examen de ADN. En general, este examen se solicita para forzar al hombre a reconocer la paternidad de alguien que quiere ser reconocido como su hijo. También puede ser solicitado por un hombre que quiere negar su paternidad a alguien que la pide o exige.

Raramente la mujer niega su maternidad, por tanto, es poco frecuente una petición de examen de ADN para el reconocimiento de la maternidad. A diferencia de los padres, son las madres las que lo piden, para probar que de hecho lo son, para confirmar su maternidad. En el año 2000, atendí a algunos hombres que descubrieron ser padres por el ADN. Son padres puramente biológicos y no hay ninguna convivencia entre ellos y sus hijos.

* * *

Dagoberto es un profesionista bien casado y muy exitoso, con dos hijos en la pubertad, su familia está bien constituida. En una ocasión, recibió en su trabajo la llamada de una muchacha que quería verlo. Después de una larga plática, le explicó que era su hija, resultado de una breve relación que tuvo cuando estaba soltero. Su madre había llevado a cabo una "producción independiente". Todo iba conforme lo planeado hasta que surgieron conflictos en la relación, agravados por la entrada a la adolescencia de la chica. Como la madre ya no podía convivir con ella, le reveló finalmente la identidad de su padre y le dio su teléfono, pues nunca había perdido de vista al hombre que había elegido y usado como donador de genes masculinos. En realidad él, sin saberlo, había participado con su ADN en la formación de otro ser humano. Después de una brevísima relación, nunca volvió a tener noticias de esa mujer, ni de la existencia de la hija hasta que ésta lo buscó.

***

El número de padres biológicos descubiertos por los exámenes de ADN ha aumentado. Los hombres que enfrentan esa situación, en general casados y con hijos, son jefes de familia con éxito y con una buena posición social y económica.

En una despedida de soltero, rodeado por amigos, con bebidas y en el ambiente de "es el último momento de ligar", como si el matrimonio le fuera a quitar por completo la libertad, el novio festejado puede ser usado por una mujer que desea una "producción independiente". La víctima es perfecta: se va a casar y no la buscará más. La mayoría de las veces, el embarazo, lejos de ser algo inesperado, puede ser premeditado por la futura madre. Lo que ella quiere es tener un hijo, no un compañero.

Los nómadas sexuales tienen relaciones sexuales con quien se les cruce en el camino. Para que se produzca el embarazo, es necesario que el espermatozoide se una al óvulo. Eso puede suceder en una sola relación sexual si la mujer estuviera en su periodo fértil. El embarazo de la mujer se prolonga durante nueve meses. El hombre desaparece, olvidándose de la relación sexual fortuita.

Lo más común es que la hija ADN (y no el hijo ADN) busque a su padre, sobre todo en la adolescencia, motivada más por cuestiones afectivas y relacionales que económicas, aunque éstas también puedan existir, pues mientras más crecen los hijos más caro y difícil resulta mantenerlos.

...¿Y qué puede hacer un padre que descubre de pronto que tiene una hija ADN, *ya adolescente?*

Este tipo de hijos suelen ser producto de encuentros anteriores al matrimonio, pero pueden ser resultado de relaciones extraconyugales, que plantean problemas delicados: ¿Cómo contárselo a la esposa? ¿Cómo hablar con los hijos? ¿Y si los hijos quieren conocerlo? ¿Se puede o no llevar al hijo adolescente de ADN a vivir con la familia actual? ¡Qué confusión!

Si la relación familiar es saludable, la esposa tiende a aliarse con el marido para trabajar unidos y aguantar esa carga. En relaciones debilitadas, el descubrimiento puede ocasionar crisis y hasta rompimientos. Normalmente, las esposas aceptan con más facilidad el hijo ADN que es anterior al matrimonio.

Pocos son los padres que llevan a sus hijos de ADN a su casa. Resuelven la situación de otra manera: les dan ayuda financiera, pero los mantienen a distancia.

Capítulo 8

La generación digital y el desafío de educarla

No es posible negarlo, los niños son mucho más inteligentes hoy que en el pasado. Estimulados desde muy pronto por juguetes interactivos, televisión, computadora y un volumen gigantesco de información, crean una gran cantidad de conexiones entre sus neuronas. La diversión, hoy en día, implica desafíos mentales, y hasta los juguetes más pequeños tienen objetivos psicopedagógicos de acuerdo con las diversas edades. Los niños no se escapan de las pantallas, ni corren ya libres por las calles. Más de 60 por ciento de la población de São Paulo vive en condominios verticales u horizontales. Para lidiar con tantas novedades, el padre y la madre tienen que prepararse. Es necesario actualizarse.

Ya no es posible ser un educador basado solamente en las experiencias que se tuvieron como hijo: sería como querer usar un martillo para arreglar los programas de la computadora.

Cuando Bill Gates fundó Microsoft, quería que las personas tuvieran la información en la punta de los dedos. Hoy, los adolescentes y los niños tienen sus vidas en las puntas de sus dedos.

Así como nuestro alfabeto tiene 23 letras, el lenguaje digital usa solamente dos números: 1 y 0. Todo puede ser traducido al lenguaje digital y transmitido a una velocidad altísima y en inmensas cantidades a inconmensurables distancias. El mundo virtual está organizado con ese lenguaje, y todo se encuentra en la red, en la web. Todo está en la punta de los dedos. Por eso he llamado digital a esta generación, porque quisiera tener su vida en la punta de sus dedos.

Dada su variedad, y sólo para facilitar la comprensión, dividiré a la generación digital en subcategorías: generación del *zapping*, generación de los videojuegos, generación del internet, y generación del celular.

Las generaciones que dominarán el mundo

Las inmensas novedades y los grandes cambios ocasionados en las costumbres y comportamientos de las generaciones fueron tan rápidos y sucesivos que es difícil clasificarlos y dividirlos en fases nítidas. Creo que lo mejor es hacer grupos, según las costumbres derivadas de los cambios tecnológicos, en lugar de elaborar una división de las generaciones con diferencias muy marcadas entre sí. Así, un niño de hoy tiene un control remoto de televisión para ver sus canales favoritos, mira sus DVD predilectos, enfrenta retos de sus juegos de video y ya quiere tener un celular, sin olvidarse de entrar al internet.

Sin embargo, quise hacer esta presentación secuencial en atención a una cuestión didáctica, más que queriendo representar propiamente la realidad. Sé que es una visión parcial sobre un tema global más amplio, en un mundo donde todo es simultáneo y rápido.

Me parece que estamos viendo a una generación infantil más globalizada que otras generaciones, porque las fronteras entre países y culturas, pueblos y lenguas, están desapareciendo en el mundo virtual.

Creo que las influencias culturales y familiares que se ejercen sobre los niños han disminuido bastante en comparación con las tecnológicas, globalizadas, que están cercando al mundo en su totalidad.

Así, lo que escribo sobre la educación brasileña se puede aplicar también a los niños de Japón, Estados Unidos, del mundo hispánico, de Europa y de cualquier otra región del mundo donde tengo amigos y colegas con quienes intercambio ideas. Fue fácil hacer estas actualizaciones a través de los Congresos Internacionales y de correos electrónicos con los especialistas en esta área. La mayoría de estos profesionistas están preocupados por asuntos que también a mí me parecen inquietantes, en todos los rincones del planeta.

La generación del *zapping*

Es la generación que creció con el control remoto de la televisión en las manos. Con él conseguía controlar la televisión desde el sillón, sentado a la distancia, sin levantarse, vagando, "haciendo *zapping*" por los canales hasta encontrar algo interesante. Sólo movía el dedo, para apretar los botones de control remoto.

El televidente es quien asiste y testimonia los actos y las escenas. El mundo transcurre dentro de la pantalla, bajo el control de sus dedos, sin hacer ningún esfuerzo, y prefiere estar siempre a gusto. Cuando algo no le gusta, simplemente vuelve a hacer *zapping* hasta encontrar un programa que le guste.

A pesar de que esa generación tiene entre veinte y cuarenta años, aún hoy encontramos muchas personas que ven la televisión diariamente usando el control remoto. No es raro que en una familia cada persona tenga su propio aparato de control remoto.

Una de las características de la generación *zapping* es vivir en el sillón, como si el mundo transcurriera en la pantalla y ellos escogieran el programa que les interesa, viéndolo hasta hartarse, y luego se fuera *zappeando* por otros canales. Aunque no hubiera nada interesante, vería lo que le pareciera menos aburrido, para no tener que abandonar su cómoda posición, acostado en el sillón.

El surgimiento del videocassette cambió un poco la pasividad del televidente. Por lo menos podía ver en casa la película de su elección. Los padres pasaban a los establecimientos donde se rentaban videos para alquilar algunas películas. Esta costumbre pasó rápidamente a los hijos, que se olvidaban de devolverlos a tiempo, lo que causaba conflictos familiares y gastos innecesarios.

No se puede decir que esa costumbre se acabó porque llegaron los DVD para niños, adolescentes y adultos; el número de lugares que los rentan aumentó ya que hoy día prácticamente en todas las casas hay un reproductor.

Los niños nacen con pantallas interactivas frente a sus ojos. En vez de mirar por la ventana, que ya no ofrece atracciones interactivas más que la posibilidad de arrojar objetos a los transeúntes, miran las pantallas que tienen en frente.

Si aciertan, siguen en el juego; si no logran superar los obstáculos, en vez de seguir intentándolo, cambian de juego. Simplemente cambian de pantalla. La mayoría de los niños hace eso: descartan los juegos difíciles y prefieren jugar con los que les resultan más fáciles.

De ahí se desprende el gran problema de esa generación: la incapacidad de lidiar con las frustraciones, que se extiende a las relaciones sociales. Si algo no va bien con una persona, los niños la agreden, la hacen a un lado, buscan otra. La descartan como si fuera un videojuego.

Los púberes y los adolescentes actúan de la misma manera cuando se "quedan" con alguien. Mientras les interesa, están juntos; de lo contrario, abandonan a esa persona sin saber siquiera el nombre de la que es "zapeada". Es lo que me han dicho que hacen los "que se quedan".

De esta forma, la generación *zapping* se acostumbra a la cantidad y a la superficialidad. Ésta es, además, una de las características del mundo moderno que más perjudican a la sociedad: las personas se descartan unas a otras, los padres abandonan a sus hijos con facilidad; lo que importa es satisfacer los objetivos personales y reina el individualismo.

Las grandes empresas descartan a las personas como si fueran máquinas de producir. En vez de invertir, educar, preparar, mejorar la formación y dar capacitación, las cambian y le pagan un salario más bajo a otras. "Hay mucha mano de obra disponible", reza la cartilla del capitalismo salvaje.

Los jovencitos también elaboran su capitalismo personal. Se vanaglorian de cuantos novios han tenido y de todos a los que han besado. "*Serial kisses*". Abandonan a quien no les gusta y empiezan a actuar como piratas, extrayendo el máximo posible de las personas y de las situaciones. Concluido el saqueo, cambian de objetivo. Abandonan la habitación, el trabajo, la familia. Hacen estallar todo a su camino.

Pero no todo está perdido. Cuando hay amor, asesoría y buena voluntad, el rumbo de la historia personal puede mejorar.

La generación del internet

La onda del internet explotó en la década de 1990. La *web* (www) surgió en 1991. La *web* es un espacio imaginario donde está la información (documentos, imágenes, sonidos, videos...). En la red están las computadoras y los cables. La conjunción de la *web* y de la red aumentó prodigiosamente el número de usuarios: crecieron de 600 000 a 40 000 000 en cinco años. La digitalización permitió transformar todo (letras, fotos, películas, imágenes, sonidos, voces, etc.) en *bits* y *bytes* (combinaciones de 1 y 0), que son transportados de un lugar a otro, a cualquier distancia, en gran cantidad y a una velocidad altísima, de manera económica y sin pérdida de lo que se transporte.

Uno de los primeros lemas de Bill Gates en Microsoft, la compañía de la que es cofundador, era el de dar a cada individuo "la información en la punta de los dedos".

Esta generación quiere tener su vida en la punta de los dedos.

Sumándolo todo, el internet que tenemos hoy es una incalculable cantidad de *bits* y *bytes* formando el mundo virtual que pertenece a la *web*, al cual se llega a través de la red, que está al alcance de todos los habitantes de este planeta.

La generación de los juegos electrónicos

Desde que surgieron los juegos electrónicos, se apoderaron del mercado infantil y juvenil, que tiene hoy de quince a treinta años; esa edad no delimita las costumbres, pues también usó el *zapping* y los DVD, pero su gran ventaja fueron los juegos portátiles. Adonde vaya uno se puede llevar el jueguito, y apretar sus botoncitos frenéticamente durante horas y horas.

La gran diferencia entre los juegos electrónicos y los antiguos, de tableros, era la inmediata y estimulante interactividad con el compañero de juego. Los juegos electrónicos, además de que no necesitan de compañeros presentes, atrapan la atención con tal intensidad que por un descuido se puede perder el juego.

Perder era parte del aprendizaje del juego, ya que es raro que un joven quiera leer las reglas escritas del manual que acompaña al juego. Se aprendía equivocándose y acertando. Cuantos más aciertos, más victorias, y el vencedor puede pasar a la etapa siguiente, más rápida, más complicada, más difícil, y por tanto, más desafiante para el jugador, que así se iba envolviendo cada vez más para alcanzar sus objetivos.

Si los sillones lo hacían más pasivo, los juegos volvían al cerebro más conectado, influyendo así en el *modus vivendi* de cada televidente o jugador. Ellos aplicaban esa misma posición en su vida. Así, para los jugadores, el riesgo pasó a formar parte de su vida real, y esto podemos reconocerlo fácilmente en los nuevos empresarios.

El gran contraste se dio entre el conservadurismo de la generación anterior en relación con la osadía emprendedora de los jóvenes. Los problemas empezaron a surgir con los niños, que sólo emprendían lo que les interesaba, abandonando sin el mínimo pudor la responsabilidad o el deber. Entonces surgió el internet, llevando la interactividad a un tiempo real entre personas de cualquier parte del mundo. De los juegos electrónicos al internet fue un pequeño salto en las costumbres, pero un paso gigantesco en el cambio de cultura entre las generaciones.

Los que son competentes se las arreglan muy bien, pero la legión de los incompetentes es mucho mayor. Los vencedores hacen fortunas con lo que antes era sólo diversión: los creadores de Google, de YouTube, los nuevos miles de millonarios de Silicon Valley en Estados Unidos, y tantos otros desperdigados en India, Japón, Pakistán, Corea, etc. Arriesgan todo como si fuera un juego, y entonces pueden tanto ganar fortunas como perderlas en la siguiente jugada.

Hoy es raro ver perder a un vencedor, pues él es ante todo un actualizador, que se rodea de auxiliares competentes, y es muy ágil para cambiar el rumbo de su juego. Los vencedores que no son líderes terminan por perder su estatus, pues pronto se ven rebasados. Pero los vencedores son los emprendedores que logran darse cuenta de lo que necesitan las personas, aunque ellas mismas no lo sepan; internet ha sido una excelente herramienta y campo de acción para esos nuevos vencedores.

Una de las características de la generación del internet es aprender lo que les interesa investigando, explorando, navegando, dándose cuenta de que los errores no siempre ocasionan pérdidas materiales, yendo contra la escuela clásica, donde, además de ser obligados a aprender de memoria lo que no les interesa, los alumnos no tienen la oportunidad de aprender lo que les interesa.

Es el mismo principio de la educación que los padres aplicaban antes: primero era necesario conocer la teoría, por medio del manual, para después encender el aparato electrodoméstico. Hoy, la generación de internet no lee manuales; aprende por el método de ensayo y error, preguntando a los amigos lo que necesita. Los profesores y los padres de esta generación deberían no solamente ofrecer clases, sino dirigir el aprendizaje y facilitar el acceso a la información para que el propio joven construya su conocimiento.

Los niños índigo

Nancy Ann Tape, escritora estadounidense, usó por primera vez en 1982 el término *niños índigo*, cuando notó que había aumentado el número de seres humanos, principalmente niños, envueltos por la energía del color azul. De ahí proviene el nombre índigo, más conocido como color azul añil. Nancy mostró la existencia de un nuevo tipo de ser humano, con características y comportamientos psicológicos bien definidos.

Rosana Beni, ecuménica, formada en Servicio Social y Desarrollo Infantil, citó las trece características principales de los niños índigo, siete de las cuales enumero aquí: autoestima fuerte; creatividad intensa; memoria extraordinaria; rápido poder de asociación; simpatía hacia la tecnología; capacidad de resolver situaciones, y sentido de responsabilidad.

Los niños índigo tienen la misión de hacer de este planeta un lugar mejor.[34]

* * *

En diversas ocasiones y lugares varias personas me han preguntado cosas sobre los niños índigo, lo que me llevó a leer sobre ellos. Sin embargo, no me sentiría capacitado para responder las siguientes preguntas:

- ¿Cree en la existencia de los niños índigo?

- ¿Cómo puede ser que dos hermanos de sangre, criados juntos, siguen caminos tan distintos? A veces, uno se dirige al bien y otro al mal.

- Mi nieto me explica o me responde, con razonamientos e inteligencia que me sorprenden. No le gusta pelear, está siempre contento y adora a los animales. Es muy distinto de mí y hasta de mis hijos cuando teníamos la misma edad.

---

[34] Si le interesa el tema, puede leer: *Crianzas índigo. Uma visão espiritualista*, de Rosana Beni. Osasco, Novo Século, 2002, p. 24. (N. del E.)

* * *

No hay abuelos que no estén encantados con sus nietos, ni padres que no se queden maravillados cuando empiezan a seguir sus iniciativas para hacer cualquier cosa, adoptar comportamientos o emitir sonidos. Pero es principalmente cuando esos nietos e hijos logran expresar sus deseos, sin importar cómo lo hagan, que sus abuelos y padres quedan asombrados.

La reacción de los abuelos y de los padres es bastante natural, si nos damos cuenta de lo que ha sucedido en los últimos treinta años. En 1981, IBM lanzó la primera PC (computadora personal) al mercado mundial. Después, en 1985, Microsoft lanzó el sistema operativo Windows y, en 1990, la versión Windows 3.0, que difundió la era de la información como poder, puesto que cualquier persona podía crear, manipular y compartir toda la información que deseara.[35] El ser humano queda sorprendido y admirado ante los avances tecnológicos que surgen en esta era digital, que hacen del mundo un sitio cada vez más plano, principalmente en la informática y la comunicación. ¿Cómo podríamos vivir sin el teléfono celular? ¿O sin la computadora?

* * *

Hoy los niños "nacen sabiendo", dice casi toda la gente. Parece que esos abuelos y padres, informatizados o no, fueron tomados por sorpresa, pues ven a sus hijos con los ojos del corazón y los reciben con esperanza y con buenas intenciones. El mundo también se hizo más plano en lo que respecta a las relaciones con los niños, cuando ellos dicen qué hacer a los abuelos y a los padres, tanto como éstos les ordenan a ellos. No respetan las jerarquías y tratan a todos de la misma manera: abuelos, padres, hermanos, vecinos, extraños...

Es la cultura, que va absorbiendo, transformando e individualizando cada fuente. El niño no sabe lo que tiene que hacerse,

---

[35] Si le interesa el tema, puede leer: *O mundo é plano*, de Thomas L. Friedman, Río de Janeiro, Objetiva, 2007, p. 71. (N. del E.)

simplemente hace lo que tiene deseos de hacer. Aprende por medio del ensayo y el error. Si se equivoca, empieza de nuevo; si acierta, lo repite y avanza a nuevos desafíos. Los adultos temen al error, y hasta se paralizan ante la posibilidad de equivocarse. Los niños, normalmente, intentan algo hasta conseguirlo. Si en una casa hay un aparato de DVD y un niño puede manipularlo, en un instante aprende a poner su DVD favorito y cambiar las configuraciones para ver un programa como más le guste. Regina Beni sugiere a los papás algunas acciones que pueden tomar si se dieran cuenta de que el campo energético de su hijo estuviera en problemas:

- llévenlo a pasear a lugares con mucha naturaleza (flora y fauna) donde pueda reciclar su energía, captándola como con antena parabólica;
- proporciónele la oportunidad de que juegue con dibujos, pinturas y piezas para armar;
- utilicen el diálogo para resolver cualquier problema; explicándole sin gritar, con coherencia, pidiéndole que se ponga en su lugar y viceversa;
- respeten sus elecciones, aunque lo agiten;
- permitan que elija su alimentación, pues saben hacerlo; suministren remedios naturales.

El niño índigo existe para quien cree en su existencia y lo trata de manera especial.

Creo que, si todos los padres trataran a sus hijos como si fueran niños índigo, tendrían éxito en su educación, aunque no tuvieran un aura azul. De la misma manera, si los hijos fueran maltratados o maleducados, aunque fueran índigo no podrían realizar sus propósitos.

* * *

Los hermanos son diferentes entre sí, pues la combinación de los genes del padre y de la madre es diferente en cada hijo. Al nacer primero, el niño gana "el reino", como hijo y como nieto. Nacer en segundo lugar en una casa donde ya hay un pequeño rey confiere una condición muy distinta, por razones que incluso los padres mismos no pueden controlar. Por más protectores que sean, la dinámica más común es que el primer hijo pierda su reino, y que el segundo tenga con frecuencia el dedo del pequeño rey picándole el ojo.

La generación *tween*[36]

Las generaciones siguen sorprendiendo a los psiquiatras, psicólogos y psicoanalistas. Después de la preocupante "adultización" de los niños que asumen desde la infancia responsabilidades de adulto, y por eso no les sobra tiempo para jugar, surgió su "adolescentización".

La generación *tween* está formada por niños que quieren adoptar ya conductas de adolescentes, usar gorras, zapatos deportivos, tatuajes, navegar en internet, crear sus blogs, participar en Orkut y en actividades de adolescentes. Pero ni su cuerpo ni sus capacidades psicológicas y preparación emocional están listos para esas acciones y hábitos.

La niña ni siquiera tiene senos y ya usa brasier. Si lo que quiere es saber cómo se siente usarlo, está bien, que lo use en casa, para jugar, para matar la curiosidad, así como se pinta los labios, se pone zapatos de tacón o la ropa de su mamá. Pero eso no debe volverse una costumbre ni hacerse en la calle. No es bueno usar brasier si todavía no se tienen senos, ni no usarlo cuando sí es necesario.

Hay algunos casos de niñas con senos crecidos, cuya madre se niega a comprarles un brasier, "¡porque es todavía una niña!" El sentido común debe dominar por encima de los deseos de los padres. Los padres deben vigilar de cerca a los hijos *tween* que nada más quieren divertirse. El mayor riesgo que corren es el de las drogas, y el de exponerse a peligros innecesarios.

---

[36] Del inglés, *(be)tween*: el niño entre la infancia y la adolescencia, entre los 8 y los 12 años de edad.

La educación sexual

Debe empezar a temprana edad. Los niños son ahora más listos y tienen acceso a todo tipo de información sexual. La curiosidad es natural. Saber cómo las personas enfrentan ciertas situaciones puede dar una luz, aportar conocimientos, aumentar el repertorio personal de recursos y ayudar a reflexionar. Es natural, por lo tanto, que los niños muestren curiosidad y traten de esclarecer las dudas con las personas en quienes confían más: el padre o la madre. Además, no es posible evitar el asunto: de un día a otro va a surgir.

No existe una edad precisa para hablar de sexo con los hijos, sino un momento adecuado.

La conversación debe suceder siempre que haya una oportunidad. Ante la televisión, por ejemplo. Es común que un niño corra por el cuarto mientras los padres ven una película, hasta que aparece una escena de sexo y se detiene ante la imagen. Entonces, la madre y el padre deben decirle que eso es natural entre la gente grande; no pueden simplemente cambiar de canal. Ni la censura ni la represión funcionan.

"Mi hijo no se abre conmigo", es una queja común de los padres cerrados. Sin darse cuenta, ellos evitan determinados asuntos y esperan que sus hijos los busquen para platicar con ellos al respecto. El clima de confianza debe establecerse desde el principio.

* * *

Un niño de 9 años le preguntó a su madre cómo era un condón femenino. "No sé", ella le respondió, "debe ser como uno masculino" y dio el asunto por concluido.

* * *

Las campañas de publicidad que recomiendan el uso de condones se dirigen más a los hombres. No mencionan los condones femeniños. El muchachito había oído hablar de ellos, sintió curiosidad y resolvió preguntarle a su madre. Sorprendida, ella optó por la salida más fácil, pero incorrecta. Hay diferencias entre los dos preservativos. Mientras el del hombre cubre por fuera, el de la mujer cubre por dentro. Aunque tengan vida sexual, muchas madres tal vez no lo conocen todavía. En ese caso, sería mejor admitir el desconocimiento: y comprometerse a investigar. El padre y la madre no están obligados a saberlo todo. Pero no pueden dejar una duda sin resolver. Deben tratar de saber y enseñar, que es un gesto de amor, y de ahí surge la intimidad. Más tarde, la primera persona que el hijo busca es la madre (o el padre), que siempre estuvo cerca de cada fase de su crecimiento.

En la educación sexual, lo importante es responder específicamente a lo que se pregunta.

En general, los padres se sienten tan abrumados por su papel protector que deciden dar a su hijo una clase sobre el condón. Le cuentan la historia de los preservativos, y se sienten aliviados. Pero necesitan saber si atendieron a la necesidad de la pregunta. Casi siempre lo que el niño quiere saber es su sentido práctico: para qué sirve. Desplazar el foco de la pregunta sólo aumenta la curiosidad infantil.

¿Se acuerda? Si el niño fuera un auto de carreras, al preguntar estaría haciendo una parada estratégica. Si la parada es satisfactoria, sigue en la carrera; si no, en la próxima vuelta tendrá que detenerse, o incluso estacionarse completamente. Por lo tanto, es mejor darle la respuesta que necesita. Si no, puede incluso hacer la parada estratégica con otras personas.

Recientemente se publicó un libro sobre pubertad femenina, de la psicoterapeuta italiana Shushann Movsessian,[37] con un lenguaje actualizado, lleno de figuras y de imágenes ilustrativas, un libro con un formato y mensajes en forma de revista, que me pare-

---

[37] Véase *Puberdade –Só para garotas*, de Shushann Movsessian, São Paulo, Integrare, 2007. (N. del E.)

ce muy apropiada para las mujeres en general. He atendido en consulta a muchas madres que desconocían el funcionamiento de las hormonas. Lo interesante es que los muchachos también se van a interesar, porque sobre el encabezado *Pubertad*, hay un sello que dice: "Sólo para muchachas."

La mesada

Una de las preguntas más comunes en mis conferencias es sobre la mesada: ¿de verdad contribuye a la educación? ¡Sí! Para ayudar al niño a organizarse, no hay nada mejor que algo de lo que pueda ser responsable y se pueda medir materialmente, como el dinero.

Los niños que aprenden a administrar bien su mesada viven mejor que los que no la controlan.

La mesada debe destinarse a los gastos cotidianos del niño. Es para gastos superfluos, como estampitas, calcomanías, plumas de colores, revistas, etc. El dinero de la mesada no es para pagar gastos esenciales, como la colegiatura, el almuerzo y la ropa.

El dinero del almuerzo, además, no lo debe guardar el niño, ni debe gastarse en otras compras. Si el niño no gasta en alimentos todo el dinero que recibió, el cambio se queda para el almuerzo del día siguiente o se devuelve. Así, él aprende que el dinero del almuerzo es para comprar alimentos en el comedor de la escuela. Cualquier otro uso debe ser considerado como un desvío del presupuesto. Cuando el niño realiza un "desvío presupuestal", debe saber que administró mal el dinero para el almuerzo. A pesar de que está en sus manos, no es su dinero. Tiene la responsabilidad de administrar bien lo que no es suyo. Sus padres le quitan esa responsabilidad y el niño vuelve a llevar a la escuela un almuerzo hecho en casa. La siguiente semana lo intenta otra vez; es una oportunidad para que aprenda.

En términos educativos, vale más la pena darle el dinero para el almuerzo todos los días, para que aprenda a manejarlo, en vez de abrir en el comedor una cuenta sin límite de gastos. "Comprar fiado" puede ser cómodo para los padres, pero es pésimo para la educación.

La utilidad de este aprendizaje impide que el niño llegue a casa con objetos traídos de la escuela: primero una pluma, luego una camisa, dinero, y así sucesivamente.

El niño aprende a cuidar de lo que es suyo y a respetar y a devolver lo que es de los demás.

Si el niño no tiene noción de lo que cuestan las cosas, llega con unas cuantas monedas y pregunta: "¿Esto alcanza para comprar un dulce que tiene una calcomanía con tatuaje?", eso significa que no es hora todavía de darle mesada. Mientras no aprende el valor del dinero, lo que ocurre mucho antes de lo que los adultos se imaginan, los padres pueden empezar a darle pequeñas cantidades.

¿Cuánto dar de mesada? Depende del medio en que la familia vive y de la edad del niño. Cada edad tiene sus propios intereses. El valor debe ser suficiente para que el niño compre poco a poco estampitas y pueda llenar su álbum en unos cuantos meses. Comprar todas las estampitas de una vez no cumple con el objetivo pedagógico de enseñarle a manejar el dinero. Una de las características del coleccionista es reunir poco a poco, y no comprar todo de una sola vez, o comprar el álbum completo. De esta forma aprende a manejar la espera y la ansiedad, a valorar las estampitas que tiene y a negociar con otros coleccionistas.

A pesar de que el dinero de la mesada es del niño, es importante que al principio los padres supervisen sus gastos. La mesada es una buena oportunidad de enseñar a los hijos a gastar dinero tomando en cuenta la relación costo-beneficio. ¿Vale la pena gastar una determinada cantidad para comprar cierto objeto? Ese aprendizaje será útil en el futuro. Los niños tienen gastos inocentes, pero un adolescente de diecisiete años que se sienta todopoderoso, tal vez quiera comprar drogas con su dinero, ya que está acostumbrado a la idea de que puede hacer lo que quiere con su propio dinero.

Supervisar los gastos del hijo e impedir que se apropie de las cosas de su hermano es tarea de los padres. La mesada permite observar las relaciones que se establecen entre hermanos perezosos y agobiados, diarreicos y estreñidos, sin límites adecuados. Los primeros viven anticipando sus mesadas. Apenas empezó el año, y ya quieren adelantar su regalo de Navidad. Ésa es una señal de que el hijo aún no está listo para manejar el dinero, y los padres cometen un error si confían demasiado en su capacidad y atienden a todos sus deseos, que aún no han pasado por el tamiz de la adecuación. El diarreico se siente feliz de comprar, pero no disfruta lo que compra. Incapaz de administrar su presupuesto, gasta en cosas que están fuera de su alcance. El extremo opuesto del diarreico es el estreñido, que se muere de ganas de gastar, pero no gasta en nada. Guarda todo y sufre privaciones, en su ansiedad de ahorrar. Quien sepa ahorrar dinero probablemente tendrá una vida más organizada y saludable que el que corre tras de su ruina, pero es importante tener cuidado con las exageraciones y saber disfrutar de lo que se gana.

Una de las maneras de ayudar a controlar y pagar las deudas desde el principio es aplicar la máxima: "La deuda es lo primero que se paga". Y establecer el pago de intereses. De cada 10 pesos prestados, por ejemplo, 1 es de quien prestó. Es bueno que estos intereses sean "de usurero", peores que los que los bancos cobran, para impedir que el hijo adquiera la costumbre de tratar de vivir con más de lo que gana –lo que, por otra parte, es el gran problema de una buena parte de los brasileños. Lo que los bancos hacen es, sobre todo, prestar a las personas que gastan por encima de de sus posibilidades.

Los préstamos: el desequilibrio financiero

Es necesario tener un cuidado especial cuando los hijos empiezan a pedir préstamos con abuelos y empleados de la familia. La fuente del dinero tiene que venir sólo de los padres. ¡Es definitivo! Si no, el niño empieza a gastar, sin importarle si el dinero es de él o de otros.

Cuando consigue dinero por medio de préstamos, el niño se queda muy contento, pero no le preocupa pagarlo. Cuenta con la benevolencia y el perdón de los acreedores. Si ésos son los primeros pasos de su vida financiera, ¿qué hará en el futuro?

El teléfono celular

Se ha escrito mucho sobre el uso de los teléfonos celulares en la infancia; si los padres deben o no dar un teléfono a sus hijos, ya que no son los hijos quienes los compran y mucho menos los que pagan la cuenta.

Si dependiera nada más de los padres, se los darían siempre, pero es necesario que tomen en cuenta si serán útiles o no.

El teléfono celular es un avance que mejora la calidad de vida, pero también puede ser una necesidad.

Antes de decidir algo en este sentido, los padres deben observar, entre las llamadas que su hijo recibe en casa cuáles son esenciales. Chismear con los amigos, quedarse platicando o bromeando no es hacer un buen uso del celular.

Muchos padres han dado a sus hijos un celular con límite de gastos o prepagado. Es importante saber más que cuánto gastó con quién lo gastó, no es sólo cuestión del resultado, sino del camino recorrido; cuando se termina el saldo de la tarjeta, ¿compra otra? ¿En qué tiempo? Los padres tienen que hablar sobre el uso del celular y supervisarlo.

Si el hijo va a viajar y sus padres quieren saber de él, es bueno que estén enterados de que los adolescentes no contestan el celular porque pueden estar haciendo algo que no deben.

Cuando un hijo no responde la llamada de sus padres, conviene que el uso del celular sea suspendido por una o dos semanas, el mismo tiempo en que le estará prohibido salir a divertirse. Si no contesta a sus padres, no tiene por qué contestar a sus amigos. Después volverá a usarlo, pero a la primera vez que no conteste nuevamente se le suspenderá una semana más; la finalidad es educarlo para que aprenda a usarlo, y no confiscárselo.

Los videojuegos

Es uno de los juguetes que más distraen a los niños, pero al mismo tiempo, los videojuegos representan también un peligro: enviciarse con ellos. Es importante saber cuándo su hijo está rebasando los límites saludables. Se puede saber si se ha caído en un excesos observando los siguientes síntomas:

- le cuesta trabajo dejar de jugar;
- desea jugar a cualquier hora, "aunque sea un poquito";
- interfiere con las actividades familiares de convivencia: comidas, salidas, cenas;
- no tiene tiempo para hacer las tareas escolares;
- se acuesta más tarde y se le dificulta despertar;
- hay peleas porque invade el horario en que otros quieren jugar.

Cuando se presenta un exceso significa que el niño perdió el control. En ese momento, es necesario que alguien, principalmente la madre o el padre, lo ayuden a recuperarlo. Una de las mejores formas para lograrlo es establecer un horario para dejar de jugar. Los padres no deben caer en la trampa cuando les dice: "Espera, papá, sólo me falta un poquito para que este juego acabe." El acuerdo es que deje de jugar y no que termine ese juego, que lo mismo puede tardar unos pocos minutos que mucho más tiempo. En caso de que el niño no acepte ese horario, ni siquiera debe empezar a jugar. El acuerdo tiene que cumplirse.

Cuanto mayores fueran los perjuicios en sus demás actividades, menor debe ser el tiempo estipulado para el juego. Como no se trata de un castigo, sino de responsabilizarse de las consecuencias del juego, a medida que los perjuicios van disminuyendo, el niño gana más minutos para jugar.

Los videojuegos y la violencia

Hay una corriente de pensamiento que sostiene que los videojuegos violentos estimulan la violencia en las personas. Hay situaciones en las que el cerebro "cree" que el juego violento de los videojuegos es real. Eso ocasiona fuertes descargas de adrenalina y de neurotransmisores, como sucede en las peleas reales. Los jóvenes que jugaron con videojuegos violentos en su infancia serían más violentos que los que no lo hicieron.

Otra corriente opina que tales juegos no ocasionan tanta violencia como se cree. De ser así, Japón, entre otros países asiáticos que producen esos videojuegos, padecería la violencia de sus jóvenes, pues casi todos ellos jugaron con videojuegos violentos. Para esta corriente, el cerebro "sabe" que está simplemente ante videojuegos violentos y no interactuando física y emocionalmente con ellos.

No existe un modelo absoluto. Los videojuegos violentos pueden predisponer a la violencia a algunas personas o a las que viven en ambientes favorables a su crecimiento. Hay personas que nacen más agresivas que otras, y cuando crecen en ambientes favorables a la violencia, pueden volverse más violentas que otras. En estos casos, los videojuegos pueden agravar la situación.

Otras personas, por falta de límites, por tolerar menos las frustraciones cotidianas, por pensar que tienen el derecho de hacer lo que se les antoja, sin la más mínima consideración con los demás, pueden volverse muy agresivas e impulsivas. De ahí a la violencia no hay más que un paso. La violencia es la agresividad natural y adecuada que se salió de control y empezó a ser destructiva.

Si sabemos usar los recursos, no nos faltarán

Cuando en Brasil había abundante energía eléctrica, había desperdicio y consumo innecesario. En 2001, el gobierno se vio obligado a aplicar medidas de racionamiento del consumo debido a la larga sequía, que ocasionó la caída del nivel de agua de las presas. No hay reservas de energía eléctrica. Se produce de acuerdo con la necesidad del consumo. Las materias primas pueden almacenarse, haciendo represas de agua, por ejemplo. Educar también es enseñar a usar de manera racional la energía eléctrica.

En 2000, cada persona gastaba, en promedio, 50 litros de agua potable al día. Si esa cantidad fuera mantenida, en 2030 faltará en el mundo agua potable para muchas personas. ¿Lavar con manguera la fachada de la casa? ¡Ni pensarlo!

Actualmente, el gran problema es el calentamiento global. Más allá de las medidas radicales tomadas por los gobiernos, es necesario que cada persona sea consciente de la necesidad de preservar el planeta. Una de las medidas más eficientes para proteger al mundo es la eliminación de los desperdicios personales.

Educar significa enseñar a usar lo que ya tenemos, evitando los dispendios y creando una conciencia de autosuficiencia para obtener una excelente calidad de vida. Como dice el lema de una campaña: "Si sabemos usar los recursos, no nos faltarán."

El desperdicio del "no"

¿Cuántas órdenes que los padres dan a los hijos no son obedecidas? ¿Qué sucede con los hijos desobedientes? La mejor manera de perder la autoridad es dar una orden que no será cumplida, y ese proceso empieza en el inicio de la vida, cuando el niño desobedece los "no" de los padres.

En un día, ¿cuántos "no" dicen los padres? ¿Y en una semana? ¿Y durante la infancia de sus hijos? Son muchos, pero muchos... Y los niños, ¿a cuántos de ellos obedecieron? Todos los demás son una muestra del desperdicio del "no". Para recuperar la autoridad esencial a la educación, es importante comprender la psicodinámica de la desobediencia al "no" y, a partir de ahí, buscar los cambios.

* * *

Antes de prohibir, es necesario analizar la situación:

- El hijo corre un riesgo grave como ser atropellado, jugar con armas, caer peligrosamente, llevarse a la boca productos tóxicos y venenos, querer acariciar a un perro furioso, entonces debe ser detenido con un "no" fuerte y decidido, con un grito, tomándolo corporalmente del brazo, de la camisa, de donde se pueda. Es una emergencia, y por lo tanto, debe ser un "no" prohibitivo, sin acuerdos.
- El riesgo que corre es bajo, como peleas entre hermanos, sin armas, abuso de juegos o juguetes o deportes o situaciones peligrosas, radicales pero no violentas; aquí el "no" debe ser claro y firme, en voz alta, sin gritar. Generalmente puede haber un acuerdo y la emergencia no es tan alta. Significa: "Detente (o ten cuidado), no te vayas a lastimar".
- El hijo infringe normas locales en ambientes que requieren buena conducta, por ejemplo, se sale de las filas, no se queda quieto, grita, coge lo que no debe, molesta a los demás, o a otros niños, o a mascotas de otras personas.
- El hijo molesta a personas que necesitan concentrarse.

En los casos donde no se corre un riesgo grave, el padre y la madre deben reflexionar en lo siguiente:

- si dicen "no" más por motivos personales como impaciencia, falta de tiempo, desinterés, pereza, para agradar a las visitas, que para educar a su hijo;
- si es realmente necesario decir, "no", pues si falta convicción, conduce a la desobediencia.

El niño que no respeta el "no" de la madre y el padre tiende a no respetar el "no" de otras personas. Y además, desarrolla una incapacidad de controlarse; es decir, no puede decirse "no" a sí mismo. El niño que suele desobedecer el "no" se vuelve voluntarioso, impulsivo, inestable, ansioso e intolerante, perjudicando a los demás y también a sí mismo. Su personalidad se vuelve tan frágil que no soporta ser contrariado. Por eso insiste, se obstina, hace berrinches y chantajes para conseguir lo que quiere.

* * *

Es un niño infeliz, porque nunca queda satisfecho. Desprecia pronto lo que tanto trabajo le costó conseguir. El juguete "que más quería en la vida" es hecho a un lado sin remordimiento. En seguida vuelve a usar el método que todos conocen para obtener otro "sueño de toda su vida". Así, los padres crían a unos "malcriados", que después se convierten en "aborrescentes", no solamente en su casa sino también en la escuela y en la sociedad.

La selva de concreto

En mis conferencias, los padres me preguntan si orientar al niño sobre los cuidados que debe tener respecto a su seguridad perturba la inocencia de su crecimiento. ¿Cómo alertar al hijo sin transformarlo en una persona miedosa?

Hace muchos años, se decía que los grandes centros urbanos eran como selvas de concreto por el paisaje, donde predominaban los edificios. Ahora, la selva está llena de predadores. La madre que cría a su hijo en medio de la selva lo enseña cómo reaccionar ante las cobras, las arañas, los animales y otros peligros naturales. En las selvas de concreto, los seres humanos son al mismo tiempo predadores y presas. El ambiente es tan pesado que la madre tiene que poner en guardia a su hijo y decirle que se cuide y no se exponga, por ingenuidad, a ser la próxima víctima. El niño tiene que conocer los métodos de sobrevivencia en esa selva de concreto.

Los adultos saben muy bien cuáles son los comportamientos preventivos: no hablar con extraños, no demostrar riqueza, no quedarse distraído en el semáforo en rojo, mantener los vidrios del carro cerrados, no caminar distraído por la calle, evitar al máximo los lugares solitarios, especialmente de noche. Los niños necesitan aprender a sobrevivir en la selva en que viven, pues si antes no les pasaba nada, hoy en día son las presas preferidas.

Se debe enseñar cómo contestar el teléfono; orientar a todos en casa, familiares y empleados, a no dar datos como el nombre de los que ahí viven, actividades, rutinas, horarios o itinerarios. Al contestar, se necesita preguntar directamente quién habla, en vez de decir el número. Aunque la familia viva en un edificio, no debe permitirse que el niño corra a la puerta para abrirla después de que suene el timbre. La seguridad en esos inmuebles puede ser burlada, abrir la puerta debe ser tarea de un adulto.

Aprender a sobrevivir en la selva de concreto es absolutamente necesario.

Desde muy temprano el niño tiene que aprender a protegerse. Los padres tienen que enseñarle a no exhibirse en la escuela, mostrando sus tenis de marca o contando que tiene alberca en casa. Su comodidad no debe apenar a nadie. Él va a destacar por lo que es, no por lo que tiene. Los delincuentes quieren lo que él muestra.

Si pertenecemos a esta sociedad/selva, es necesario que los padres, además de proteger a los hijos, procuren hacer algo beneficioso para la sociedad, para que la educación y las oportunidades de trabajo lleguen también a los predadores. Las víctimas y sus familias no pueden querer vengarse haciendo justicia con sus propias manos, pero pueden contribuir a mejorar el bienestar de todos, hasta de los marginados.

Esas medidas pueden empezar por quienes trabajan en su casa, dándole mejores condiciones laborales e interesándose por su vida. Note, por ejemplo, si está tirando cosas que pueden ser aprovechadas por otras personas.

Los hijos son como barcos

Quien ama, educa. Los padres tienen que educar el deseo que los hijos sienten de hacer cualquier cosa que quieran, sin medir las consecuencias y sin protegerse, ayudándolas a que aprendan a ver por su propia seguridad. El lugar más seguro para el barco es el puerto, pero ésa no es la finalidad para la que fue construido. Para un barco bien construido, el mundo es pequeño, como ya vimos.

El padre y la madre son un puerto seguro para los hijos, hasta que ellos se vuelvan independientes. Aunque los padres puedan pensar que el lugar más seguro para los niños es a su lado, los hijos deben estar preparados para navegar mar adentro, enfrentando buenos y malos tiempos, para alcanzar sus objetivos. El niño debe ser educado y preparado para ser su propio puerto seguro. Así, el mundo también será pequeño para él, porque sus horizontes serán más amplios…

No siempre los navíos (los hijos) van al lugar donde sus fabricantes (los padres) se imaginan. Nadie puede decir qué camino va a seguir su hijo, pero de cualquier manera, debe llevar dentro de sí valores como ética, humildad, humanidad, honestidad, disciplina y gratitud, y la disposición de aprender siempre y de transmitir lo que pueda, para establecer relaciones integrales con todas las personas, independientemente de su origen, color, credo y condiciones socioeconómicas y culturales.

El hijo nació de los padres, pero es un ciudadano del mundo.

Prevención contra las drogas desde la infancia

En la infancia debe empezar la prevención contra el uso de las drogas, pues el riesgo de que un joven entre en contacto con ellas es muy grande.

Hay muchas razones que llevan a los adolescentes a probar las drogas. Las explicaciones sobre el uso constante de las drogas por unos y por otros y de las adicciones subsecuentes están en mi libro: *Juventude & Drogas: Anjos Caídos*.[38]

Subrayo aquí las cuestiones educativas familiares. Son algunas condiciones que predisponen al niño para que, en un futuro, consuma drogas:

---

[38] Véase *Juventude & Drogas: Anjos Caídos*, de Içami Tiba, São Paulo, Integrare, 2007. (N. del E.)

Libertad extrema

Los padres dejan a sus hijos en la infancia hacer todo lo que quieran. Durante la adolescencia, sus voluntades y deseos crecen y la falta de límites se agrava. La educación requiere de límites, y el niño debe entender por qué son necesarios. Si no comprende las razones en que se basan, los obedece simplemente, y cuando quien prohíbe desaparece, no reconoce esos límites.

Los niños sin límites se guían por su yo interior instintivo (animal), no miden consecuencias ni asumen responsabilidades. No tienen ese aprendizaje, porque siempre alguien responde por ellos. Si no estuviera ese alguien, la misma vida terminaría por enseñarles las consecuencias de sus actos.

Será mejor para todos que el niño aprenda lo más pronto posible que no puede hacer todo lo que quiere. La salud social reside en distinguir entre lo que se puede y no se puede hacer. Un aprendizaje estimula a otro. Y se vuelve cada vez más fácil aceptar los límites de la vida y luchar por lo que pensamos que podemos hacer.

Pensar que lo agradable siempre es bueno

Cuando pregunto a un adolescente por qué usa drogas, es común que me responda: "Porque me gustan." Pero hay cosas que nos gustan y no son buenas. De la misma forma, hay cosas amargas que no son necesariamente malas. Lo que debe ser evitado no es lo amargo, sino lo malo.

Lo agradable es una sensación física (biológica, por lo tanto, animal) de placer que todas las personas sienten, independientemente de su edad, sexo, cultura, raza, religión. Bueno o malo es un criterio racional que forma parte de un cuadro de valores; depende, por tanto, de criterios como salud, cultura, ley, religión y sociedad.

Lo que es *agradable o no* es evaluado por el cerebro medio, que gobierna a los animales. Lo *cierto o falso* es evaluado por el cerebro superior (el córtex), que sólo existe en el ser humano.

No sufrir las consecuencias de los propios actos

Una de las condiciones que determinan la salud social es saber que todo se relaciona. El problema de hoy puede ser resultado de lo que no se hizo ayer. Si el estudio fuera hecho a un lado, porque es difícil, el precio a pagar en el futuro puede ser muy elevado. Si un niño que sabe que tiene que guardar sus juguetes después de jugar no los guarda, es natural que tenga que sufrir las consecuencias de eso. Una de esas consecuencias es que los padres regalen el juguete no guardado a un niño pobre.

Si los padres pagan las consecuencias de los problemas en que sus hijos se meten, éstos no aprenden ni siquiera a cuidar de su salud, lo que favorece el uso de drogas.

No tener obligaciones que cumplir

Entre las obligaciones que los niños tienen que asumir, una de las más importantes es la responsabilidad de hacer lo que son capaces de hacer. Quien sabe hacer aprendió haciendo. Cuando los padres hacen las cosas en el lugar de su hijo, hieren su autoestima. ¿Cómo puede alguien alimentar su autoestima con elogios y calificaciones por cosas que no hizo? Además de empezar a mentir, los hijos se vuelven incompetentes.

La personalidad también exige en su formación alimentos como disciplina, ética, persistencia y valor para alcanzar metas. Dos muestras, entre muchas, de una personalidad débil son el abuso de las drogas, y el ya comentado síndrome de los "tornillos de jalea".

Ser egoísta

Es fundamental que el hijo sepa que su vida no es sólo suya, aunque solamente él pueda vivirla. El niño pequeño dice, orgulloso: "Tú eres mi papá", no para señalar su propiedad, sino para dejar claro su pertenencia: "Yo te pertenezco, tú me cuidas". Si esa sensación se conserva, y el padre y la madre la refuerzan diciendo: "Tú eres mi hijo", se forma una unidad en donde todo lo que uno hace forma parte de la vida del otro. Al tomar cualquier actitud, la persona pensará en aquellos que ama. Eso la vuelve más fuerte y menos vulnerable a las presiones para que use drogas.

Si, por el contrario, esa sensación de pertenencia no fuera clara, cuando sea joven puede sentirse "un extraño en el nido", y pensar que en su mundo sólo existe él, y decirse: "Mi vida es mía, hago lo que quiero. Por lo tanto, uso drogas porque quiero."

La sensación de pertenencia da al ser humano la certeza de que es realmente importante para el otro. De la misma manera en que la madre piensa: "Tengo hijos que criar, no puedo arriesgarme", los hijos pueden pensar: "Tengo a mis padres que se preocupan por mí", y así evitar riesgos. Es la fuerza gregaria del ser humano en la constitución de un equipo en el juego de la vida.

Dejarse llevar por la moda

No se debe hacer algo simplemente porque todo el mundo lo hace. El ser humano es gregario, quiere formar parte de una comunidad. Para ser aceptado, tiende a comportarse igual que todos. Después, empieza a competir para ser el mejor. Si el grupo empieza a hacer cosas que él no quiere hacer, no está obligado a seguirlo. Si sus amiguitos agreden a la maestra, pero él no quiere hacerlo, no tiene que imitarlos. Si agrede también, cae bajo la influencia del grupo, y empieza su transgresión.

No es necesario alejarse de las personas diferentes. Lo importante es respetarse y respetar a los demás. Entonces la persona puede exigir que la respeten. Hay una gran variedad de comportamientos y hasta de religiones. Ni los mismos padres están de acuerdo entre sí todo el tiempo.

Si alguien necesita estar a la moda y quiere tener o hacer lo que los demás hacen, muestra una baja autoestima. Quien se estima a sí mismo no necesita estar a la moda para sentirse bien.

Falta de ética

Quien tiene ética respeta tanto al otro como a sí mismo. Esa base del comportamiento social empieza en casa. Así como los padres se preocupan por su hijo para que no le pase nada malo, él también tiene que preocuparse por sus padres y hacer lo posible para preocuparlos menos. El mayor poder para usar o no usar drogas lo posee el mismo hijo. Si las usa, pierde progresivamente el control de lo que pasa dentro de él, como resultado de lo que la droga ingerida le ocasiona bioquímicamente. La droga es placentera y absoluta: siempre actúa de acuerdo con sus características químicas en los organismos más diversos.

El uso de las drogas, la mentira, la violencia y la delincuencia están muy relacionados entre sí. La ética se desarrolla con la responsabilidad, cuando el niño hace lo que es capaz de hacer. Los padres necesitan dejar de hacer todo por su hijo. Cuanto menos hace el hijo, más aumenta su dificultad para hacer algo. Con el paso del tiempo, empieza a tener vergüenza de su dificultad de hacer lo que la mayoría de los amigos de su edad hacen. Muchos niños y niñas de nueve y diez años andan con las agujetas de los tenis desatadas porque no saben amarrarlas. El padre y la madre que siempre amarran las agujetas de sus hijos, dándoles por amor esa ayuda de buena voluntad, acaban entorpeciendo el desarrollo de su autosuficiencia.

No respetar ni estimular el desarrollo de la autosuficiencia es una falta de conocimiento educativo de los padres. De la misma manera que ocurre cuando le hacen al hijo la tarea, el deseo de los padres de amarrar las agujetas fue mayor que el de enseñar a su hijo a hacerlo. Es por amor y no por falta de amor que lo hicieron, pero lo que importa es que el perjuicio fue mayor que la ayuda.

Más tarde, los hijos, para no admitir que son incapaces, dicen que no quieren estudiar (o amarrarse las agujetas).

III. FORMANDO
ciudadanos éticos

Una gran preocupación actual es la falta de ciudadanía y de ética. En la ciudadanía debería estar comprendida la ética, pero la ausencia de la ética es tan grande que es preciso reafirmar su importancia.

Existen fallas en la formación del ciudadano, que es egoísta, "se pasa de listo" y quiere sacar siempre ventaja sobre los demás, es corrupto, transgresor, usa drogas, se siente superior a otros menos desarrollados o de otra clase social.

Esos defectos serían evitables si la educación se actualizara mediante la ciudadanía familiar. Pero antes de hablar de ella, ofrezco un resumen histórico sobre la generación de los educadores de hoy.

III. FORMANDO ciudadanos ricos

Capítulo 1

Los hijos de la generación de las sobras del pollo

La sociedad atraviesa hoy por un periodo muy difícil en relación con los valores ciudadanos; está compuesta por familias que también están pasando por tiempos difíciles.

* * *

Un ejemplo de esto me sucedió durante una conferencia pública que estaba dictando: una madre se queja de que su hija no la obedece, hace sólo lo que quiere, es impositiva, respondona y gritona. Ya no sabe qué hacer... Le pregunto la edad de su hija y me responde: dos años.

Entonces pregunté al público:

—¿Quién de ustedes, de niño, obedecía inmediatamente, con una sola mirada de su padre?

La mayoría levantó la mano. Enseguida pregunté:

—¿Cuántos de ustedes tienen hijos que los obedecen con tan sólo una mirada?

Algunas personas levantaron la mano. Concluí:

—Nuestros padres eran machos alfa. Nuestros hijos son de la generación digital. Nosotros somos de la generación que cambió el mundo.

* * *

El macho alfa es el animal más poderoso del grupo, fuerte, que se responsabiliza por la seguridad y el mando, y es siempre el primero en comer, eligiendo la mejor parte. Elimina a cualquier rebelde que se le presenta, y muestra una violencia emblemática para conservar el poder. Era el padre de familia que, con poca paciencia, voz grave y mano pesada, mantenía el orden y comía la mejor parte del pollo: la pechuga y las piernas. Pobres de nosotros si no nos dábamos cuenta, por su mirada, de lo que quería. Nos hacíamos merecedores de castigos y los recibíamos.

Como no queríamos que nuestros hijos sufrieran lo que sufrimos, que comieran las alas y el pescuezo del pollo les dimos nuestra parte, la pechuga y las piernas. ¿Y qué nos quedó? De nuevo, las alas y el pescuezo. Por eso llamo a la generación de los padres de los adolescentes y niños de hoy, la "generación de las sobras del pollo" (el ala y el pescuezo). Esos niños y adolescentes crecieron ya cuando el machismo estaba en decadencia; sus madres trabajaban fuera de casa y ellos ya iban a la escuela a los dos años y hacían lo que querían, apoyados por nosotros.

Dar poder a quien no tiene competencia es tener que someterse a la tiranía de sus deseos. Eso fue lo que sucedió con nuestros hijos. Por no querer reprimirlos, limitarlos, traumatizarlos, nos sometimos a sus deseos. Y los hijos, por no saber en absoluto administrar sus deseos, se transformaron en pequeños tiranos, a pesar de ser amados.

Por la notable decadencia del machismo, con las madres trabajadoras[39] y los padres fuera de casa, los divorcios, los nuevos matrimonios y las uniones de los excasados y los solteros, fue muy grande la influencia de los compañeros (colegas y amigos) y del exterior (escuela, televisión, internet) en la formación de nuestros hijos. Los avances tecnológicos e informáticos volvieron caducas

---

[39] Véase la primera parte, capítulo 1, "La madre frívola y la madre trabajadora" (N. del E.)

las costumbres de los padres e influyeron en los niños aun antes de que ellos "aprendieran a pensar".

Como ya vimos, los niños y los adolescentes absorben las novedades por placer y curiosidad, mientras que sus padres sólo descubren su existencia cuando las necesitan (para capacitarse en nuevos empleos o usar nuevos instrumentos de trabajo). Los padres se quedan mirando los teclados con desconfianza, mientras que los hijos ya nacieron en el mundo digital.

Por eso es bastante natural que los padres hayan perdido las referencias educativas y no sepan muy bien qué hacer con los hijos, aunque los quieran mucho.

Ningún padre y mucho menos una madre, se equivoca a propósito con sus hijos. Los errores se cometen porque no se sabe cómo educar.

Pero no todo está perdido pues, si hay motivación, siempre es posible evolucionar. Por eso desarrollé la *Teoría de la ciudadanía familiar.*

Capítulo 2

La ciudadanía familiar

La formación de la ciudadanía tiene que partir de casa, desde que el niño es pequeño. Así, la educación familiar se fortalece con un centro hacia el cual deben converger todas las orientaciones, las enseñanzas y exigencias, los deberes y los derechos, las relaciones afectivas, las relaciones de costo/beneficio, los aprendizajes y las prácticas de los valores ciudadanos, profesionales y personales, en un proceso mucho más racional que emocional.

Como ya expusimos en el capítulo 2 de la primera parte de esta obra, el principio fundamental de la familia es funcionar como un equipo, donde todos los miembros deben esforzarse lo más que puedan, sin explotar a nadie. Por los principios de la ciudadanía familiar, sus integrantes no pueden hacer en casa lo que no pueden hacer fuera de ella.

En rigor, no estamos preparando a nuestros hijos para la vida, pues ninguna empresa admite en su planta de empleados a una persona que trabaje como hijo. Sería un empleado que no cumple con su deber y hace todo lo que no debe hacer, no contesta el teléfono cuando lo llaman y se la pasa hablando con sus amigos, no respeta a los ancianos, abusa de los jóvenes, quiere todo para sí sin dar nada a cambio y se niega a hacer un reporte de sus actividades.

Hasta hace poco, cuando el machismo dominaba, las mujeres eran oprimidas por los hombres que vivían cómodamente en sus posiciones machistas; pero debajo del perezoso siempre hay alguien oprimido: esa es la ecuación de la vida. El perezoso no quiere perder su comodidad, por tanto, es el oprimido el que tiene que reaccionar. Las mujeres reaccionaron y, en consecuencia, el machismo tiene sus últimos estertores.

Si las máquinas sustituyeron a la fuerza física, y la informática a la lógica matemática de los hombres, que se cuiden los padres, que usen más el hemisferio cerebral derecho, desarrollando su comunicación afectiva, su expresión emocional y su visión de 360 grados, principalmente en casa.

El éxito de los padres no garantiza la felicidad de los hijos.

A continuación presento algunas situaciones emblemáticas de la ciudadanía familiar.

Los niños deben guardar sus juguetes

Hoy en día, todo mundo conoce a niños que, cuando ya no tienen ganas de jugar, dejan los juguetes a un lado e inician otra actividad, dejando todo desordenado a su paso. Es lo mismo que hacen algunas personas, sin importar su edad, género o nivel social o cultural, cuando dejan sucios el baño y el lavabo que usaron, cuando dejan prendida la luz o cualquier aparato que usaron cuando salen de un cuarto, cuando tiran la basura al piso o cuando se van de un lugar dejándolo peor de lo que estaba cuando llegaron. Esto depende de la educación, de la ciudadanía ética.

A los niños, en general, no les gusta el desorden. Los adultos tienen dificultades para comprender que los niños tienen criterios de organización completamente distintos de los suyos. Les gusta reunir cosas, ponerlas en hileras, ordenarlas, poner todo en cajas. Sin embargo, se acostumbran a lo que ven en casa. Cuando predomina el desorden, les parece que es natural la confusión. Así, no les importa abandonar sus juguetes cuando ya no quieren jugar. Es importante que los padres los ayuden: "El juego acaba cuando guardas los juguetes, por lo tanto, ¡vamos a guardarlos!"

No posterguen las cosas: el niño tiene que aprender que tiene que hacer todo lo que sea posible. La madre recoge algunos objetos y los guarda. El niño la ayuda al principio, para que luego la madre ayude al niño, hasta que pueda guardar todo por sí solo. Lo importante es que el niño tome la iniciativa y guarde los juguetes, verificando si dejó en orden el lugar donde jugó. Es interesante que el educador muestre su satisfacción y comente brevemente lo bueno que es dejar todo en orden para volver a jugar después.

Quien no aprende a guardar sus propios juguetes cree que es natural vivir en el desorden, dejar sus cosas de la escuela en cualquier parte, perder el celular; no aprende a arreglar su cuarto, su casa, la ciudad, la Tierra. No siente gratitud por quienes le ayudaron, guardando por él lo que él dejó de cualquier manera. No desarrolla respeto por las pertenencias de los demás, pues las trata como si fueran suyas; es decir, no las cuida. Ésa es una forma de no respetar a los demás. No es ético que otro haga lo que nos corresponde, cuando nosotros podemos hacer lo que nos toca.

"Nadie guarda el juguete. ¿Por qué tengo que guardarlo yo?", puede preguntar.

Con calma, el padre (o la madre) le explican: "Hijo, cuando tienes ganas de ir al baño, vas, te sientas y haces tus necesidades. Cuando ya no tienes ganas, ¿simplemente sales corriendo para jugar, o te limpias antes de salir? Ir al baño no termina cuando ya no tienes ganas, sino cuando te limpias. Y también tienes que jalar la palanca del excusado, ¿verdad? Pasa lo mismo con tu juego: no se acaba cuando terminan tus ganas de jugar, sino cuando guardas el juguete y arreglas el tapete. Así, dejas el lugar en orden para la próxima persona que llegue. Eso es una señal de respeto a tu prójimo. Un gesto ciudadano."

Los niños tienen que aprender a organizarse para vivir bien y ser felices

Para ser feliz, el niño necesita desarrollar en su cotidianidad un criterio interno de lo que es correcto y lo que es incorrecto, adecuado e inadecuado y esencial o superfluo.

Con ese criterio interno, la vida del niño mejora mucho, pues su autoestima crece a medida que supera los desafíos. No hará solamente lo que ya sabe hacer. Descansar en el éxito, que es transitorio, no trae felicidad a nadie, sobre todo a esa edad, en que abrirse a nuevos aprendizajes es esencial. Para quien sabe hacer, lo difícil se hace fácil.

Muchas actividades obligatorias son latosas para el niño, justamente porque todavía no tiene el conocimiento ni la práctica de cómo hacerlas.

Hacer lo inadecuado es más fácil que tener que aprender a hacer lo adecuado. Es más fácil orinarse en el pañal cuando se tienen ganas que sujetarlo para orinar en el excusado. Pero no siempre lo más fácil es lo mejor, pues alguien va a tener que cambiarse el pañal orinado para no irritarse las partes en contacto con la orina. A un niño educado le satisface ser adecuado, pues sabe que está "haciéndolo todo muy bien".

Si tiene ganas, hacer pipí es más importante que jugar. Si no hace lo importante (lo esencial), no va a jugar tranquilamente. En ese momento, jugar es menos importante que orinar.

Los refuerzos, los elogios y los premios deben ser justos y más importantes cuanto más difícil, trabajosa o tardada sea la actividad.

La educación en red

Para que un hijo guarde sus juguetes, es necesario que los padres sean coherentes entre sí. El (o la) que permita que no se guarden los juguetes ni se vuelva a poner el sillón en su lugar está saboteando esta educación. Se trata del principio de la coherencia educativa. Si un empleado en su trabajo no puede recibir dos órdenes opuestas, una contradiciendo a la otra, mucho menos un hijo que ya está predispuesto al desorden.

La niñera (o la empleada, o la lavandera, o los abuelos, o cualquier otra persona) tiene que saber que no debe guardar el juguete que el hijo dejó fuera de su lugar, aunque ella tenga la obligación o las ganas de dejar la casa en orden. Es necesario explicarle el motivo de esta medida y darle además algunas lecturas adecuadas, prestándole libros o textos que los propios padres estén leyendo sobre el asunto. En la ciudadanía familiar, todos tienen derechos y deberes.

Guardar los propios juguetes tiene que ser una medida constante. No hay excepciones para los deberes, hasta que el hijo los incorpore y sean naturales para él. Es el principio de la *constancia educativa*.

¡El que no cuida sus cosas, las pierde!

Cuando el niño, incluso sabiendo que debe guardar sus juguetes, se niega a hacerlo, es hora de aplicar el principio educacional de la coherencia, la constancia y la consecuencia.[40]

Ese principio surgió para suplir una falla educativa durante el desarrollo del hijo. Cuando el hijo nace, recibe un amor gratuito, por el simple hecho de existir. El bebé no necesita hacer nada para merecerlo. Cuando empieza a tomar iniciativas, recibe las nociones de lo que puede y de lo que no puede: es el amor que enseña. Después de que el niño aprende, tiene que practicar lo que aprendió, pues es la práctica lo que consolida el saber, lo que transforma la información en conocimiento. Cuando no hace lo que debe, o hace lo que no puede, tiene que surgir el amor que exige.

En este punto del desarrollo es donde los padres fallan. En vez de exigir que el niño haga cosas, poniéndole límites en lo que no

---

[40] Si le interesa el tema, puede leer: *Adolescentes: Quem Ama, Educa!*, de Içami Tiba, São Paulo, Integrare, 2005 (N. del E.)

puede hacer, los padres quieren seguirle enseñando: "¡Ya te dije que no puedes!", y el niño lo sigue haciendo, aunque sepa que no lo debe hacer. Ha llegado el momento de exigirle que no lo haga. En general, el niño insiste en hacer lo que le dicen que no puede, para probar si el límite es verdadero y en realidad hay que respetarlo.

En caso de que los padres lo dejen hacer, lo autorizan a actuar sin hacer caso de la prohibición. Si una prohibición verbal no funciona, es necesario que haya una consecuencia.

La consecuencia no es castigo, pues éste funciona como un martillo en una computadora. Lo que funciona es educar; por lo tanto, el hijo tiene que aprender a sufrir las consecuencias de sus actos. No tiene mucho caso que los padres se pongan nerviosos, griten, golpeen... Los padres deben recordar siempre que la educación es un proyecto racional y no emocional.

Si se ponen nerviosos, será mejor decir que va a salir para calmarse, porque, cuando se pone así, decimos y hacemos cosas que no queremos. Es mejor que su hijo se detenga, suspenda todas sus actividades (juegos, iPods, internet, música, lo que sea), hasta que el nerviosismo del padre disminuya y éste pueda regresar.

El nervioso debe salir, pues su presencia puede instigar reacciones en el hijo, que siente que tiene el poder de ponerlo nervioso. Cuando el nervioso sale, deja impotente al hijo. El nervioso le advierte que va a salir, no le está pidiendo permiso. El hijo siente que está perdiendo al nervioso (padre o madre), que no está bajo su control. Eso es un aprendizaje.

El castigo, en primera instancia, no educa a una criatura perezosa. Lo que la educa es asumir las consecuencias de sus actos.

Los castigos están directamente relacionados con la paciencia y el humor de los padres, que siempre repiten los mismos errores, como mandar al niño a su cuarto, no dejarlo ver televisión ni jugar videojuegos, dejarlo sin moverse en un rincón, quitar de su cuarto los aparatos y juguetes, gritarle, regañarlo, darle unos pellizcos e incluso unos sopapos. ¿Qué relación existe entre esos castigos y la transgresión de no haber guardado el juguete?

Cuando usted se dé cuenta de que el niño no guardó el juguete o no quiso guardarlo, es preciso decirle, con un tono serio de voz (sin gritar ni ser agresivo, ya que la razón está de su parte): "Voy a contar hasta tres para que guardes ese juguete. Si cuando llegue a tres no lo has guardado todavía, vamos a regalar ese juguete. El que no cuida no tiene."

Por lo general, el niño guarda antes de llegar al tres. Dependiendo del juguete, el niño necesita un tiempo para guardarlo. Podemos darnos cuenta de si el niño está en realidad guardándolo o fingiendo guardarlo. Si no está guardando, tome el juguete, diciendo: "Acabas de perder este juguete", y déjelo en un lugar inaccesible para él. A la primera oportunidad, acompáñelo para que él haga la entrega del juguete a un niño pobre.

El gesto ciudadano de no desperdiciar es regalar lo que no está siendo bien usado, además de ayudar a quien lo necesita. Si el hijo no sabe cuidar, alguien lo hará. Los padres y los hijos tienen que aprender que la donación, en sí misma, no es un castigo. Quedarse sin el juguete será la consecuencia educativa.

La consecuencia de perder el juguete que no cuidó es donarlo, para evitar que se desperdicie.

Si un niño no quiere guardar un juguete, es bueno que sepa las consecuencias. Además, toda orden tiene un plazo de ejecución. ¿Cómo funcionaría una empresa, sus empleados y patrones, sin fijar plazos? Hasta cuando se dice: "ahora", hay que fijar un plazo.

Contar hasta tres es dar un plazo para que el niño recuerde que tiene que pensarlo bien y guardar el juguete. Es el principio educativo de que toda orden tiene un plazo de ejecución. Lo que no es adecuado es aceptar que el niño corra a guardar el juguete después de que la cuenta llegó a tres. ¿Dejó correr el plazo? Que pague las consecuencias. Todo tiene un límite. ¿El juguete es suyo y no lo cuidó? ¡Lo perdió!

Lo que echa por tierra este método es hacer aparecer mágicamente el juguete después, bajo cualquier pretexto, y mucho menos como recompensa por un buen comportamiento. Y está terminantemente prohibido que cualquiera le dé otro juguete igual, o regresárselo después de que le fue retirado. Eso significaría que la consecuencia no se cumplió y el hijo pierde este aprendizaje. ¿Qué aprende un hijo que oye una y otra vez la misma cantinela?: "¿Cuántas veces voy a tener que repetirte lo mismo?", o: "Ésta es la última vez que voy a arreglar tu cuarto."

Nada de regresarle el juguete sólo porque el niño armó un escándalo o prometió que la próxima vez lo guardará inmediatamente. Si los padres no cumplieron lo que dijeron, ¿por qué el niño tiene que cumplir lo que prometió?

El instinto del vencedor

Una buena forma de observar a un vencedor es en una pelea de box, en el último *round*, cuando los dos están empatados y tan rendidos que casi no se mantienen en pie, y sus golpes ya no tienen tanta eficacia. De pronto, uno acierta a dar un golpe y siente que derrotó a su contrincante.

El golpeador siente que la energía renace, su cuerpo ya no experimenta tanto cansancio, no le duele la costilla rota y sus golpes, tan fuertes como los de un león enfurecido, se hacen certeros y en pocos segundos noquea a su adversario. Da de brincos, le da vueltas al ring, se sube a las cuerdas, celebra dando puñetazos al aire, muestra al público que es el vencedor. El público reacciona con energía y lo aplaude con entusiasmo. La mayoría de las personas siempre se identifica con el vencedor. Y éste ya desafía a su próximo adversario.

¿Qué sucedió dentro de él?

Cuando el golpeador anticipó su victoria, su cuerpo fue inundado por la endorfina, que aumentó su nivel sanguíneo de testosterona y adrenalina, ocasionándole un aumento en los latidos cardiacos, una oxigenación mayor de su sangre, la elevación de su presión arterial, una disminución de la sensibilidad a los dolores y el cansancio, ayudándolo a concentrarse y aumentando la eficacia de sus golpes, con una fuerte sensación de placer y la disposición de acabar con al próximo adversario en la lista.

Esta misma endorfina inunda, en mayor o menor medida, el organismo de una persona que supera un obstáculo, alcanza un objetivo, realiza una tarea que se considera difícil. Es el caso de un adolescente que defiende su punto de vista (deseo, propuesta, acción) y logra convencer al otro (padre, profesor, fiscal, autoridad), o de un púber que se pelea en la calle para defender a su madre, a quien ofende en casa, y regresa lleno de moretones y con el ojo morado, pero feliz por la satisfacción de haber defendido con uñas y dientes su ideal.

*   *   *

Cuando un hijo gana en un juego sin esfuerzo, y luego en otros, y recibe todo lo que quiere sin hacer ni el más mínimo esfuerzo y sin merecerlo, acaba por no valorar lo que gana, es decir, no producirá endorfina.

Sin un costo, los beneficios gratuitos entorpecen el desarrollo de los hijos. La distorsión educativa consiste en que el hijo se siente con el derecho de obtener beneficios y empezar a exigirlos sin tener que pagar el precio.

De nada sirve que los padres se quejen de que sus hijos no valoran lo que tienen. La verdadera educación es inspirar a los hijos para que luchen por lo que quieren, haciéndose merecedores de conquistas que son premiadas por las endorfinas. Así, los padres no deben dar todo siguiendo sus propios deseos o porque están en condiciones de dar, sino que deben ofrecer a sus hijos las cosas que realmente necesitan. La base de la devaluación, del desperdicio material y de la falsa autoestima del bienestar, se ocasiona en el exceso.

Cuando el premio es merecido, cuando el hijo se empeñó para superar un desafío, en una acción que le exigió bastante esfuerzo, el hijo siente el placer de recibir algo que reconoce su valor. Esa valoración que lo enriquece es también la autoestima, que lo convierte en un luchador. Es el beneficio de su esfuerzo (costo) lo que está recibiendo. Se está formando un ciudadano ético.

* * *

Sin esfuerzo, el hijo es como el boxeador que gana la pelea por la ausencia de su adversario. Nunca he visto a un luchador que diera vueltas al ring y se subiera en las cuerdas para festejar su victoria por *défaul* (en inglés, por W.O, o sea, *"without opponent"*, sin adversario). Siente incluso un poco de decepción cuando lo declaran vencedor.

* * *

La gran mayoría de los vencedores pueden contar historias de tribulaciones y sufrimientos por los que han atravesado, que les dieron fuertes alicientes para luchar y conquistar sus victorias. Pero también pueden ser victoriosos si tuvieran la educación que toma en cuenta el principio de costo-beneficio.

Es común observar el berrinche de un niño que quiere comprar otro juguete y a su madre que argumenta haber comprado suficientes juguetes; esa actitud está precedida por berrinches en la casa, donde el niño resultó vencedor y la madre vencida. Los vencedores temen cada vez menos a sus adversarios, sobre todo a los que ya antes derrotaron.

A los perdedores les desespera este mecanismo, les da miedo perder de nuevo, por lo que vuelven a perder. Pasa mucho en el futbol: por ejemplo, cuando el equipo A, aun siendo bueno, ha perdido siempre con el equipo B, y entra a la cancha casi derrotado, sin esperanzas, mientras que B entra ya muy esperanzado, maltratando a B para amedrentarlo más todavía.

La misma situación vive el hijo que hace el examen de selección a la universidad sintiendo que no lo va a aprobar, o un hijo guapo y atrevido que pierde todo su encanto ante una muchacha de la que está enamorado; o incluso un hijo chico que entrena bien en todos los deportes, pero pierde todas las competencias; o el que sabe todo con el maestro particular, pero se le olvida todo cuando tiene un examen…

Alimentando el berrinche del poder

Cada vez que el niño consigue algo con el poder de su berrinche, aumenta su sensación de que ha vencido a su madre. Fíjense en la madre perdedora, en su cara de desánimo, de haber perdido la esperanza, de debilidad muscular, como aturdida, con los hombros caídos y una mirada de: "No sé qué estoy haciendo." Esa sensación de la madre es lo que hace que el berrinche triunfe. No fue la madre la que perdió, sino todo lo que ella representaba, como en la educación, cuando vence el macho alfa (el que grita más), venció la tiranía del menos competente, aunque más fuerte. Pero más adelante hablaré sobre eso, del "instinto del perdedor".

El berrinche del poder es un método inadecuado de lograr que el otro dé, por la fuerza, por la presión de los demás, por el chantaje afectivo, lo que no quiere dar. Siempre implica el sufrimiento del hijo que quiere algo y también sufrimientos de la madre que, aunque quisiera, no puede hacerlo por diversos motivos.

Estos sufrimientos pueden ser evitados cuando se aprende a manejar el berrinche de los hijos que quieren algo, o el berrinche de la madre que, aunque pueda, no da "de puro coraje", "para que aprenda que la que manda soy yo"; o: "No me importa que te portes bien conmigo (o mal), sólo para conseguir lo que quieres", y razonamientos similares.

En la mente del niño, el berrinche del poder surge cuando se siente frustrado por un deseo no realizado. Su voluntad es la de querer imponer su voluntad. Cuando siente que hay una barrera infranqueable, desiste. Pero si siente que puede derribarla, su fuerza aumenta con cada golpe que le da. El hijo se da cuenta de que acertó cuando la madre duda, posterga, inventa argumentos como barreras.

Cuando un hijo pide algo y la madre se lo impide, saliendo del lugar, ella muestra una firmeza inconmovible y el hijo ni siquiera empieza el berrinche. Pero cuando ella se queda en ese lugar, y le responde: "¡Ahora no!", "¡Mañana!", "¡La próxima vez!", "¡En tu cumpleaños!", el hijo sabe que asestó el golpe; es decir, impuso a su madre la idea de la compra. Ahora, el siguiente *round* será golpear para conseguir el "ahora". El berrinche continúa y el golpe se intensifica: "¡Es el juguete de mi vida!", "¡Siempre quise uno así!", "¡Tú no me quieres!", "¡Siempre le compras cosas a mi hermano!", "¡No tengo de este color!", y una larga lista de argumentos para convencer a su madre. Aunque la madre diga que es "lo último que compran", el hijo habrá ganado.

Imaginar que un hijo puede convertirse en un campeón haciendo berrinches no es opción, pues se convierte en campeón de berrinches. Y por lo general, quienes toleran los berrinches son sólo los padres. Nunca he visto a un transeúnte desconocido hacerle caso al berrinche de un niño. Nadie se hace ciudadano recurriendo a los berrinches, aunque muchos lo intentan.

* * *

Para transformase en un ciudadano es necesario qu la propia voluntad no sea superior a las reglas sociales. Los padres deben enfrentar los berrinches de sus hijos. Saber manejar esta situación de enfrentamiento de fuerzas es algo que los padres deben realizar. El berrinche es la esperanza de transformar el "no" de los padres en un "sí", abusando de la presión pública, de la incapacidad de negarle algo que él tanto quiere y que "no les cuesta nada darle, nada más esta vez".

Esto debe hacerles pensar a los padres en cuál es la línea educativa que deben aplicar, en primer lugar: desarrollar a un ciudadano o a un tirano. Sea cual fuera la línea adoptada, sus efectos principales serán sentidos por los próximos padres.

Hijos tiranos, padres sufridos.
Hijos ciudadanos, padres felices.

El instinto del perdedor

Vimos la pelea de box, que analizamos antes desde el punto de vista del instinto ético del vencedor. Ahora centraré mi atención en el perdedor. Cuando el golpeado (padre, madre) se siente alcanzado, ya ni siquiera reacciona, sus brazos ya no lo protegen, golpea mucho menos, se convierte en presa fácil, sólo recibe golpes cada vez más fuertes, sus ojos se detienen. Se ha convertido en un saco de entrenamiento. Si el juez no interviene para declara un nocaut técnico, el perdedor caerá al piso como un saco de papas.

¿Qué sucedió dentro de él?

Guando el golpeado recibió el golpe, el estrés lo invadió, disminuyendo inmediatamente la producción de dopamina y endorfina, liberando un exceso de cortisona, lo que ocasiona una sensación física terrible, de fracaso irresistible y de pérdida devastadora, de miedo, de parálisis; su corazón late más despacio, baja su presión arterial y disminuye drásticamente la oxigenación de su sangre, lo que ocasiona sufrimiento cerebral: todos los músculos le duelen y escapan de su control, pierde el foco y sólo piensa en que es imposible defenderse o huir, porque ni sus brazos ni sus piernas funcionan ya. Cuando sus ojos se detienen es porque su conciencia ya no está funcionando. Se mantiene en pie por un automatismo muscular de luchador entrenado, pero después cae rendido al piso, derrotado y tiene que recibir ayuda de emergencia.

Da pena ver cómo una madre sufre cuando su hijo hace un berrinche en público, emocional o de poder. El hijo le da golpes de varios tipos: psicológicos, físicos, sin dolor ni piedad, para acabar con ella. La madre, intenta defenderse; está roja de ira, con las manos frías de vergüenza y malestar de estar siendo vista y juzgada por la mala educación de su agresor, ella sólo desea terminar con esa situación y salir de ahí… ¿Pero cómo hacerlo si sus piernas, su voz, sus manos no surten ningún efecto en su furioso, condenado y malvado hijo amado?

Por prevención, al salir de casa, la madre ya le había advertido al hijo berrinchudo: "Hoy vamos a comprar nada más dos juguetes…" ¿Por qué no le dijo: "Hoy no vamos a comprar ningún juguete", o "compraremos sólo uno"? Porque esta madre ya sabe que él fastidiará tanto que ella no va a resistir; por eso aceptó recibir el primer golpe, incluso antes de salir de casa. El hijo ya presiente su victoria sobre la madre.

Cuando ella le compró el primer regalo, él ya había escogido el segundo y empieza a elegir el tercero. Si la madre cede fácilmente, significa que él puede insistir en el cuarto, y así sucesivamente, hasta que su madre le dice, más decidida o enojada, en voz alta: "¡Ya basta! Cinco juguetes son más que suficiente!" Con esa explicación, el hijo sabe que su insistencia con escándalo hará que la madre compre el sexto, y arma un furioso berrinche que la madre quisiera evitar a cualquier precio. El único modo de cortar ese tipo de berrinche es de manera drástica.

Desde el momento en que el berrinchudo consigue lo que quiere, la educación desvió su rumbo. El berrinchudo "educó" a su madre para que lo atienda. Un niño que vive haciendo berrinches es infeliz. Ella es una prisionera del esquema que él estableció, complementado por la falta de conocimientos educativos de la madre, y no por falta de amor.

Ese tipo de berrinche sucede con mucha menor frecuencia en compañía del padre, pues éste tiene muy poca paciencia, voz grave y mano pesada. El hijo sabe que si insiste mucho va a despertar la testosterona del padre, y ahí sí que las cosas se ponen "color de hormiga" para él. El berrinchudo no suele provocar al padre. Sin embargo, hoy en día también hay padres que están siendo víctimas de los berrinches de sus hijos. Eso molesta desde al macho alfa que todo padre lleva instintivamente en su interior, hasta a su deseo de ejercer una autoridad saludable (liderazgo educativo) sobre sus hijos. Y también la madre es afectada, pues ella quiere poner un límite a su hijo, pero no quiere contrariarlo.

* * *

¿Hay esperanza?

Lo que es muy malo para la educación es que la madre pierda la esperanza de corregir a su hijo, porque "se le metió el diablo al niño", o "ese niño no tiene remedio", etc. El hecho es que, aun frente a su endiablado hijo, la madre ya se ve como una perdedora.

La madre que establece límites practica la disciplina, prohíbe lo que es perjudicial, dice que no a las acciones transgresoras y practica el amor que educa. El otro amor, el permisivo, el altamente tolerante, el sometido a los malos tratos y al egoísmo, no servirá al hijo nunca.

Saber ganar es saber perder

No es forzoso que un perdedor se sienta también derrotado. Si hizo su papel lo mejor que pudo, si entrenó mucho, dominó la técnica, tuvo un buen entrenador, pero perdió y reconoció que en realidad el otro fue mejor, se puede recuperar y volver a entrenar con más aplicación, para mejorar su desempeño y enfrentar a su adversario otra vez y conseguir la victoria.

Quien no sabe perder tampoco sabe vencer. Aquel que, cuando vence, se siente superior al vencido y lo ridiculiza, es arrogante y prepotente, y desdeña a quien fue su adversario, no sabe perder. Quien no sabe perder abandona el deporte, porque no admite que otro estaba mejor preparado. En los estudios, piensa que el profesor lo reprobó, y no que él no sabía lo suficiente. En el trabajo, piensa que otros lo perjudican siempre y que no le cae bien al jefe, y no que es flojo, platicador y poco competente. En la familia, se siente rechazado, o puesto en segundo lugar, porque el otro es el preferido de mamá, cuando en realidad es él quien maltrata a todos, es un perezoso y un malagradecido.

Vencer no es una cuestión de superioridad, sino de mayor desarrollo, de presentar mejores resultados, de mayor competencia. Y todo eso se adquiere a través de la educación y el esfuerzo personal. Nadie vence en el ring, en una pelea de box, si el boxeador no ofrece una competencia limpia y ética. Es él, con su preparación física y psicológica, su técnica y su estrategia de lucha, quien tendrá que vencer *personalmente* al adversario. Es el estudiante que se dispone a pasar sus exámenes, de aprobación o de concurso. Es el ciudadano que va a tener que aportar su esfuerzo para que la humanidad camine. Por tanto, quien no sabe vencer, incluso cuando vence, es un perdedor, así como el perdedor que, reconociendo su derrota, abandona el deporte, la facultad, la vida.

Para el vencedor, una pérdida es nada más uno de los escalones para alcanzar la gloria. Por eso, ese perdedor no es un derrotado, sino un futuro vencedor.

Una parte de la educación saludable, ética y ciudadana, es que los padres muestren, enseñen, exijan y demuestren a su hijo que:

- el berrinche es inadecuado;
- tener que dormir con alguien cuidándolo es malo para él;
- no es engañando a los demás como se triunfa;
- no existen ventajas de no guardar sus cosas;
- sólo se respeta la privacidad de quien la merece;
- estudiar es una obligación benéfica;
- alimentarse bien es una cuestión de salud, así como cepillarse los dientes y bañarse;
- las drogas son placenteras pero malas para todo el mundo;
- el placer y el desagrado son sensaciones instintivas con las que nace el ser humano y pueden ser buenas o malas;
- lo bueno y lo malo es un criterio de conocimiento y sabiduría que solamente los seres humanos tienen, porque poseen una inteligencia superior a la de los animales;
- para que vivamos armónicamente en sociedad, es necesario que seamos ciudadanos.

* * *

No hay ganadores ni perdedores en esas situaciones porque la formación del ciudadano ético forma parte de la educación. Lo que importa es la construcción, manutención y disfrute de la salud, del bien común, de la calidad de vida y de la ciudadanía que tienen dentro de sí pilares básicos, como disciplina, ética, gratitud, religiosidad y solidaridad.

La educación es la formación del ciudadano ético y progresivo que la humanidad tanto necesita.

Desarticulando el berrinche

El berrinche existe y continuará mientras produzca buenos resultados al berrinchudo: es decir, mientras obligue a otra persona a concederle lo que no quiere. Una de las mejores formas para que la madre mantenga el poder es lo que he llamado el método de la sacudida, o *kid-shake*.

Después del primer intento del niño para iniciar el berrinche, la madre se agacha, mira fijamente los ojos del niño a su mismo nivel, horizontalmente, toma con firmeza sus brazos, sin levantarlo del piso, y le da unas sacudidas leves y rápidas, pero firmes, sólo para que empiece a mover la cabeza de adelante para atrás, mientras le dice, en voz baja y firme, casi rugiendo entre dientes: "¡No hagas eso!", se levanta y sale corriendo de ahí.

El niño sabe que mirar a los ojos a su madre enojada representa un peligro seguro. El niño puede negarse a hacerlo, bajar los ojos, volver la cabeza. La madre debe apretarle más los brazos y ordenarle: "Mírame". No sirve de nada hablarle a un niño que se niega a oír. Pero la madre tiene que insistir, para que el niño no venza en este primer y significativo *round*. Si el niño siente el instinto del vencedor, va a ser más difícil, pero no imposible, que la madre recupere el poder sobre el berrinche.

El *kid-shake* debe seguir hasta que los músculos del cuello se relajen, pues mientras la cabeza esté erguida, eso significa que el niño no se ha rendido todavía. Cuando su cabeza se empieza a mover de adelante para atrás, es hora de soltarlo. En ese momento, la madre se levanta (con el berrinchudo tal vez un poco, pero muy poco, mareado) y sale aprisa, casi corriendo, del local. Deje a su hijo en el local. Cuando se dé cuenta de lo que pasó, saldrá corriendo detrás de usted.

Si la madre se quedara en el local, aunque sea de espaldas a él, el berrinchudo podría darle una mordida en las nalgas. Y si el berrinchudo se diera cuenta de que su madre lo observa de lado, a través del vidrio, o del espejo, continuará con su berrinche. Cuando la madre sale de su campo visual y sale de su ambiente, él no sabe qué hacer. Cuando la madre sale simplemente caminando, el berrinchudo sabe que no irá muy lejos y luego volverá para estar segura de que él está bien. Al correr, la madre le comunica un mensaje de urgencia, de peligro, y el berrinchudo sale corriendo detrás de ella, asustado, preguntándose: "¿Qué pasó?"

Capítulo 3

Ética progresiva

La ética debe estar presente en todas las acciones de la ciudadanía familiar. Es la materia interdisciplinaria que dirige todos nuestros comportamientos. Uno de los primeros aspectos que debe abordar es el de la pérdida del control de la razón: esto sucede cuando cualquier persona dice o hace algo sin pensar, lo cual puede perjudicar mucho a otros, a sí misma y a su relación con el ambiente que la rodea.

Algunos de los ejemplos aquí utilizados ya fueron expuestos de manera más amplia en otras partes de este libro. La ética puede enseñarse a los hijos de tal forma que forme parte de todas sus acciones, haciéndola algo tan natural como si ya hubieran nacido con ella.

Un bebé tiene que ser atendido en sus necesidades fisiológicas, porque él no puede atenderlas solo: comer, beber, cambiarse los pañales, dormir. Él come o bebe lo que le pongan en la boca, hace sus propias necesidades (pero quienes lo limpian son los demás), duerme en cualquier lugar (o de cualquier forma), según el sueño que tenga. Los adultos son los que tienen que escoger la forma y el contenido de todo lo que hacen por él.

El amor generoso

El bebé no es un juguete para los padres, los abuelos ni los hermanos. Recibe todo porque no puede reaccionar ni hablar. Pero expresa sus sentimientos a través de expresiones de agrado o desagrado. Cuando los adultos perciben esa comunicación y la respetan, se va formando la agradable sensación interna de ser atendido. Es el amor gratuito que recibe, para seguir desarrollándose en la transición entre el interior y el exterior del útero.

Necesita mucha atención para llegar a dormir solo, sin ayuda de nadie. Un nene que duerme bien da a la vida familiar, y a la de los vecinos, tranquilidad y armonía. Se queda registrada dentro del bebé una memoria no racional, de todo el respeto de que disfrutó. Ése es uno de los primeros puntos de la ética.

El amor que enseña

Aunque siga dependiendo mucho de los adultos, el bebé ya puede tomar algunas iniciativas. Aunque no comprenda las palabras, percibe las expresiones faciales, el tono de voz, los gestos firmes; por tanto, es momento de no aceptar de él lo que no es adecuado y enseñarle lo que sí es aceptado por todos, lo que a todos les va a gustar.

A los bebés que todavía no hablan pero ya dan golpes en la cara a las personas, hay que enseñarles a no darlos. Hay personas, sobre todo los abuelos, que reciben esos golpes, incluso les hacen gracia, reforzando así al niño a repetirlos por pensar que eso agrada.

Tómelo con firmeza de las muñecas, mírelo a los ojos, y diga con voz firme, pero sin gritar: "No puedes golpear. ¿Quieres gustar? Entonces, haz esto…", y enséñelo a acariciar. El niño puede elegir entre agredir y agradar. Pero no puede ser víctima de la confusión entre agredir cuando quiere agradar. No lo deje morder, ni se lo celebre, porque generalmente ése es un gesto de agresión. Después de que descubre ese recurso, va a ser difícil quitárselo porque es una manifestación de su fuerza, de su poder. No es ético lastimar a los demás.

Los niños mayores tienen que aprender pronto a cuidar de sus pertenencias. No es ético que la madre cargue sola la mochila cuando el niño no está cargando nada. Ayudarle no es hacer las cosas por él. El hijo debe cargar lo que pueda y la madre ayudarle a cargar lo demás. Así como el hecho de que la madre ayude a su hijo a cargar la mochila es ético, también lo es que él le ayude a ella en lo que pueda. Si la madre está sobrecargada de tareas en casa, no es ético que el hijo se quede mirando la televisión, aburrido porque no encuentra qué hacer.

Los padres dan a sus hijos teléfonos celulares para hablar con ellos. No es ético no responder a los padres cuando les hablan, donde quiera que estén. Quien no responde a los padres no tiene por qué tener un teléfono celular.

Los padres dan lo mejor de sí para que sus hijos estudien. No es ético ser un estudiante mediocre si se puede ser mejor. Ser reprobado no es ético, pues el hijo tiene la oportunidad de un año para aprobar. Debemos recordar siempre que no es el profesor el que reprueba, es el mismo alumno que no cumple con su obligación escolar.

Debemos recordar siempre que nadie es superior ni inferior a nadie, sino más desarrollado o menos desarrollado que nosotros. La edad consume nuestra fuerza física. El retiro aniquila el estatus y el poder. El dinero y las cosas cambian de manos. Lo que realmente nos pertenece son las relaciones que establecemos. Es ético ayudar a los menos desarrollados, asociarse a los iguales, pedir ayuda a los más desarrollados, aprender con los diferentes.

En fin, tratar a los demás, aunque estén ausentes, de la manera en que nos gustaría ser tratados, es la ética que debemos seguir siempre.

El amor que exige

Si los padres ya le enseñaron, el hijo aprendió, y los padres no tienen por qué aceptar que no haga lo que ya sabe que tiene que hacer. No hay que repetir las mismas explicaciones. Esto se aplica sobre todo a las madres que suelen irritar a sus hijos, principalmente a los hombres, con demasiadas explicaciones. En vez de dar nuevas clases sobre la misma materia, exíjale que haga lo que ya sabe.

Si un hijo no guarda sus juguetes, no debemos ponernos nerviosos y armar un pleito de testosterona, ni la madre tiene que empezar con la misma cantaleta de siempre: "Ya te dije que tienes que guardar tus juguetes…", y sigue hablando mientras su hijo ni la escucha. Se trata simplemente de cumplir lo acordado, sin que la emoción intervenga. "Es tu última oportunidad de guardarlos. Si no los guardas ahora, ¡voy a contar hasta tres!", empiece a contar, quizá su hijo necesite incluso regalar un juguete,[41] o más de uno, para aprender que los acuerdos tomados en conjunto deben respetarse.

"Es hora de cenar, vengan todos a la mesa", llama la madre. Uno de los hijos responde: "No tengo hambre. Acabo de comer un sándwich." En vez de empezar a pelear con él, exija que se siente a la mesa aunque no coma, porque lo que cuenta es más la reunión que la comida. Pero si no comiera, al término de la cena se recogerá todo. Si no quiere, que no coma, pero se va a quedar sin comer hasta la próxima comida, o tal vez se irá a dormir sin comer. Nadie muere de hambre donde hay comida. Vale la pena decirle que si quiere comer después, que coma, pero que deje la cocina en orden. Si se prepara un plato de comida instantánea, que lave el sartén. Si deja la cocina desarreglada, sólo puede comer cuando la arregle. No es ético dejar las cosas en desorden para que los demás las ordenen. Lo mejor es que coma a la hora habitual.

El amor que intercambia

Aquí se comprueba la importancia de las etapas anteriores en la formación de la autoestima. Lo que una persona con buena autoestima encuentra dentro de sí, asociado a la ética y a la competencia,

---

[41] Véase, en el capítulo 2 de la tercera parte de esta obra, "¡El que no cuida sus cosas, las pierde!"

es la base que le permite responsabilizarse de sus intercambios, sean afectivos, personales, familiares, profesionales o sociales.

Las obligaciones no se intercambian, porque pertenecen naturalmente a la ciudadanía familiar. Los regalos no se exigen, se ganan. Los hijos que van mal en la escuela, que son mal educados o que hacen lo que no deben, tampoco deberían recibir regalos de sus padres.

Si el hijo cumple con sus obligaciones, no hace nada más que lo que fue acordado. Lo que obtiene es desarrollar en sus padres un aprecio mayor, una tolerancia mayor, una atención más especial. Pero estas ventajas no deben ser transformadas en algo material, para no establecer un intercambio de intereses que luego se convierta en chantaje.

Este amor que intercambia pertenece ya a un tipo de relación más madura, sin importar la edad. Si un hijo quiere algo extra solamente para él, y cuesta dinero, los padres pueden darle una tarea a realizar. No hay que aprovecharse de los necesitados (los hijos), ni simplemente aceptar que ellos incumplan lo acordado. Esto es una cuestión ética que los hijos aprenderán a medida que los padres la apliquen.

De esa manera, los hijos tienen que aprender que no hay nada que sea gratis, que todo tiene un precio que alguien está pagando.

El amor que recibe

Los padres tienen que aprender a recibir de los hijos, no porque lo necesiten, sino por una cuestión de amor. Recibir inesperadamente un regalo espontáneo, un beso, una mirada del hijo es alimentar su autoestima. Es un placer que los padres no deben negarse, pues aquí empiezan los cuidados a los padres, que de hecho van a necesitar un día, si enfermaran o llegaran a viejos, o por cualquier otro motivo.

Los padres no serán proveedores eternos. Y si lo fueran, es porque los hijos no fueron bien educados. Por lo tanto, es necesario desarrollar en el corazón de los hijos la idea de que, más que lo material, lo afectivo es lo que queda dentro de las personas.

Enseñamos a los hijos a dar cuando aprendemos a recibir de ellos, cuando hacemos que ellos sientan que son importantes para nosotros, sus padres.

Veo a algunas madres cuyos hijos les ofrecen ayuda, pero ellas no la aceptan por distintas razones: "No pierdas el tiempo con eso, ve a jugar", quiere decir que la madre puede perder el tiempo, pero el hijo no. "Déjame hacerlo a mí porque no estás acostumbrado", ¿cuándo se acostumbrará el hijo si no empieza un día?. "Nunca haces bien las cosas", yo, una supermadre, soy perfecta y tú eres un incompetente eterno. Ésta es la mejor manera de que el hijo se vuelva incompetente.

Esos tipos de conducta no estimulan la ciudadanía, la formación de la autoestima y el desarrollo de la ética.

Capítulo 4

Los celos, el veneno del celoso contra sí mismo

Un niño puede no soportar los celos y agredir a su hermano directamente, estropear sus cosas o los objetos de la casa.

Los celos son un sentimiento del que nadie está libre. El celoso, cuando pierde la cabeza, es destructivo, porque da rienda suelta a sus emociones más primitivas. Los padres tienen que educarlo. Lo primero es hacer un inventario de todo lo que fue maltratado: en el hermano, en las pertenencias, en la relación, en la casa. El celoso no podrá volver a presentar esas conductas retrógradas, porque él mismo es el más perjudicado por tener que sufrir las consecuencias del "estropicio", además de ocasionar el enojo de sus padres. Tendrá que progresar. En vez de "estropear" al hermano, sería mejor que progresara y así recibiera lo mismo o más de lo que el hermano recibió.

Claro está que hay padres que exageran al consentir a uno de sus hijos y, por más que el otro haga cosas, sus padres ni siquiera lo notan. Por tanto, antes de tomar cualquier actitud, vale la pena que los padres piensen en si no están siendo parciales.

En el ejemplo anterior, la ética hizo falta en la conducta del celoso. Las posesiones y la casa no tienen nada que ver con los celos. Si los padres dieran atención al celoso por su mal comportamiento, ellos tampoco estarían siendo éticos. Es ética también la explicación de las causas de la preferencia que los padres tienen por el otro hijo, si éste trata bien a sus padres, si cuida sus pertenencias, mantiene su cuarto en orden, no humilla a los empleados, piensa en el bien de los demás, estudia para aprender. El mundo prefiere a las personas así y detesta los comportamientos del celoso. El celoso tiene que mejorar las manifestaciones de sus celos o mejorarse a sí mismo, lo que es más ético y progresivo.

Uno de los grandes motivos de los celos es que el celoso se siente menospreciado. Cuando el padre o la madre están con el o los hermanos, el otro percibe que el padre o la madre no están con él. Generalmente, no se acuerda de cuando el padre o la madre estaban con él, y su hermano se quedó solo.

Capítulo 5

Profesión: estudiante

¿Quién sustenta esta profesión? Es un contrato de trabajo muy difícil para los padres y muy cómodo para los estudiantes. Los padres dan lo más que pueden y saben para que su hijo estudie. Pero éste, además de no estudiar, sólo se esfuerza lo suficiente para pasar el año. ¿Dónde está la relación costo/beneficio?

Es inaceptable que un hijo repruebe en la escuela. Los padres no deben cobrarle lo que le dieron, pero es necesario enseñar al hijo a comprometerse con sus responsabilidades, porque eso es un gesto de ciudadanía con ética progresiva. Él también tiene que dar lo mejor de sí mismo en sus estudios.

Si el hijo tiene la responsabilidad de estudiar, no sólo es necesario que corresponda de manera práctica al compromiso, sino que los padres deben también, por su parte, exigirle resultados. La reprobación puede empezar a notarse desde los primeros exámenes escolares: basta que los padres revisen las boletas de calificaciones. Si no lo hacen, corren el riesgo de ser negligentes. Los padres deben establecer el principio de las consecuencias desde las primeras fallas.

En el contrato del estudiante con sus padres, hecho al principio de cada año lectivo, debe constar el objetivo de llegar al fin de año, con metas mensuales. Con los buenos estudiantes, los padres pueden relajarse un poco, pero no descuidarse. Con los malos, es bueno que los padres insistan en lo acordado. El futuro profesional y la calidad de vida del hijo y de los padres dependen de eso.

No es justo que los padres inviertan tanto en los estudios de los hijos, y que éstos, además de no corresponderles, los sobrecarguen en la víspera de exámenes importantes. Los exámenes deberían de ser simples constataciones de lo que los hijos aprendieron.

En la o las disciplinas en donde tuvieran problemas, los padres deben establecer su propio método para estudiar en casa, dividiéndolas en pequeñas partes que hay que revisar a diario, repasando algo de la materia en cuestión antes del examen en que le fue mal, y luego, después del examen. Esto tiene que ser realizado sistemáticamente, es decir, casi a diario. Y hacerlo no es tan difícil. El hijo estudia como y cuando quiera, pero tiene que dar una explicación de lo que estudió a su padre (o a su madre) usando sus propias palabras. Esto es bueno para los padres y para el hijo, pues aumenta la convivencia y los padres se dan cuenta de lo que su hijo está aprendiendo en la escuela.

No es suficiente que el hijo repita solamente lo que estudió, pues eso es memorizar, es decir, engullir la información.

Vivimos en la era del conocimiento, cuando el hijo tiene que usar sus propias palabras, antes tuvo que entender e incluir lo estudiado en el cuerpo de sus conocimientos, para explicarlo. La gran ganancia reside en el aprendizaje. La memorización es un producto perecedero y desechable, el aprendizaje conduce al conocimiento, que puede mejorar la vida del hijo y de todos a su alrededor.

En caso de que el hijo no pueda explicar a sus padres lo que estudió, es porque no sabe. Merece las consecuencias de eso, como ya vimos: perder sus privilegios. No son pérdidas definitivas. Si tuviera una fiesta importante para él, es bueno que sepa que solamente podrá ir si *explica* bien lo que estudió. Si no puede, se quedará estudiando, mientras todos sus amigos se divierten en la fiesta. Los padres, en esos momentos, se dan cuenta de que sus hijos se esfuerzan, son inteligentes y tienen inventiva para descubrir nuevos métodos de estudio.

Lo mejor de todo esto es la responsabilidad que el hijo desarrolla dentro de sí, su interés por la materia que antes no tan sólo no entendía sino hasta odiaba, y tener un nuevo enfoque sobre el profesor y el aprendizaje. En vez de criticar a las escuelas, los padres deben complementarlas en lo que sea posible, pues la familia debe procurar que sus hijos sean exitosos. Uno de sus grandes errores es el método memorista de la enseñanza. No es lo que las escuelas quieren, pero es lo que sucede con las escuelas que evalúan a los alumnos solamente con exámenes mensuales, bimestrales. Los alumnos empiezan a estudiar solamente en las vísperas de los exámenes. Es como si trabajaran solamente en la víspera de recibir su salario.

El objetivo es capacitar a los hijos y no simplemente aprobarlos. Una buena parte de los estudiantes son aprobados, pero son analfabetos funcionales (no entienden lo que leen). De esta manera, los alumnos estudian, es decir, memorizan lo mínimo posible solamente para los exámenes, y los profesores los aprueban con la calificación mínima posible, cuando no adoptan el sistema de progresión continua. Este sistema gubernamental, donde todos los alumnos aprueban sin evaluación, además de carecer de una ética progresiva, nació fallido, pues contradice todas las leyes de mercado del costo/beneficio. Como el gobierno da una ayuda económica a los desempleados, hay muchas personas que no quieren estudiar y titularse (una actitud nada ético-progresiva), pues ello les haría perder su beca familiar. De la misma manera, un hijo que reciba gratis todo de sus padres puede atrofiar sus capacidades, segando sus motivaciones de "triunfar en la vida".

Un país no puede desarrollarse si vive de los mínimos: el empleado (el estudiante) produce lo mínimo posible para no ser despedido (reprobado); la empresa paga lo mínimo posible para que no renuncie (abandonar los estudios). De la misma manera, una familia no conseguirá triunfar durante generaciones si en lugar de emprendedores exitosos genera "herederos-esperadores".

Capítulo 6

Los "herederos esperadores"

Si los padres hacen por los hijos lo que éstos, desde pequeños, tienen capacidad de hacer, los están volviendo *inválidos* en lugar de ayudarlos. Volviéndose inactivos, los hijos no transforman las informaciones recibidas o las enseñanzas en conocimientos. Este ahorro paraliza las iniciativas de los hijos, como he repetido a lo largo de este libro, que de esa forma no *emprenden nuevos caminos*. Ante los obstáculos que los esperan, acabarán teniendo que esperar que los demás los enfrenten. Esto debilita su autoestima y complica cada vez más cualquier iniciativa. En vez de ser emprendedores, terminan siendo "esperadores".

Los *pequeños herederos*, además de indignarse si tienen que hacer algo, esperan que los demás les resuelvan todo de buena voluntad, como si fueran sus súbditos, y ellos, príncipes.

En apariencia, están muy orgullosos de sí mismos, pero su autoestima está por los suelos, ya que *saben* lo incapaces que son, y ya ni siquiera intentan hacer lo que desean, por miedo al fracaso. Nadie puede ser feliz dependiendo tanto de otras personas. Es la madre, o el padre, que distorsiona su propia letra para hacer la tarea de su hijo, sin que le importe el ejemplo que está dando de engañar a la maestra, y de que su hijo sea evaluado por algo que no hizo.

A final de cuentas, ¿qué es lo que el hijo está heredando? La falta de ética, la "astucia" que está arruinando a Brasil? Es por amor, pero también por ignorancia, que los padres crían herederos. Si la herencia fuera material, ¿con qué capacidad podría el hijo administrarla?

Los "herederos esperadores" pueden ser agresivos cuando los demás se niegan a satisfacer sus deseos, se sienten superiores pero inseguros, y se otorgan a sí mismos el derecho de explotar, agredir, perjudicar y humillar a los más débiles; para no perder sus reinos y privilegios, son capaces de extorsionar a sus propios padres. Para lograr sus propósitos llegan incluso a engañar, mentir, chantajear, amenazar y hasta asesinar; son capaces de provocar la quiebra de empresas heredadas por incompetencia profesional, por conflictos que van desde simples malentendidos hasta verdaderas guerras por ego, envidia, rivalidad, inversiones y tomas de utilidades egoístas, entre otras cosas.

Capítulo 7

Los emprendedores exitosos

El antiguo jefe de familia era el que daba las órdenes dirigiendo a sus hijos con voz grave, mano pesada y poca paciencia. Hoy los padres, o sustitutos, ya no quieren ser adultos alfa. En un mundo corporativo, están desarrollando el liderazgo, como líderes o seguidores. Pero todavía no identifican sus propios roles y funciones en casa, principalmente en la educación de los hijos.

Los padres hicieron una mudanza radical del comportamiento alfa y se fueron al lado opuesto, los niños fueron liberados de las presiones de los adultos (padres, abuelos, profesores) para realizar sus deseos (sus derechos) y no fueron educados para cumplir con sus obligaciones (deberes). Sin parámetros ni valores internos saludables, fueron contaminados por los comportamientos de sus iguales (parientes, compañeros, amigos) y de los medios de comunicación (televisión, internet, juegos electrónicos).

La voluntad moviliza la acción, que busca la saciedad y el placer. Por lo tanto, para los niños, el objetivo final de sus acciones es el placer. El deber puede, al principio, ir en contra del placer (sacrificar el deseo), hasta alcanzar la conciencia social del deber, cuando realizarlo empieza a volverse un placer.

Un niño que tira la basura en el bote de basura y siente el placer de mantener limpio el lugar donde está, es seguro que obtendrá placer de preservar la Tierra cuando se convierta en ciudadano.

Incluso una pareja apasionada no sólo vive de placeres. Ambos callan sus frustraciones mutuas, se dedican totalmente uno al otro, sólo quieren agradarse entre sí… Todo eso da un inmenso placer. Es algo fisiológico que la pasión pase y que de ella brote el amor, una relación también intensa, pero más madura, más preservadora, constructiva, incluyendo a otros, con mayor responsabilidad social que el sentimiento anterior.

No sería difícil que los padres trasladaran conocimientos del mundo corporativo a la educación de sus hijos. La familia de hoy es un equipo en que cada uno juega en la posición donde está más capacitado. Tener un jefe es muy diferente de tener un líder. Hay que recordar siempre que el liderazgo también tiene voz de mando, si es necesario. El liderazgo familiar es rotativo y compartido, no fijo. El que está al frente de la situación es el que tiene más capacidad para hacerlo.

En el conjunto familiar, mientras más compartido sea el liderazgo, mejor. Por lo tanto, antes de que el líder decida algo es importante y bueno consultar a los otros integrantes. Un ejemplo es el padre (u otro adulto) que quiere dar un regalo a un hijo. Puede darle un carro de bomberos que él mismo siempre quiso. Al hijo puede incluso gustarle, pero si el padre preguntara a otras personas de la casa, sabrá cuál regalo lo dejará en realidad satisfecho. Si el padre pidiera discreción al hacer su pesquisa, todos los participantes en el regalo compartirán la alegría de hacer una buena elección.

No siempre el más desarrollado tiene el liderazgo. Si eso se detectara en la adolescencia, el hijo puede ser designado como líder a través del reconocimiento familiar de su desarrollo. Si un hijo, por ejemplo, fuera tímido, con baja autoestima, podría no poseer liderazgo. Una de las formas en que puede quebrar desde dentro la timidez es estimularlo a expresar lo que sabe (usando internet, blogs, Orkut, MSN, YouTube, iPod.) y que los adultos se capacitaran con sus enseñanzas.

Cuando los padres empiecen a aplicar con su hijo lo que con él aprendieron, el adolescente se volverá mucho más seguro de sí mismo, pues de esa manera comprueba su propia importancia, su valor. Al mismo tiempo, sus padres se actualizan e introducen a sus demás hijos en este recurso aprendido.

Eso se convierte en una prueba documental de sus capacidades, lo que aumentará su autoestima, que entonces podrá fortalecer su espíritu emprendedor, de acuerdo con su edad. Pero si los padres nada más lo escuchan pero no llevan a la práctica lo aprendido, el liderazgo del hijo puede debilitarse cuando él piense que el mal aprendizaje de sus padres es culpa de él mismo, de su incompetencia.

He oído a padres que les piden a sus hijos que les impriman sus emails. Esta petición retrocede todo el avance tecnológico a la época de Gutemberg. Al imprimir los emails de sus padres, los hijos no sienten que están ayudando, sino que son explotados.

¿Qué les cuesta a esos padres aprender? ¡Ya tienen una experiencia empresarial comprobada! Además de ser más rápidos y económicos (lo que aumentaría su gran competencia), serían también más independientes y eficientes para mantener su trabajo en red, sin mencionar que podrían adentrarse en el mundo de sus competidores sin que nadie lo supiera. Sería una lección de iniciativa digital, como tener al mundo corporativo "en la punta de los dedos", como quería Bill Gates.

El jefe alfa de familia simplemente prohibía a sus hijos que hicieran lo que a él no le gustaba. Esa prohibición paralizaba e inhibía nuevas iniciativas, y no educaba. Una educación emprendedora podría decir: "*No* puedes hacer eso aquí, pero puedes elegir hacer algo que no incomode a los demás."

Ante una cuestión ya resuelta, una respuesta ya encontrada, los padres pueden estimular al hijo con un: "¿Cómo lo lograste?", pregunta que debe remitir al hijo al camino recorrido y no a la desconfianza. La felicidad puede residir en el camino andado, no sólo en los resultados. A los niños les gusta armar juguetes, hacer rompecabezas y después de armarlos pasar a otros juegos; cuando los padres les preguntan cómo lograron esas hazañas, despiertan en ellos la alegría de comprobar sus habilidades que son sus futuras capacidades.

Los líderes emprendedores no suelen dar respuestas rápidas, estimulando así a sus seguidores a buscar soluciones y respuestas.

Las parábolas también pueden utilizarse, pues dependen de las interpretaciones que les den los seguidores. Los padres deberían responder lo mínimo posible para estimular la investigación en busca de respuestas.

Éstos son algunos recursos para que los padres preparen a sus sucesores; es decir, para que sus hijos lleguen a lugares más elevados y desarrollados que los que ellos alcanzaron. Estos sucesores deberán, además, tener éxito.

La victoria implica superar las propias dificultades. El éxito es el reconocimiento público de las victorias (personales, familiares, de grupo). Mientras tanto, lo que califica a la victoria y al éxito para la eternidad es la ética progresiva.

* * *

La educación es un proceso continuo de aprendizaje y práctica de la ciudadanía ética. Espero que este libro haya marcado una diferencia respecto a la comprensión de los hijos, alumnos y niños en general, y que su práctica haya dado resultados progresivos. Cuando estos nuevos ciudadanos dominen el mundo, los primeros beneficiados serán sus padres y las personas a su alrededor. Todas las personas del mundo lo agradecerán y disfrutarán, y surgirá una nueva calidad de vida con valores que ennoblecen a la gente.

Bibliografia

Beni, Rosana: *Crianças índigo: uma visão espiritualista*, Osasco, Novo Século, 2007.
Bernhoeft, Renato: *Cartas a um jovem herdeiro: O que é importante para ter sucesso profissioal*, Río de Janeiro, Alegro, 2004.
Estivill, E. y S. de Béjar: *Nana, nenê: Como resolver o problema da insônia do seu filho*, São Paulo, Martins Fontes, 2003.
Friedman, Thomas F.: *O mundo é plano*, Río de Janeiro, Objetiva, 2006.
Fonseca, Priscila M. P. C. da: "Síndrome de Alienação Parental", en *Revista Brasileira de Direito da Família*, v. 8, feb.-mar. 2007, Porto Alegre, Síntese.
Gardner, Howard: *Inteligências múltiples: A teoria na prática*, Porto Alegre, Artes Médicas, 1995.
Kanner, Leo: *Child psychiatry*, Nueva York, C. Thomas Publisher, 1960.
Marins, Luiz: *Homo habilis: Você como empreendedor*, São Paulo, Gente, 2005.
Maushart, Susan (trad. de Dinah de Abreu Azevedo): *A máscara da maternidade: Por que fingimos que ser mãe não muda nada?*, São Paulo, Melhoramento, 2006.
McEllroy, Susan Chernak: *Animals as teachers & healers: True stories and reflection*, Nueva York, Ballantine Publishing, 1997.
Movsessian, Shushann: *Puberdade: Só para garotas*, São Paulo, Integrare, 2007.
Mussak, Eugênio: *Metacompetência: Uma nova visão do trabalho e realização pessoal*, São Paulo, Gente, 2003.
Palermo, Roberta: *100% Madrasta: quebrando as barreiras do preconceito*, São Paulo, Integrare, 2007.
Restak, Richard M. D.: *The new brain: How the modern age is rewiring your mind*, Emmaus, Rodale, 2003.
Savater, Fernando: *Ética para meu filho*, São Paulo, Martins Fontes, 1993.
Silva, Ana Beatriz B.: *Mentes Inquietas*, Río de Janeiro, Napades, 2003.
Souza, César: *Você é o líder da sua vida*, Río de Janeiro, Sextante, 2007.

Tiba, Içami: Adolescentes: *Quem Ama, Educa!* São Paulo, Integrare, 2007.
____: *Disciplina: Limite na Medida Certa. Novos Paradigmas*, São Paulo, Integrare, 2006.
____: *Educação & Amor*, São Paulo, Integrare, 2006.
____: *Ensinar Aprendendo: Novos Paradigmas na Educação*, São Paulo, Integrare, 2006.
____: *Juventude & Drogas: Anjos Caídos*, São Paulo, Integrare, 2007.
____: *Seja feliz, Meu Filho!*, São Paulo, Integrare, 2007.

Glosario

ADN, Ácido desoxirribonucleico, Una simplificación para designar a los hijos biológicos, que tienen el ADN de la madre y del padre.

Adolescentización, Niños que imitan comportamientos de adolescentes antes de la pubertad o adultos jóvenes que no quieren cumplir con sus responsabilidades ni deberes, pero que exigen que su voluntad y sus deseos se satisfagan.

Agobiado, Persona que hace todo lo que los demás no hacen, aunque no sea su obligación. Por encima de un agobiado se encuentra siempre uno o varios perezosos.

Atención integral, Cuando los hijos hacen sus paradas estratégicas, sus padres interrumpen lo que estén haciendo para escuchar verdaderamente lo que sus hijos dicen y valorar cuáles son sus circunstancias; es pensar en lo que los hijos pueden hacer a través de la ciudadanía y de la ética, estimulándolos para que lo hagan lo mejor que puedan.

Berrinche afectivo, Actitud donde se cierra la posibilidad de dar y recibir cariño, abrazos o contacto; generalmente se interrumpe la comunicación verbal y visual. Por ejemplo: no querer entrar a la escuela, no soltar a la madre y no dejar de abrazarla. Su ganancia es afectiva.

Berrinche del poder, Enfrentamiento abierto, escandaloso, agresivo por medio de palabras y acciones, generalmente en público, contra una orden de los padres que el niño o el adolescente no quiere aceptar. Su ganancia es material.

Ciudadanía familiar, Principio educativo familiar, según el cual no se puede hacer en casa lo que no se puede hacer en sociedad, y se ha de practicar en casa lo que se ha de hacer en sociedad.

Contar hasta tres, Es el plazo que el educador da al educando para que haga lo que tiene que hacer; en lugar de castigo se tiene una consecuencia ante la negativa.

Educación a seis manos, Las manos del corazón y de la razón del padre, de la madre y de la escuela, unidas por los principios de coherencia y constancia para la educación del niño.

Educación por los iguales, Cuando un niño o un adolescente se deja contaminar por el comportamiento de un amigo o compañero y realiza actos que no aprendió en su casa.

Embriaguez relacional, Fenómeno del comportamiento sin uso de drogas en el que un adolescente, cuando está en presencia de otros, hace algo que no haría si estuviera solo. Por ejemplo, actos de vandalismo, delincuencia organizada o farras, entre otros.

Generación de las sobras del pollo (ala y pescuezo), Padres que en su infancia comieron ala y pescuezo de pollo, lo que les dejaba el padre patriarcal, que comía pechuga y pierna, y que hoy dan a sus hijos la pechuga y la pierna.

Generación polizonte, Hijos adultos o jóvenes, ya preparados para el trabajo, que en vez de buscar autonomía financiera viven con sus padres como si fueran adolescentes.

Generación digital, La generación de hijos que tienen la vida en la punta de sus dedos (televisión, internet, celular, blogs, Orkut, iPod).

Generación *tween*, Niños de ocho a doce años que adoptan comportamientos de adolescentes. Referencia irónica a la palabra inglesa *between*, que significa "entre" (entre la infancia y la pubertad).

Hijos de ADN, Los hijos que descubren tardíamente a sus padres (más raramente, a sus madres) biológicos. Por lo general, los padres de ADN ni siquiera conocen la existencia de estos hijos, hasta que los exámenes de laboratorio lo comprueban.

Hijos tiranos, Generación que se vuelve "tirana" porque despoja a sus padres de todo: tranquilidad, respeto, autoridad, dinero, sueño; los deseos de los niños y adolescentes que dominan a sus padres.

Hiperactividad (TDAH), Disturbio neuropsicológico, más genético que adquirido, que ocasiona problemas de impaciencia, agitación, impulsividad, irritabilidad, agresividad, inestabilidad, dificultad para terminar lo que se empieza. La persona sufre de hiperfoco en sus percepciones, y tiene un bajo rendimiento escolar porque no puede terminar un razonamiento o una actividad sin ser distraído por otros intereses que van surgiendo en su interior. Generalmente son personas inteligentes, pero que sufren de una prisa constante, como si su cerebro estuviera conectado a la electricidad. Pueden presentar también un déficit de atención, porque se extravían en medio de muchos estímulos, tanto internos como externos, dando la apariencia de estar completamente desconectados. Es necesario hacer un diagnóstico diferencial, elaborado por un profesionista capacitado, para no confundirlo con la falta de educación.

Lista mental, Es una especie de lista de preguntas que una persona (más la madre que el padre) hace para saber, mediante las respuestas, lo que pasó con la otra persona (el hijo). Por ejemplo, cuando la madre indaga si un hijo se fue de pinta, si usó drogas, etcétera, sin preguntar directamente.

Macho alfa, Equivalente al padre alfa. Como es el más fuerte, se convierte en el jefe de grupo de los animales; mantiene el orden a base de gritos y zarpazos, come la mejor parte de la caza, escoge a la mejor hembra, tiene su territorio bien demarcado. Es el típico padre de las dos generaciones anteriores a la contemporánea (1950), que tenía poca paciencia, voz grave y mano pesada para imponer a sus hijos una orden.

Madre trabajadora, Madre que trabaja fuera de casa para colaborar con el sustento de la familia. Generalmente se siente culpable por no seguir más de cerca el crecimiento de sus hijos.

Mimetismo relacional, Capacidad de una persona de adecuar su comportamiento a diferentes ambientes.

Omnipotencia infantil, Niños que quieren conseguir que sus padres les cumplan todos sus deseos, aunque tengan que llorar y gritar, sobre todo cuando no quieren dormir, pero quieren quedarse despiertos. Véase "El ritual del sueño", segunda parte, capítulo 2.

Padres de jalea, Padres que hablan, gritan, dejan de dar mesadas, pero no cumplen nada de lo que prometen porque no resisten a las presiones de sus hijos.

Perezoso, Es la persona que deja que otros hagan todo por él, hasta sus obligaciones. Debajo de un perezoso hay siempre una o más personas agobiadas.

Tornillos de jalea, Hijos inconstantes que dejan todo a la menor presión; resignados, que no aceptan las molestias naturales de la vida y acaban conformándose nada más con lo que tienen.

Religiosidad, Sentimiento casi instintivo: a la gente le gusta la gente. Precede a la religión, que fue creada por el ser humano.

Ritual del sueño, Método utilizado para que un niño duerma solo.

Senescente, Adolescencia de la vejez; la tercera edad, o "la mejor edad".

Síndrome del nido vacío, Los hijos crecen y alzan el vuelo, y sus padres sienten la casa vacía porque, como siempre han vivido en función de sus hijos, no tuvieron vida propia.

Sobre Natércia Tiba

Natércia Tiba es psicóloga clínica por la PUC-PS (Pontifícia Universidade Católica de São Paulo); estudió psicodrama en el Instituto J. L. Moreno y psicoterapia familiar en el Núcleo de Estudio y Prácticas Sistémicas: Sistemas Humanos.

Se ha especializado en "Trabajo de grupo con embarazadas", con Vitória Pamplona; da consultas psicoterapéuticas a niños, adolescentes y familias y se dedica también al trabajo social, atendiendo también a personas de bajos ingresos. Es miembro de la IAGP (*Internacional Association of Group Psychotherapy*) y de la ATPF (*Associação Paulista de Terapia Familiar*). Da conferencias sobre las relaciones entre padres e hijos, participa en programas de televisión, revistas, periódicos y sitios *web*, y es colaboradora de diversos libros en el área de psicología infantil y familiar.

— Escribió el prólogo del libro *O Manual de instruções que deveria vir com seu filho*, de Daniel G. Amen, São Paulo, Mercuryo, 2005.
— Colaboradora del libro *Belíssima aos 40, 50, 60, 70...*, de Carla Góes Ballet, São Paulo, Conex, 2005.
— Realizó la ampliación, actualización y revisión del libro *Seja Feliz, Meu Filho!*, de Içami Tiba, São Paulo, Integrare, 2006.
— Columnista de la sección de psicología en la *Revista da gestante*, de febrero a noviembre de 2005.
— Colaboradora de la columna de psicología en el sitio www.gravidaebela.com.br
— Colaboradora en *Baby Guide*, de la planeación al nacimiento.

Sobre Içami Tiba

Padres: Yuki Tiba y Kikue Tiba.
Fecha de nacimiento: 15 de marzo de 1941, en Tapiraí, São Paulo.

1968 Formación: médico por la FMUSP (Facultad de Medicina de la Universidad de São Paulo).
1970 Especialización en psiquiatría por el Hospital de las Clínicas de la FMUSP.
1970-2005 Psicoterapeuta de adolescentes y asesor de familias en consultorio particular.
1971-1977 Psiquiatra asistente en el Departamento de Neuropsiquiatría del Hospital de las Clínicas de la FMUSP.
1975 Especialización en psicodrama por la Sociedad de Psicodrama de São Paulo.
1977 Se graduó como profesor-supervisor de Psicodrama de Adolescentes por la Federación Brasileña de Psicodrama.
1977-1978 Presidente de la Federación Brasileña de Psicodrama.
1977-1992 Profesor de Psicodrama de Adolescentes en el Instituto Sedes Sapientiae (Pontificia Universidad Católica) en São Paulo.
1978 Presidente del I Congreso Brasileño de Psicodrama.
1987-1989 Columnista de TV Record, en el programa *A mulher dá o recado*.
1989-1990 Columnista de TV Bandeirantes, en el programa *Dia a dia*.
1991-1994 Coordinador del *Grupo de Prevenção às drogas* del Colegio Bandeirantes.
1995-2004 Miembro del equipo técnico de la *Associação Parceria Contra as Drogas* (APCD).
1997-2006 Miembro electo del *Board of Direction* de la *International Association of Group Psychotherapy*.
2000 Presentador del programa semanal *Caminhos da educação*, en la "Rede Vida de Televisão".
2001-2002 Conductor de radio, con el programa semanal *Papo aberto com Tiba*, en la estación Rádio FM Mundial (95.7 MHz).

2003-2004 Consejero del *Instituto Nacional de Capacitação e Educação para o Trabalho "Via de Acesso"*.

- Profesor de diversos cursos y talleres en Brasil y en el extranjero.
- Participaciones frecuentes en programas de televisión y de radio.
- Numerosas entrevistas a la prensa escrita y hablada, general y especializada.
- Padrino de la Librería Siciliano del *Shopping Pátio Brasil* (Brasilia).
- Más de 3000 conferencias impartidas para empresas nacionales y multinacionales, escuelas, asociaciones, instituciones, en Brasil y en el extranjero.
- Más de 75 000 consultas psicoterapéuticas a adolescentes y sus familias, en clínica privada.
- Creó la Teoría de Integración Relacional, en la cual se basan sus consultas, talleres, conferencias, libros y videos.
- Tiene 22 libros publicados. En total, ha vendido más de 2 000 000 de ejemplares.

1. *Sexo e Adolescência*, 10ª ed., São Paulo, Ática, 1985.
2. *Puberdade e Adolescência, desenvolvimento biopsicossocial*, 6ª ed., São Paulo, Ágora, 1989.
3. *Saiba Mais sobre Maconha e Jovens*, 6ª ed., São Paulo, Ágora, 1989.
4. *123 Respostas sobre Drogas*, 3ª ed., São Paulo, Scipione, 1994.
5. *Adolescência: o Despertar do Sexo*, São Paulo, Gente, 1994.
6. *Seja Feliz, Meu Filho*, 21ª ed., São Paulo, Gente, 1995.
7. *Abaixo a Irritação: como desarmar esta bomba-relógio no relacionamento familiar*, 20ª ed., São Paulo, Gente, 1995.
8. *Disciplina: Limite na Medida Certa*, 72ª ed., São Paulo, Gente, 1996.
9. *O(a) Executivo(a) & Sua Família: o sucesso dos pais não garante a felicidade dos filhos*, 8ª ed., São Paulo, Gente, 1998.
10. *Amor, Felicidade & Cia*, 7ª ed., São Paulo, Gente, 1998.
11. *Ensinar Aprendendo: Como Superar os Desafios do Relacionamento Professor-Aluno em Tempos de Globalização*, 24ª ed., São Paulo, Gente, 1998.
12. *Anjos Caídos: Como Prevenir e Eliminar as Drogas na Vida do Adolescente*, 31ª ed., São Paulo, Gente, 1999.
13. *Obrigado, Minha Esposa*, 2ª ed., São Paulo, Gente, 2001.
14. *Quem Ama, Educa!*, 157ª ed., São Paulo, Gente, 2002.
15. *Homem-Cobra, Mulher-Polvo*, 21ª ed., São Paulo, Gente, 2004.
16. *Adolescentes: Quem Ama, Educa!*, 25ª ed., São Paulo, Integrare, 2005.
17. *Disciplina: Limite na Medida Certa. Novos paradigmas*, São Paulo, Integrare, 2006.

18. *Ensinar Aprendendo: Novos Paradigmas na Educação*, São Paulo, Integrare, 2006.
19. *Seja Feliz, Meu Filho*, Edición revisada y ampliada por Natércia Tiba, São Paulo, Integrare, 2006.
20. *Educação & Amor. Antología de textos de Içami Tiba*, São Paulo, Integrare, 2006.
21. *Juventude & Drogas: Anjos Caídos*, São Paulo, Integrare, 2007.
22. *Quem Ama, Educa!: Formando Cidadaõs Éticos*, São Paulo, Integrare, 2007.
    - El FNDE (Fundo Nacional e Escolar de Desenvolvimento, Fondo Nacional y Escolar de Desarrollo), del Gobierno del Estado de São Paulo, ha recomendado cuatro de sus libros, como parte de su Programa de Mejoría y Expansión de la Enseñanza Media:
      — *Quem Ama, Educa!*
      — *Disciplina: Limite na Medida Certa.*
      — *Seja Feliz, Meu Filho.*
      — *Ensinar Aprendendo: Como Superar os Desafios do Relacionamento Professor-aluno em Tempos de Globalização.*
    - El libro *Quem Ama, Educa!*, que ha vendido más de 500 000 ejemplares, fue el best-seller de 2003, según la revista *Veja*. También fue editado en Portugal (Editora Pergaminho), España (Editorial Obelisco) e Italia (Editora Italia Nuova).
    - Tiene doce videos educativos, producidos en 2001 en asociación con Loyola Multimedia, cuyas ventas superaron las 13 000 copias: 1. *Adolescência*, 2. *Sexualidade na Adolescência*, 3. *Drogas*, 4. *Amizade*, 5. *Violência*, 6. *Educação na Infância*, 7. *Relação Pais e Filhos*, 8. *Disciplina e Educação*, 9. *Ensinar e Aprender*, 10. *Rebeldia e Onipotência Juvenil*, 11. *Escolha Profissioal e Capacitação para a Vida*, 12. *Integração e Alfabetização Relacional*.
    - En una investigación realizada en marzo de 2004 por el Ibope (Instituto Brasileño de Opinión Pública y Estadística), a petición del Consejo Federal de Psicología, Içami Tiba fue el tercer profesionista más admirado y consultado como referencia por los psicólogos brasileños. Freud fue el primero y Gustav Jung, el segundo. Después estuvieron Rogers, M. Klein, Winnicott y otros. (Información publicada en el *Psi Jornal de Psicologia*, CRP SP, núm. 141, julio-septiembre de 2004).